KB075106

어른의 시간

어른의

시간

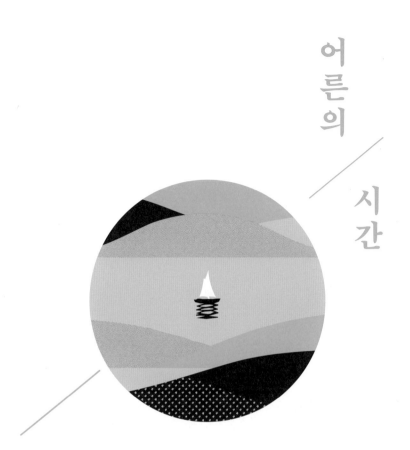

완벽하지 않은
날들을 위한 인생 수업

줄리 리스콧-헤임스 지음
박선영 옮김

온워드

프롤로그
조금씩 더 나아질 때 우리는 어른이 된다

나는 인생의 중반을 지났다. 젊은 시절이 손을 흔들며 멀어져 간다. 주름은 피할 수 없고, 하나둘 생기던 흰머리는 어느새 검은 머리보다 많다. 자연스러운 일이다. 한편으로 나는 여전히 '나'라는 사람이 되어가고 있다. 여러분도 점점 여러분이 되어가고 있다. 이것은 근사한 일이다.

어른이 된다는 것은 세금을 내고 사내 복지에 목숨을 거는 나이가 되었다는 뜻은 아니다. 시야를 넓혀보자. 어른이 된다는 것은 어른이 되는 '행동'을 시작하는 일이다. 어른이 되겠다고 생각하기, 어른의 의무를 알기, 어른이 되는 법을 배우기 같은 과정이 포함될 수 있다. 이 과정은 대부분 마음속에서 일어나기 때문에 혼자서 겪어낼 수밖에 없다. 그래서 누구에게나 힘든 일이기도 하다.

그런데 요즘은 어른이 된다는 것이 그다지 근사하게 여겨지지 않는다. 부모 세대가 너무 많은 스트레스와 불안감을 안겨주어서 자녀

세대가 '어른 같은 건 되고 싶지 않다'고 생각하기 때문일 수 있다. 삶에 필요한 기술을 학교나 가정에서 배우지 못하고, 나이가 들면 알아야 할 상식들을 모르는 자신이 바보 같다고 생각하기 때문일 수도 있다. 혹은 부모가 모든 일을 해결해줘서 어려운 일을 헤쳐나갈 힘을 기르지 못했거나, 감정을 다스릴 기회를 배우지 못했기 때문일 수 있다. 어른이 되는 과정을 '정상적으로' 밟아가는 또래에 비해 자기만 뒤처진다는 생각 때문일 수도 있겠다.

여기서 잠깐 한 가지만 짚고 넘어가자. '정상'이니 '비정상'이니 하는 말은 모두 헛소리다. 어른이 되는 정해진 길 같은 것은 없다. 오히려 어른이 되는 길은 광활한 바다, 끝없는 산맥, 무성한 고원이나 대도시의 복잡한 도로 같다. 누구와, 어디로, 어떻게 가서 무엇을 할지 모두 내가 선택해야 한다. 때로는 선택들을 돌아보며 항로를 수정하기도 해야 한다.

20세기 심리학자들은 성인이 해야 할 일을 '학업, 취업, 독립, 결혼, 출산'이라는 다섯 가지 지표로 요약했다. 이전 세대에는 통했을 정의지만, 지금 우리의 삶에 적용하기에는 어렵다. 하나씩 들여다보자.

학업

기대 수명이 거의 100세인 시대다. 꼭 학업을 10대나 20대에 마쳐야 할까? 오늘날 우리는 나이가 들어서 새 기술을 익히거나 즐거움을 위해 공부를 시작하는 일을 훌륭하게 생각한다.

취업

자기 생활비를 직접 벌어야 한다는 데 이의를 제기할 사람은 없을 것이다. 하지만 우리는 앞 세대처럼 평생 한 가지 일에만 종사할 수 없다. 이제 직업이 될 수 있는 일은 무궁무진해졌다.

독립

경제적 변화 때문에 당장은 힘들 수 있다. 많은 문화권에서 여러 세대가 한집에 사는 모습을 볼 수 있다. 중요한 것은 어떤 집에서 어떤 가구를 이루고 살든, 책임감 있게 행동하고 독립적인 자세로 살아가는 것이다.

결혼과 출산

원한다면 얼마든지 해도 좋다. 하지만 결혼하지 않아도, 아이가 없어도 문제가 될 것은 없다. 종교나 국가가 부부로 인정하지 않는다고 해도 얼마든지 동반자로서 함께할 수 있다. 결혼과 출산은 더 이상 성인기의 필요조건이 아니다.

이 모든 사항은 선택의 문제다. 어떤 선택을 내릴지는 우리에게 달렸다. 스스로 생계를 책임질 수 있어야 한다는 사실은 변함이 없지만 그게 어른의 전부는 아니다. 그렇다면 어른이 되는 데에 필요한 건 무엇일까?

내 아이들이 어렸을 때 우리 집은 언제나 웃음소리로 시끌벅적했다. 아이들이 18세, 20세가 되어 각자의 길로 떠난 지금은 집이 너무 조용해졌다. 독립을 응원하지만, 빈자리는 크게 느껴진다. 그래서 아이들이 가끔씩 친구들을 집에 데리고 오면 마당에서 브런치를 차려주면서 그들이 하는 이야기를 듣는다. 주로 '어덜팅adulting*'에 대한 이야기인데 내용을 정리하면 다음과 같다.

모든 것이 '내' 선택임을 안다.
무엇이든 스스로 결정을 내리고 결과에 책임진다.
독립심을 무엇보다 중요하게 여긴다.
자기가 먹을 음식은 직접 차린다.
하고 싶지 않은 일은 하지 않아도 된다는 것을 안다.
일정 수준의 능력을 갖춘다.

물론 미국에는 어른에 대한 법적인 지표도 있다. 여러 가지 모순이 있지만 간단히 살펴보면 다음과 같다.

18세: 국가를 위해 싸우다 죽을 수 있다. 에어비앤비 계정을 만들 수 있다. 투표에 참여할 수 있다. 부모의 동의 없이 결혼할 수 있다. 법적으로 자신의 행동에 책임져야 한다.
21세: 술, 담배, 일부 주에서는 대마초가 허용된다.
25세: 렌터카를 빌릴 수 있다. 하원 의원에 출마할 수 있다.

* 어른이라는 의미의 명사 'adult'를 활용한 단어로, '책임감 있는 성인으로 행동하다'라는 의미로 사용한다.

30세: 상원 의원에 출마할 수 있다.

35세: 대통령에 출마할 수 있다.

이런 지표를 무색하게 만드는 사례는 많다. 말라위의 윌리엄 캄쾀 바William Kamkwamba는 14살에 기근을 해결하기 위해 동력을 공급하는 풍차를 만들었다. 파키스탄의 말랄라 유사프자이Malala Yousafzai는 15 살에 탈레반에 맞서 여성 교육 운동에 앞장섰다. 그레타 툰베리Greta Thunberg는 16살의 나이로 기후 위기 문제에 관심을 촉구하며 대서양 을 횡단했다.

이러한 사례들은 '어덜팅'과 어떤 관련이 있을까? 고등학교에 다 니던 한 학생은 그레타 툰베리의 사례를 이야기하면서 학교에 다니 는 것이 시간 낭비 같다고 했다. 나는 그 학생에게 다른 사람의 삶과 자신을 비교할 필요는 없다고 말해주었다. 때가 되면 우리도 인생에 서 하고 싶은 일을 찾게 될 테니 말이다.

어른에 대한 정의는 시대를 초월해 모든 사람에게 적용될 수 있어 야 하고, 변하는 사회 규범과 경제 흐름을 버텨낼 수 있어야 한다. 내 가 생각하는 최선의 답은 이렇다.

인간은 다른 사람의 보살핌을 받아야 하는 어린 시절을 거쳐 또다 시 다른 사람의 보살핌에 의존해야 하는 삶의 마지막에 도달한다. 그 사이에 있는 달콤하고 멋진 시기, 그때가 어른으로서 지내는 시간이 다. 그동안 우리는 우리 자신을 제대로 돌볼 수 있다. 이것이 내가 생 각하는 어른의 핵심 정의다.

누구나 어른으로서 성공한 삶을 살고 싶을 것이다. 성공이란 유명한 학교에 들어가거나, 어떤 직업을 갖거나, 재산이 얼마인지에 따라 정해지지 않는다. 팔로워가 몇 명인지로 따질 수도 없다. 하지만 우리가 인생의 결승선에 도달하려 할 때 사람들은 이런 것들을 확인하려 한다.

이제 그런 말들은 잊어도 좋다. 인생에 결승선 같은 것은 없다. 어떤 일이든 자신의 관심과 재능에 적합하다면 만족을 줄 것이며, 무슨 일이든 계속할수록 잘하게 되기 때문이다. 어떤 일을 하는가보다 중요한 것은 '사람들과 어떤 관계를 맺는가'이다. 다양한 연구 결과들은 사람들이 서로 사랑하고 지지할 수 있는 관계 속에서 가장 행복하다는 것을 보여준다.

어른이 된다는 것은 할 일 리스트를 지워나가는 것이 아니라, 어떤 일을 하면서 점점 나아지는 과정이다. 그 사이에서 균형을 맞추는 것이 중요하다. 이 책은 아주 많은 주제를 다루지만, 책을 덮어도 여전히 모르는 것이 많을 것이다. 어른이 되는 것은 알아가는 과정이고, 무엇보다 견디는 일에 익숙해지는 것이다.

때로는 어린 시절로 돌아가고 싶을 수 있다. 혼자 넓은 세상에 던져져 인생을 헤쳐나가기 두렵기 때문이다. 하지만 헤쳐나가야 한다. 처음부터 어른이었던 사람은 없다. 두렵지만 닥치면 어떻게든 해내게 된다. 다시 두려워지면 다시 이겨내면 된다. 그러고 나면 어른이 된다는 것은 때때로 아주 즐거운 일이 된다. 못 믿겠다고? 하지만 사실이다. 곧 내 말에 동의하게 될 것이다.

이 책은 일반적으로 말하는 어른에 관한 이야기가 아닌, 여러분에 관한 이야기를 담았다. 젊은 세대를 향한 잔소리나 비난, 설교 대신 내가 경험한 사례 중에서 도움이 될 만한 이야기를 전하려고 노력했다. 여러분을 나를 찾아오는 학생이나 조카라고 생각하고 이야기를 전할 것이다. 내가 어떤 이야기를 하든 여러분이 생각하는 꿈과 희망, 두려움, 계획은 모두 옳다. 책을 읽는 동안 여러분도 자기 생각을 꺼내놓기를 바란다. 무엇이든 환영한다.

차례

1장

이제 네
차례야!

자립의 기쁨과
공포에 관하여

"그냥 드라마 〈걸스〉를 봐.
거기에 나오는 사람들과 반대로만 행동하면 돼."

— 캐나다 시트콤 〈시트 크릭〉 중에서

갑자기 찾아온 자립의 순간

1994년 늦여름, 나는 평생 잊지 못할 전화 한 통을 받았다. 그해 6월 초에 나는 하버드 로스쿨을 졸업하고 꼬박 7주 동안 캘리포니아주 변호사 시험을 준비했다. 시험을 앞둔 8월에 남편 댄과 나는 아파트에서 이삿짐을 쌌다. 보스턴을 떠나 캘리포니아로 가서 10월부터 법률회사에 나갈 예정이었다. 짐 싸는 일은 끝이 없었지만 우리는 기분이 좋았다. 캘리포니아는 남편과 내가 만나 사랑에 빠진 곳이었기 때문이다.

보스턴의 아파트는 우리가 '부부'로 처음 살았던 곳이다. 우리는 결혼하기 몇 년 전부터 한집에서 살았기에 부부라는 단어에 큰 의미가 없었다. 하지만 나이 많은 어른들에게는 다른 듯했다. 그들은 우리가 결혼식을 하자 "이제야 정식 부부가 되었구나!"라고 했다.

우리가 보기에 결혼으로 달라진 것은 사람들의 태도였다. 1990년 대에는 흑인과 백인의 결혼이 흔하지 않았다. 나는 드디어 사람들에게 "이 사람이 제 남편이라고요!"라고 말할 수 있었고, 남편도 "네, 그녀가 제 아내예요"라고 할 수 있었다. 한 가지 더 의미를 찾자면 결혼 뒤부터 부모님의 집에 갔을 때 한 침대에서 잘 수 있었다. 그전까지는 엄마가 허락하지 않았기 때문이다. 엄마가 결혼 전에 한 일들을 내가 알고 있는데도 말이다.

1994년 8월, 나와 남편은 텅 빈 아파트에서 마지막 밤을 보냈다. 다음 날에는 부모님이 있는 케이프코드 남쪽 마사스 빈야드 섬으로 향했다. 당시 72세의 아버지는 뉴욕에서 바쁘게 지내다 말기 전립선 암 진단을 받았다. 몇 년은 그럭저럭 지냈지만, 어느 순간 도시 생활이 버거워졌다.

부모님은 남은 시간이 얼마 없을지 모른다는 생각에 도시 생활을 정리하고 시골로 가기로 했다. 두 분은 뉴욕의 집을 팔아 호수 근처 마사스 빈야드 북쪽에 괜찮은 집을 샀다. 숲길을 따라 한참 들어간 곳에 있는 집이다. 부모님은 텃밭에 꽃과 채소를 심고 새들에게 모이를 주고 저녁이 되면 소파에 앉아 시간을 보냈다.

우리 짐을 실은 트럭이 아메리카 대륙을 횡단하는 동안 댄과 나는 부모님 집에서 지냈다. 낮에는 엄마의 심부름을 다녀오거나 근처의 고풍스러운 마을을 돌아다녔다. 저녁에는 엄마가 만든 근사한 저녁을 먹었고, 다 같이 TV를 보았다. 가족과의 단란한 시간은 좋았지만, 아버지에게 남은 시간이 많지 않다는 생각은 지울 수 없었다.

손님방에서 댄과 나는 조용히 서로에게 몸을 포개고 잠에 빠져들었다. 어느 날 우리는 그 섬에서 좀 더 느린 삶을 살아보는 것에 대해 이야기했다. 댄은 손재주가 좋으니 수리공이 되는 것이 좋아 보였다. 나는 사람들과 어울리기를 즐기니 해변에서 관광객을 상대로 해산물이나 티셔츠 같은 것을 팔아도 괜찮을 것 같았다.

우리 이야기는 점점 진지해졌다. 작은 민박집을 열어서 여름 휴가 시즌에 관광객을 받고 여덟 달은 여유롭게 살면 좋겠다고 생각했다. 하지만 우리의 대화는 아쉬운 한숨으로 끝날 수밖에 없었다. 그때 댄은 25세, 나는 26세였다. 느린 삶은 우리 나이, 우리 인생에는 어울리지 않아 보였다.

돌이켜 보면 보스턴을 떠나기로 한 시점이 좋지 않았던 것 같다. 부모님 곁에 좀 더 있는 편이 나았을지도 모르겠다. 당시 우리에게 부모님 댁은 잠깐 머무르는 곳이었다. 우리가 그렸던 삶은 캘리포니아에 있다고 믿었다. 넓은 세상을 향해 발을 내딛는 20대에, 아버지의 건강 문제로 우리 삶의 방향까지 바꿀 수는 없다고 생각했다.

요즘은 다 자란 자녀와 부모가 가깝게 지내는 경우가 많지만, 내가 대학에 다닐 때는 그렇지 않았다. 성인이 되면 자녀들은 대부분 집을 떠났다. 우리 부모님도, 형제들도 그랬다. 나는 인생에서 처음으로 한곳에 뿌리를 내려보고 싶었다.

캘리포니아로 떠나기 며칠 전에 저녁을 준비하다가 이삿짐 회사에서 온 전화 음성 메시지를 확인했다. 회사에 전화를 걸어 "리스콧-헤임스예요."라고 남편과 내 성이 합쳐진 새 이름을 말하며 어색해했던 기억이 난다. 결혼한 지 2년이 지났지만, 그때까지도 스스로가 어른이라고 생각하지 않았고, 결혼이라는 것에 큰 의미도 두지 않았다.

이삿짐 회사의 이야기를 듣고 나는 조용히 전화를 끊었다. 그리고 가족들을 바라보고 말했다. "이삿짐 회사에서 그러는데… 우리 짐을 실은 트럭에 불이 났대요. 텍사스와 오클라호마 접경 지역에서요. 심각한가 봐요. 정확한 건 창고에 짐을 내리고 확인을 해야 안대요. 며칠 뒤에 전화하면 갈 수 있는 날짜를 알려 준대요."

우리 물건들이 불에 탄 모습이 그려졌고 목소리는 점점 작아졌다. 나는 괜찮은 척 입술을 꼭 다물고 눈에 힘을 주었다. 가족들에게 불안해하는 모습을 보여주고 싶지 않았다. 댄도 같은 표정으로 다가와 나를 꼭 안아주었다. 부모님도 우리를 안아주었고 다시 식탁에 앉아 저녁을 먹었다.

나는 큰 충격을 받았다. 금전적 문제 때문은 아니었다. 다행히 보험에 들어있었기 때문에 보상도 어느 정도 받을 수 있었고, 부모님의 지원도 있었다. 그러니 엄청난 비극이나 재앙은 아니었다. 하지만 그 때의 댄과 나는 신혼이었고, 연애할 때 주고받았던 편지를 포함한 소중한 물건들이 모두 그 트럭 안에 있었다.

바로 그 때에 나는 내가 어른이 되었다는 사실을 처음으로 제대로 느꼈다. 결혼식은 퍼프 소매 웨딩드레스를 입고 사람들과 즐기는 날일 뿐이었다. 변호사 시험을 볼 때는 머릿속의 지식을 확인할 뿐이었다. 법률회사에서 일을 시작했을 때도 여전히 어른 흉내만 내는 기분이었다.

하지만 전혀 예상 밖의 사건을 마주하고, 어떻게든 그 일을 해결해야 한다는 사실을 깨달았을 때, 비로소 내가 어른이 되었음을 실감했다. 부모님은 깊이 위로해주었지만, 일을 대신 해결해줄 수는 없었다. 네 사람은 그 일이 우리 부부의 몫이라는 것을 분명히 알았다. 할 수 있다는 것도 알았다. 이제 우리는 정말 어린애가 아니었고, 어린애 취급을 받고 싶지도 않았다. 어떤 면에서는 '내가 정말 어른이 된 건가?' 싶어서 묘한 기분도 들었다.

누구에게나 정말 어른이 된 것을 깨닫는 순간이 온다. 그런 순간이 오면 끔찍하고 두렵기도 하고, 없었던 일처럼 외면하고 어릴 때로 돌아가고 싶은 마음도 들 수 있다. 하지만 처음이라 두려운 것일 뿐이다. 시간이 지나면 괜찮다는 것을 알게 된다. 사실 괜찮은 정도가 아니다. 그 고비를 지나면 더 강해질 것이기 때문이다. 바로 '자립'의 순간이다.

자립은 자기 인생에 책임감을 느끼는 것이다. 필요한 것을 자기 스스로 찾아야 한다는 의미이기도 하다. 직업을 찾고, 살 집을 찾고, 아플 땐 약을 찾고, 식재료를 찾아서 음식을 만들고, 세금 문제가 생겼을 때 해결할 방법을 찾아야 한다.

누군가 답을 건네주거나, 해결해주기를 바라며 가만히 앉아서 기다려서는 안 된다. 자립은 내게 주어진 선택지를 저울질한다는 의미도 된다. 자신에게 이렇게 물어보는 것이다. 이런 상황에서는 어떻게 해야 할까? 나는 무엇을 할 수 있을까? 지금 활용할 수 있는 자원과 방법은 무엇일까? 스스로 해결책을 찾으면 완벽하지 않아도 최소한 앞으로 나아갈 수 있다.

자립하기 위해 필요한 기본적인 것들

어른이라는 관문을 통과할 때 알아두어야 할 기본적인 것들이 있다. 책이나 유튜브에서도 어른을 위한 조언은 흔히 찾아볼 수 있지만, 기본적인 사항들을 잊는 경우가 많다. 어떤 것들이 준비되어 있고 빠뜨린 것은 없는지 살펴봤으면 좋겠다. 중요한 것은 자신이 책임지고 할 일들을 알아가려고 스스로 동기를 부여하는 것이다.

1. 건강 관리

식재료 사기, 직접 요리하기, 정기적으로 병원 가기, 의사의 진단에서 궁금한 점 물어보기, 안전하게 살 수 있는 집 구하기. 이런 것들은 부모님이 아무리 시간이 많아도 여러분이 직접 해야 하는 기본적인 일이다.

2. 직업 찾기

넷플릭스나 핸드폰 요금을 내거나, 집을 구하려면 직업이 있어야 한다. 돈을 벌지 못하면 생계를 책임질 수 없고, 신용이 낮아져 곤란해질 수 있다. 그런 상황이 생기지 않게 준비해야 한다.

3. 무슨 일이든 열심히 하기

부모들은 자녀에게 최선을 다하라는 말을 자주 한다. 사실 항상 최선을 다할 수 있는 사람은 없다. 부모들의 이런 말은 세상이 녹녹하지 않기 때문에 일단 노력하라는 뜻이다. 돌부리에 걸려 넘어지듯 하는 일이 엉망진창이 될 때도 있다. 그때는 상처를 치료하고 다시 일어나 도전하면 된다. 그래야 더 강해지는 법을 배울 수 있다.

4. 스스로 결정하기

오늘 같은 날씨에는 어떤 옷을 입을까? 버스를 탈까, 택시를 탈까? 외식비로 얼마를 쓸까? 지금 쓰는 데이터 요금보다 싼 것은 없을까? 일상의 이런 질문들은 이제 여러분이 직접 해결해야 한다. 좀 더 중요한 문제들은 다른 사람들의 조언을 구해도 괜찮다.

5. 사람들과 좋은 관계 만들기

좋든 싫든 사람들과 어울려 살아야 한다. 내 경험상 90%의 사람들은 제법 합리적이다. 적어도 30%는 합리적이고, 나머지 60%는 상황에 따라 합리적일 수 있는 사람들이다. 나에게 필요한 것을 주장하면서도 예의 바르게 소통하는 능력은 생존에 아주 중요하다. 살면서 생각보다 그들의 도움이 많이 필요할 것이기 때문이다.

6. 자기 일 잘 챙기기

옷 챙기기, 휴대전화 챙기기, 마감 챙기기, 스케줄 파악하기. 성인이라면 이제 이런 일은 자신이 챙겨야 한다. 어렸을 때부터 자기 일을 챙기는 습관을 들이지 못한 사람에게는 힘들 수 있지만, 이는 자립에 있어서 아주 중요한 부분이다. 즉 '어덜팅'의 핵심이므로 적극적으로 받아들이자.

7. 약속을 지키고 의사 표현 정확히 하기

실제로 나는 한 교수에게 트위터로 이런 메시지를 받았다. "젊은 이들이 볼 수 있게 책에 좀 써주실 수 있을까요? 약속을 잡았으면 어쨌든 나타나야 한다고 말입니다."

누군가 시간이 괜찮은지 물어본다면 제대로 답할 필요가 있다. "아마도"라는 말은 아무 대답도 하지 않는 것보다는 낫지만 괜찮은 답은 아니다. 상대는 약속이 정말 정해졌는지 알고 싶기 때문이다. "지금 상황이면 괜찮아"라는 식으로 상대를 기만해서도 안 된다. 자기 상황에 맞춰 바꿀 수 있다는 의미이지 않은가?

확실히 거절하는 것도 하나의 방법이다. 거절하기에 능숙해지는 것은 정신 건강과 시간 관리에 좋다. 하지만 일단 간다고 답했다면 제대로 약속 장소에 나타나야 한다. 이유가 있어서 약속을 지킬 수 없다면 미리 사과하자.

8. 관계에 책임 가지기

우리는 일종의 무리를 형성한다. 같은 취미를 가진 사람이나 친구도 될 수 있고, 인생을 함께할 사람과 깊은 관계를 맺을 수도 있다. 이말은 자신의 이익이나 관심보다는 상대가 필요로 하는 것에 관심을 가진다는 것을 의미한다. 아이를 낳기로 계획하는 사람도 있을 것이다. 아이는 오랫동안 일방적인 관심과 보살핌을 필요로 한다. 그 전에 반려동물을 책임지고 길러보는 것도 추천한다. 살아있는 생명에대해 책임감을 느끼는 것은 중요하기 때문이다.

9. 미래 계획하기

지금 젊은 세대의 예상수명은 100세이다. 따라서 은퇴 후에도 큰돈이 들 것이다. 99세까지 일하고 싶지 않다면 돈을 저축하고 어떻게불려 나갈지 고민해야 한다. 기본적으로 연금제도가 있고, 사고나 질병에 대비해 보험도 들 수 있다. 예금보다 수익을 높이고 싶다면 주식, 채권, 부동산 등에 투자하는 방법도 있다.

어른다운 어른은 어떤 모습일까?

어느 날 우편물을 뒤지던 중에 손편지 한 통을 발견했다. 처음에는내 책을 싫어하는 사람이 보낸 편지가 아닌가 했다. 실제로 그런 편지를 가끔 받곤 했으니까. 나는 나의 정신 건강을 위해 남편에게 대신 좀 읽어봐달라고 부탁했다. 봉투 안에서 양면을 가득 채운 종이한 장이 나오는 것을 보니 겁이 났다. 남편은 편지를 위아래로 쓱 훑어보더니 웃으며 내게 편지를 돌려주었다.

편지 내용은 내 예상과는 반대에 가까웠다. 편지를 쓴 크리스틴은 나의 첫 책인 『헬리콥터 부모가 자녀를 망친다』를 읽고 느낀 점이 많다고 했다. "그 책을 읽고 제 모습을 돌아보게 되었어요. 제 친구들 말대로 저는 어른이 덜된 것 같아요." 크리스틴은 이렇게 말하며 과잉보호로 아이들을 키워온 자신의 어머니에 관해 말했다. "오늘 아침에도 엄마와 크게 싸울 뻔했어요. 남동생이 직접 소시지를 자르는 걸 못하게 하셨거든요. 그런데 동생은 이제 열일곱 살이에요."

그리고는 내게 질문했다. "나이가 들수록 제가 어렸을 때 실수할 수 있도록 기회를 주지 않은 엄마가 원망스러워요. 어떻게 하면 제가 좀 어른다워질 수 있을까요? 누나로서 제 동생이 어른이 되게 하려면 무엇을 해야 할까요?"

크리스틴의 손편지를 다 읽은 나는 주먹을 불끈 쥐고 남편에게 소리쳤다. "내가 이래서 책을 쓰는 거라고!" 그리고는 편지를 사진으로 찍어서 담당 편집자와 연구실 조교에게도 보냈다. "여러분, 우리는 크리스틴처럼 도움이 필요한 사람들을 위해 책을 쓰는 겁니다!" 말할 것도 없이 그 편지는 내게 큰 동기부여가 되어주었다.

이듬해 여름 나는 크리스틴과 전화 통화를 했다. 그녀는 중국계 미국인으로 대학교에서 경제학을 전공하고 얼마 전 1학년을 마친 상태였다. 그때는 여름 방학 기간이라 부모님 집에서 지내면서 금융 분야의 인턴 일을 하고 있었다. 나는 그녀에게 어떻게 편지를 쓰게 되었는지 물어보았다. "어렸을 때는 부모님이 제가 할 일들을 대신 해주시는 게 좋았어요. 하지만 어느 순간 부모님의 손길을 받지 못하는 시기가 왔고, 예전에 좋았다고 생각했던 것들이 반대라는 것을 알게 되었죠."

크리스틴의 큰 불만 중 하나는 독립 전에 요리를 배워본 적이 없었다는 것이다. 그녀는 대학생이 되어 혼자 살다 보니 위기감을 느꼈다. 스스로 노력해보지 않은 것은 아니다. 요리를 배우고 싶다고 어머니에게 여러 번 말해보기도 했다. 하지만 어머니는 크리스틴이 부엌에 들어오는 것을 좋아하지 않았다. 크리스틴은 남동생도 자기처럼 요리에 필요한 비용 계산이나 재료관리 같은 기본적인 것도 모른다고 걱정했다.

크리스틴은 아직 자신이 제대로 된 어른이라고 생각하지 않았다. 하지만 '어른다운 어른'이 되어야겠다고 인식하면서 작은 변화들이 있다고 했다. "이제 직접 점심 도시락을 싸고 있어요." 또 그녀는 어머니를 설득해서 집안일 하나를 동생에게 넘겨주게 하는 데 성공했다. 바로 화장실 청소였다. 어머니는 막상 집안일이 줄어드니 좋다고 한다. 자립의 첫걸음이 화장실 청소라는 것이 남동생에게 썩 유쾌한 일은 아니겠지만, 나는 큰 박수를 보내주었다.

어른이 되기에 너무 이르다?

크리스틴과 달리 어릴 적부터 어른이 되는 일도 있다. 부모 대신 어린 동생들을 돌보거나, 부모님이 직장을 잃거나 일찍 돌아가신 경우, 큰 사고나 질병을 경험한 아이일수록 빨리 어른이 되는 경향이 있다. 이런 일로 삶이 불공평하게 느껴질 수도 있지만, 안타깝게도 우리 인생에는 불공평한 일이 벌어질 때마다 호각을 불어줄 심판이 없다. 물론 어려운 환경에서 성장한 사람들은 높은 자립심으로 어떤 일이든 해낼 가능성이 크다.

그렇다고 자기 인생을 책임지는 어른이 되기 위해 불행한 경험을 해야 한다는 말은 아니다. 자립을 통해 성장하고, 뿌듯함을 느낄 수 있어서 강조하는 것이다. 스스로 일을 처리해 본 적 없는 사람들은 자신의 능력이 얼마나 되는지 모를 수 있다. 심리학자들은 이를 '학습된 무기력'이라고 표현하는데, 부모나 주 양육자가 인생에서 많은 과업을 대신 처리해주었을 때 나타나는 현상이다.

누군가가 우리의 자립을 방해하려 한다면 우리는 그 권리를 스스로 찾아야 한다. 자기 문제는 스스로 해결하는 것이 정신적으로나 육체적으로나 건강해질 수 있는 길이다. 모든 인간에게는 힘든 상황에 놓이더라도 그것을 이겨내고 싶은 마음이 있다.

드라마 〈굿닥터〉의 한 에피소드가 이를 보여준다. 자폐 스펙트럼이 있는 10대 소년 리암이 복통을 호소하며 병원을 찾아온다. 리암은 말을 제대로 하지 못하고 불빛과 소음, 다른 사람이 자신을 만지는 것에 예민하게 반응한다.

리암의 부모는 아들이 불편해할 때마다 얼른 해결해주는 사람들로 드라마의 주인공인 의사 숀 머피도 자폐 스펙트럼 증후군이 있다는 것에 놀라워한다. 나중에 숀은 리암의 부모가 약물 보조제로 먹여온 카바 뿌리 때문에 장폐색이 일어났고 수술이 필요하다고 진단을 내리지만, 부모들은 숀에게 자폐증이 있으니 수술 중에 갑작스러운 행동을 할지도 모른다고 생각하고 거부한다. 숀의 동료들과 리암이 손이 수술에 들어오기를 강력하게 주장해 결국 리암의 부모는 항복하고, 손은 리암을 수술 중 카바 뿌리로 생긴 다른 문제도 찾아낸다.

병실로 돌아온 리암이 천정을 바라보며 눈을 깜박이자 리암의 아버지가 "불빛이 너무 세구나!"라며 스위치를 찾는다. 그때 아버지는 아들을 위해 자신들이 너무 많은 것을 '대신 생각'해준다는 것을 깨닫고 묻는다. "괜찮니? 불을 꺼줄까?" 리암은 잠시 생각하다가 말한다. "괜찮아요."

스스로 처리할 수 있는 문제를 다른 사람이 대신 결정내리는 것은 목줄에 묶인 개처럼 느껴지는 상황이다. 자립은 그 목줄을 벗어던지는 것과 같다. 선택도 내가 하고 결과도 내가 받아들여야 한다.

자신을 책임진다는 것은 굉장히 기분 좋은 일이다. 이제 막 걷기 시작하는 꼬마도 부모가 신발을 신겨주려 하면 "내가 할 거야!"라고 쉴 새 없이 외친다. 성인의 자립도 이와 같다.

내 앞길에서 비켜주세요! 내 인생은 내가 살겠어요!

어떤가? 여러분도 이 길에 동참하길 바란다. '어덜팅'에 관한 것들이 마음이 들었으면 좋겠다.

자립은 어른이 되는
가장 기본적인 자세다

자립은 자신의 삶을 자기가 책임져야 한다는 사실을 아는 것이라고 할 수 있다. 더는 부모님이 내 필요를 충족할 책임이 없음을 알고 '수평적 관계'를 발전시키는 것이다. 자립은 바로 '여러분'이 열쇠를 쥐고 있음을 의미한다.

누구나 자신이 정말로 어른이 되었다는 것을 깨닫는 순간을 경험한다. 나와 댄에게 이삿짐이 불탔던 사건처럼 말이다. 시간이 지날수록 책임지는 일에 익숙해지면서 처음에는 무서웠던 일들이 나중에는 별 것 아닌 일이 된다. 그런 경험이 쌓이면 '그래, 이 정도는 문제 없어!'라고 생각할 수 있다.

나는 직업상 청년들과 자주 교류하는데, 인생을 스스로 책임지고 살아가는 사람들의 이야기를 자주 듣는다. 그중 일찍 자립한 카일의 이야기를 소개한다.

어느 날 카일이라는 20세 청년이 내게 메일을 보냈다. 과잉보호의 문제점을 다룬 나의 TED 강연을 듣고 이야기를 나누고 싶었기 때문이다. 카일은 고등학생 때 여러 아르바이트를 하며 생계를 책임졌고, 여동생은 아버지를 잃고 마약성 진통제에 중독된 어머니를 대신해 가족의 식사를 책임졌다.

"저는 팔을 걷어붙이고 나서야 했습니다. 어른이 되어야 했죠. 그때 마음가짐이 지금의 저를 만들어주었어요. 지금은 애팔래치아에서 작은 비영리단체를 설립해 운영하고 있습니다. 젊은이들이 자립심을 기르도록 도움을 주는 곳이에요."

나는 이 청년의 이야기가 궁금해 그에게 전화를 걸었다.

카일은 켄터키주에 있는 베레아대학에 입학했다. 1855년에 설립된 이 대학은 미국 남부 최초의 다인종 남녀공학이다. 카일은 평등과 정의를 실천하는 모교를 자랑스러워했다. 그의 목소리에서 자부심이 느껴졌다. 나는 벌써 그가 마음에 들었다.

하지만 대학이 처음부터 그의 인생 계획에 있었던 것은 아니다. "사실 대학 입학은 저에게 꿈에 가까웠어요." 그가 고등학생일 때 한 상담 교사가 형편이 좋지 않은 학생들에게 무료로 다닐 수 있는 대학이 있다고 알려주었다. 학생들은 모두 거짓말이라고 생각했지만 카일은 이를 직접 알아보고 사실임을 알게 되었다.

훌륭한 교육 환경을 자랑하는 베레아대학교는 사실상 학비가 무료였다. 기숙사비, 식비를 낼 필요가 없고 신입생에게는 노트북도 지급되었다. 하지만 카일은 입학 허가를 받고도 곧바로 결정하지 못했다. 동생을 집에 남겨두는 것이 마음에 걸렸기 때문이다. "학교에서 집까지 3시간 거리였어요. 혼자 집을 떠나려니 제가 너무 이기적인 것 같았어요."

카일의 아버지는 그가 12살 때 흑색종으로 돌아가셨다. 온 가족이 함께 플로리다에서 살 때는 행복했다. "그땐 정말 좋은 어머니셨어요. 〈아메리칸 아이돌〉이 방송되는 날에는 식구들을 TV 앞에 모이게 하셨죠. 동생과 제가 싸우면 꼭 화해하고 서로 안아주게 했고, 다른 사람이 괴롭히면 스스로를 지켜야 한다고 가르치셨어요."

카일의 어머니는 남편의 죽음과 생계 문제를 해결하기 위해 고향인 버지니아로 이사했지만, 얼마 후 친정아버지까지 사망하자 우울증에 빠졌다. "어머니는 그 후로 계속 진통제에 중독되셨어요. 남편을 잃고 두 아이를 책임져야 하다 보니 삶이 너무 고달프셨겠죠."

카일의 아버지는 집을 비울 때 카일에게 '아버지가 없으면 네가 가장이니 가족들을 챙겨야 한다.'라고 했다. 그 말이 귀에 맴돌았던 카일은 슈퍼마켓에 나가 아르바이트를 하고 돈을 모았다. 삼촌을 따라 공사장에도 다녔다. 잔디 깎는 일도 마다하지 않았다. 식비와 집세뿐만이 아니라 여동생이 1형 당뇨를 앓고 있었기 때문이다. ADHD인 자신도 치료가 필요했지만, 돈을 아끼려고 약을 끊어버렸다.

카일과 여동생은 어머니의 중독에 다르게 반응했다. "동생은 어머니의 정신이 온전할 때는 가장 좋은 친구였지만, 아닐 때는 완전 원수처럼 대했어요. 저는… 그냥 어머니가 살아계시기만을 바랐어요. 부모님을 모두 잃는다는 건 상상하기도 싫었어요. 어머니에게서 자동차 키와 약을 뺏을 땐 정색하고 말했죠. '어머니, 이 상태로 운전하면 다른 사람까지 위험해져요. 내일 아침 정신이 맑아지면 돌려드릴게요.' 그러면 어머니는 너희 때문에 죽을 것 같으니 지옥에 가라고 소리치셨죠."

어머니는 카일이 16살 때 재활 시설에 들어갔다. 비용은 카일과 이모가 댔다. "대학 입학금으로 모아둔 돈이었지만 어머니를 위해 써야만 했죠." 18살 때부터는 생활비의 절반을 그가 책임졌다.

나는 카일이 그런 가정환경 속에서 어떻게 대학을 가겠다고 결심할 수 있었는지 궁금했다. "주변에서 모두 그러더군요. 대학은 가야 한다고. 학교 선생님도, 어머니도, 친척들도요." 모두가 카일이 공부하기를 원했다. 딱 한 사람, 여동생만 빼고.

베레아로 떠나기 일주일 전, 동생은 오빠가 올 때까지 기다렸다가 팔에 매달리며 '제발 가지 마. 날 버리지 마' 하며 애원했다고 한다. 카일은 그 말을 하고 나서 잠시 입을 다물었다. 그가 감정을 참는 게 느껴졌다. "마음이 무너지는 것 같았습니다." 그가 말을 이었다.

"동생은 항상 절 챙겨주었어요. 제가 외출하고 돌아오면 늘 먹을 것을 만들어 주었죠. 저 같은 환경에서 자란 사람에게는 집을 떠난다는 것이 쉬운 일이 아닙니다. 특히 가장 역할을 해야 하는 사람들은 말이죠. 전 어머니와 동생을 돌보아야 했어요. 동생도 저를 위해 그래 주었으니까요."

하지만 카일은 대학을 가기로 마음먹었다. "겁이 났습니다. 영원히 그런 환경에서 벗어나지 못할 것 같았어요. 양심의 가책은 느꼈지만, 결국 그 결정은 제 인생을 좋은 쪽으로 바꾸어 놓았습니다. 대학에 가지 않았다면 하지 못했을 것들을 하게 되었죠. 전 다짐했어요. 꼭 그만한 값어치를 하고야 말겠다고요." 카일의 표현력은 놀라웠다. 마치 다른 시대에서 온 사람 같아 보일 정도였다.

카일은 2017년에 고등학교를 졸업했다. 카일의 어머니는 좋아졌다 나빠지기를 반복했다. 카일의 졸업식 전날도 그랬다. "알 수 있었어요. 어머니의 행동이 전부터 조금씩 이상해졌거든요. 갑자기 화를 냈다가 우울해하고 죽어버리겠다고 위협하셨죠."

카일은 그때 벼랑 끝에 몰린 기분이 들었다고 한다. "전 어렸고 너무 화가 났습니다. 어머니는 제가 커가는 모습이 두려웠던 것 같아요. 제가 놓인 상황에 미칠 지경이라 짐을 챙겨 할머니 댁으로 갔습니다. 한동안은 그곳에서 지냈어요. 지금은 후회하지만, 그땐 너무 화가 나서 방법이 없었어요."

카일의 어머니는 이제 많이 회복된 상태다. "우리도 어머니가 정말로 나아질 수 있을지 확신하지 못했죠. 하지만 다행히 좋아지셔서 일도 시작하셨어요. 어머니가 정말 자랑스럽고 그 이야기를 사람들에게 들려주고 싶어요. 아무리 힘든 상황이라도 도움을 받으면 이겨낼 수 있다고요. 진통제 중독 문제는 정말 심각해요. 많은 부모가 마약성 진통제 때문에 감옥에 가요. 혼자 아이를 키우는 부모 중에 특히 많은데 아이들은 아이들대로 어렵게 살아가죠."

카일은 대학교에서 경영학과 재무학을 전공하고 있다. 자신이 하려는 일에 맞는 능력을 갖춘 사람이 되려고 노력한다. "전공 공부는 집을 짓는 데 필요한 연장이라고 생각해요. 저처럼 자란 아이들을 돕는 기업을 세우고 싶어요." 그는 이제 완전한 어른으로 자신의 꿈을 향해 한발 한발 나아가고 있다.

2장

완벽이라는 환상은
빨리 깰수록 좋다

우리는 배우고
성장하는 사람들

"잊어버려."

-〈겨울왕국〉엘사

미래를 완벽하게 계획할 수 있을까?

어른이 되는 법을 말하는 책이라면, 어른이 되지 못하게 가로막는 것들이 무엇인지도 안내해야 할 것이다. 그런 의미에서 현대 부모들이 양육에서 '완벽'에 이상하리만치 집착한다는 사실을 지적하고 싶다. 나는 사실 완벽이라는 단어가 아이들에게 나쁜 영향을 준다고 생각한다.

부모나 주 양육자가 아이들의 작은 행동마다 "완벽해!"라고 칭찬하는 것은 무의식중에 아이들에게 모든 것에 완벽해야 한다는 의미가 될 수 있다. 가령 미끄럼틀을 타거나, 숙제를 끝내는 것 같은 일에 대해서도 완벽하다고 칭찬하면 아이는 실제로 자신의 행동이 완벽하다고 착각하게 된다.

심지어 아이는 인생에서 만날 교사나 직장 상사도 자신에게 완벽하다고 칭찬하기를 기대하게 될 수 있다. 하지만 그들은 그런 칭찬을 하지 않을 것이다. 왜냐고? 당연히 우리는 완벽하지 않을 테니까.

완벽이라는 것은 사막의 신기루와 같다. 완벽함을 추구하는 것은 대단히 불행한 일이다. 왜냐면 우리는 이에 도달하지 못할 것이고, 애쓰면 애쓸수록 자신과 주변 사람이 힘들어지기 때문이다. "나는 예외야. 나는 완벽해질 테니까"라는 사람이 있을지도 모른다. 괜찮다. 그런 사람도 언젠가는 내 말을 이해하게 될 것이다.

이 장은 우리가 지금까지 들어온 '완벽함'에 대한 집착을 내려놓자는 의도를 담고 있다. 우리가 그리는 삶은 완벽이 아닌, 배우고 성장하려는 노력에서 시작된다. 그 사실을 받아들인다면 인생에서 더 깊은 만족감을 느낄 것이다.

하지만 이 책을 읽기만 해서는 그렇게 되지 않는다. 강박에서 벗어나기 위해서는 실제로 의지를 다지고 실천하려는 노력이 필요하다. 심지어 얼마간의 치료가 필요할 수도 있다. 하지만 '완벽'이라는 목표 대신 '배우고 성장하기'라는 목표를 결심할 수는 있다. 그것만으로도 훌륭한 시작이 될 것이다.

완벽주의 기질은 어느 정도 부모에게서 영향을 받는다. 우리 부모들은 자녀의 미래를 위해 완벽하고 이상적인 계획을 세우거나, 그런 계획이 있다고 믿는다. 그래야 마음이 놓이기 때문이다. '우리'라고 말하는 이유는 나도 문득 자녀를 내 식대로 통제하려고 하기 때문이다.

자녀들의 어린 시절은 '이 단계가 끝나고 나면 다음 단계, 그러고 나면 또 다음 단계'와 같은 식이 되기 쉽다. 순서라는 것들은 아이들이 다음 단계로 넘어가도 괜찮은지 저울질하는 사람들에게 기준을 제공하고자 누군가 고안해낸 것이다. 여기까지만 이야기하는데도 벌써 머리가 지끈거릴 것 같다.

자녀가 정해진 기준을 순서대로 달성하지 못하는 것 같으면 부모들은 패닉 상태가 되고, 앞으로 자신이 계획한 대로 되지 않을까 봐 전전긍긍한다. 사실 부모 자신의 미래도 걱정할 수 있다. 친구, 친척, 직장 동료, SNS에 올릴 자랑거리가 없어지기 때문이다.

때때로 부모들은 자녀의 삶이 계획대로 '완벽하게' 이루어지지 않을까 봐 자녀의 삶에 개입하려 한다. 간섭, 통제, 잔소리 같은 개입은 역설적이게도 당장은 자녀의 삶에 도움이 될 수 있다. 잠깐은 부모가 생각하는 최종 목표에 가까워지게 할 수도 있지만, 이는 마법의 묘약이 아니다. 오히려 독에 가깝다. 자녀에게 자신이 부족하고 쓸모없는 사람이라는 메시지가 되기 때문이다.

예를 들면 이런 식이다.

"네 인생은 다른 사람의 기대에 부응해야 해"

"너는 우리 눈에 얼마나 완벽한지에 따라 사랑받게 되어 있어."

"네가 잘한다는 건 우리가 원하는 방식대로 한다는 뜻이지."

"사실 넌 혼자서는 부족해. 그러니 엄마, 아빠가 도와줄게."

자라면서 이런 메시지를 계속 받는다면, 내가 어떤 사람이고, 무엇을 할 수 있고, 인생에서 무엇을 원하는지 판단하는 힘이 제대로 자랄 수 없다.

청년은 어린 시절과는 다른 모험의 시기다. 청년은 홀로 일어서는 시간이다. 이제는 '완벽함'이라는 허울 좋은 말을 잊어야 한다. 더 넓게 생각하고, 불분명하고 애매한 영역을 더 편하게 생각해야 한다. 앞으로 나아가야 하지만 뒤로도, 때로는 옆으로도 나아가야 한다. 언제 가속 페달을 밟고, 언제 브레이크를 밟을지 직접 결정해야 한다.

엉뚱한 생각을 하고, 말도 안 되는 꿈을 꿀 필요가 있다. 완전히 새로운 곳도 가볼 수 있어야 한다. 두렵고 부끄러워 자신의 모습을 마주할 수 없을 때도 숨을 내쉬고 용기를 내야 한다. 어른이 된다는 것은 계속해서 시행착오를 겪어보는 것이다. 그 모든 경험이 성장의 밑거름이 될 것이다.

사실 좋은 경험보다는 나쁜 경험에서 많은 것을 배운다. 시행착오를 겪어야만 어려운 문제를 만났을 때 더 잘 대처할 수 있다.

인생은 계획대로 되지 않는다

내가 대학에서 상담 과장으로 일할 때 한 2학년 학생이 자신의 인생 계획을 완성했다며 검토를 부탁했다. 오로지 그의 자발적인 의사였다. 그 학생은 노트북을 꺼내더니 엑셀 파일 하나를 열었다. 뿌듯해하는 표정이 보였다. 나는 아직 2학년인 그가 졸업 후의 일을 다 계획했다는 말이 약간 당황스러웠지만, 계획이 뭔지는 궁금했다.

"22살에 미국에서 10위 안에 드는 의학전문대학원에 진학할 겁니다. 26살에 졸업하면 캘리포니아대학교에서 수련의를 시작할 거예요. 전공을 뭘 할지에 따라 달라지겠지만 3~5년 정도 걸릴 거라 예상해요. 수련의 첫해에 결혼할 여자를 만나, 3년 차에 결혼할 거고, 30살에 첫애를, 32살에 둘째를 낳을 거예요. 그때쯤 전임의를 시작했거나 끝냈겠죠!" 여기까지 말을 마친 학생은 의기양양한 표정으로 노트북을 닫았다.

나는 당혹감을 애써 감췄다. 그가 그동안 수없이 받았을 '완벽해!' 같은 칭찬을 기다리고 있다는 것을 알았지만 그럴 수가 없었다. '이렇게 똑똑한 학생이 어떻게 이런 계획을 세울 수 있었을까?'라는 생각이 들었다.

학생의 태도도 좀 가부장적으로 느껴졌다. 그의 계획에는 다른 사람의 인생이 포함되어 있는데 그 또한 자기 계획대로 되어야 한다는 듯 말했으니 말이다. 내 20대 후반과 30대 초반의 기억도 떠올랐다. 남편과 나는 첫 아이를 가지기까지 2년 반이 걸렸는데, 우리의 섹스는 '즐거움'에서 '의무', 그리고 '실망'으로 변했다.

한편 이런 생각도 들었다. '이 친구는 정말 의사가 되고 싶은 걸까?

아니면 그걸 선택해야 할 거 같아서 하려는 걸까? 우선 나는 미소를 지어 보였다. 그의 계획이 정말 놀랍다고, 꼭 생각대로 되기를 바란다고 말해주었다. 그런 다음 다정한 목소리로 이렇게 말했다.

"인생의 동반자를 꼭 계획한 대로 만날 수 있을까요? 내가 좋아하는 일을 하고 있을 때 만날 가능성이 크긴 하죠. 그 모습이 가장 매력적이니까요." 또 이렇게 덧붙였다. "임신은 16살 때 부모님 몰래 사고 쳤을 때 가능성이 크지, 서른쯤 엑셀 시트에 '이제 임신'이라고 적어놓는다고 해서 되는 건 아니에요."

그리고 왜 의사가 되고 싶은지 물어보려는데, 학생은 거의 울상이 되어있었다. 마치 내가 그의 완벽한 인생 시나리오를 갈가리 찢어놓았다는 듯.

인생 계획을 세우지 말라는 뜻이 아니다. 사실 큰 목표를 이루기 위해서는 구체적인 계획이 꼭 필요하다. 나는 그 학생을 실망시키려던 것이 아니다. 그가 의견을 구하고 싶어 나를 찾아왔으니, 우리가 삶의 신비 앞에서 겸손해야 하며 인생이 꼭 계획대로 되지는 않는다는 것을 말해주고 싶었을 뿐이다.

나는 그에게 '인간은 계획을 세우나 하나님은 비웃으신다'라는 유대인들의 오랜 속담을 알려주었다. 쉬운 말로 '살다 보면 X 같은 일도 있다' 정도 되겠다.

아무리 높은 위치에 있는 사람이라도 자기 뜻대로 되지 않는 일이 많다. 인생에 나쁜 일은 반드시 일어난다. 그런 일이 생기면 당연히 잠시 웅크려야 한다. 하지만 우리는 삶을 살아야 한다. 다음 행동으로 나아가야 하는 것이다.

영원히 수렁에 빠져 있을 수는 없다. 어른이 된다는 것은 자신이 불안감, 두려움, 무능함, 수치심, 실망감을 느낀다는 것을 인식하고, 왜 그런 감정이 들었는지 알아내고, 다시 앞으로 나가려면 무엇이 필요한지 찾는 것이다. 나쁜 일은 또 일어나겠지만, 그때는 마음의 준비가 되어있을 것이다. 어느 시점에는 '덤빌 테면 덤벼'라는 마음이 된다. 시간이 지나면 괜찮아진다는 것을 알게 되었으니 말이다.

나는 이런 의미가 그 학생에게 닿기를 바랐다. 지금은 독자들에게도 의미 있게 들리길 바란다. 하지만 당신이 체크리스트를 작성하고, 이를 지키면서 사는 것에 익숙한 사람일 수도 있다. 이 경우 실수를 허용하기 힘들 것이고 상황을 통제하지 않는 것이 두려울 것이다. 그러므로 더 많은 이야기를 해보도록 하겠다.

안전지대를 벗어나 성장하라

우리는 실패하고 주저하는 것은 좋지 않다고 배웠다. 하지만 괴롭고 끔찍해 보이는 이런 경험들은 인생의 일부일 뿐 아니라 훌륭한 교훈이다. 그 사실을 이해한다면 인생은 훨씬 쉽게 느껴질 것이다. 좋은 스승들은 심지어 실패해보라고 말한다. 인기 드라마 〈왕좌의 게임〉에서도 그런 장면이 나온다.

존 스노우: "실패했어요."
다보스 경: "좋아. 그럼 다시 실패하고 와."

부모와 교사, 멘토들은 여러분이 고통스러워하는 모습을 즐기는 변태가 아니다. 부모들은 자녀가 걸음마를 배울 때 수없이 엉덩방아를 찧고, 넘어지고 일어나는 모습을 지켜본다. 그래야 그 자그마한 다리에 힘이 생기고 균형감이 생긴다는 것을 알기 때문이다.

힘든 경험은 무섭지만 필요하다. 그러기 위해서는 안전지대를 벗어나 '확장지대'로 떠나야 한다. 캘리포니아 오클랜드에서 활동하는 비영리단체인 글로벌 시티즌 이어Global Citizen Year는 확장지대로 떠날 기회를 제공한다. 안전하고 편한 곳을 떠나라니, 대체 왜 그래야 할까? 왜냐면 안전지대에서는 모든 것이 너무 편하고 익숙해서 새로운 배움이 없기 때문이다. 생각해보라. 소파에 앉아서 무엇을 얼마나 배우고 성장할 수 있을까?

부모, 교사, 후견인 역할을 하는 사람들은 여러분이 '공포지대'를 피하도록 돕고 싶어한다. 하지만 사실 삶을 정말로 위협하는 것은 영원히 안전지대에 머무르는 것이다. 편하지만 무의미한 삶에 안주하게 되고 정신적, 육체적으로 쇠퇴한다.

인생에서 필요한 말 중 하나는 '조언'이다. 기꺼이 받아들인다면 강력한 성장호르몬이 될 수 있다. 나는 지난 몇 년 동안 조언을 많이 들었기에 자신의 부족함을 받아들이는 것이 얼마나 힘든지 안다. 하지만 그런 경험을 통해 길게 보면 조언이 좋은 역할을 한다는 것도 깨닫게 되었다.

나는 스탠퍼드대학교에서 14년간 일했다. 4년 차에 접어들었을 때 스탠퍼드 최초로 신입생 담당 상담 과장이 되었다. 어느 날 나의 멘토가 그 아이디어를 떠올렸고, 내가 제안서를 작성해 올렸더니 오케이 사인이 내려왔다.

나는 곧장 계획을 실행에 옮겼다. 학교의 빈 사무실을 찾았고, 애플스토어 디자이너에게 컴퓨터를 기증받아 말끔하게 꾸몄다. 신입생이 학교에 소속감을 느끼도록 돕는 프로그램과 시스템을 개발했다. 18개월 만에 우리의 노력은 결실을 보았다. 학생들은 우리에게 언제든 쉽게 접근할 수 있고 신뢰할 수 있는 도움을 제공받았다. 부모들은 우리에게 감사 인사를 보냈고, 동문들과 개발실 직원들은 우리 방식이 학교에 도움이 될 거라며 찬사를 보내왔다. 그런 말을 들으며 나는 더욱 힘껏 일했다.

어느 날 동료 직원 한 명과 캠퍼스 밖에서 점심을 먹었다. 돌아와 그녀를 사무실에 내려주려는데 차 안에서 그녀가 우연히 들었다면서 이런 말을 꺼냈다. 학생처 담당 직원들이 나에 대해 하는 말인데, 대충 이런 내용이었다.

첫째, 자격이 없다. 공식적으로 공지가 났으면 그 자리에 앉지 못했을 것이다.
둘째, 지나치게 나대면서 우리의 일을 뺏어갔다.
셋째, 너무 욕심이 많다. 사람들을 짓밟고 올라가는 사람이다.

나는 눈물을 참으며 가만히 있었다. 이전까지 나는 내 일을 사랑했고 일을 완벽히 해내고 있다고 믿었다. 정신이 아득해지고 수치스러웠다. 이야기를 전해주던 동료는 안절부절못하며 나와 눈을 맞추지 못했다.

사람들의 평가는 내가 뭔가를 잘못해서 생긴 것이 아니었다. 출근해서 곧장 바로잡을 수 있는 성질의 것도 아니었다. 내가 혁신적이고 훌륭하다고 생각했던 아이디어들, 동료들의 도움 없이도 해낼 수 있던 일들과는 무관한 평가였다. 그 평가는 내가 몇 달, 몇 년에 걸쳐 직장에서 어떤 모습이었는지, 동료들이 나를 어떻게 생각하는지에 관한 것이었다. 사람들의 인정을 중요하게 생각하는 나로서는, 스스로가 완전히 실패한 사람 같았다. 더 심각한 문제는 내가 사람들에게 상처를 주고 있다는 것이었다.

캐럴 드웩은 저서 『마인드셋: 원하는 것을 이루는 태도의 힘』에서 '성장 마인드'라는 용어를 언급했다. 그 일이 있은 지 2년 뒤 출간된 책이라 당시 나는 성장 마인드에 대해 알지 못했지만, 내가 할 수 있는 일은 좋은 동료가 되고자 노력하는 길뿐인 것은 알았다. 그렇다고 해결법까지 알았던 것은 아니다. 솔직히 나에게는 그런 말을 하는 사람들이 틀렸다고 증명하고픈 마음도 있었다.

나의 가장 큰 문제는 다른 사람의 도움을 받지 못하고, 도움을 받으려 하지도 않는다는 것이었다. 사실 직장에서 그것이 문제가 된다는 것은 이미 느끼고 있었다. 어떤 사람들은 아무리 훌륭한 아이디어라도 자신이 그 과정에 포함되지 않으면 반대한다. 스탠퍼드대학교만 그런 것은 아니다. 학계는 대체로 사람들과의 공동작업을 중시하기에 일 진행이 느리고 합의를 이루는 데 오랜 시간이 걸린다.

나는 이렇게 생각했다. '좋아. 아이디어가 생기면 사람들과 협의해보지 뭐.' 하지만 내켰던 것은 아니다. 협동은 원하는 결과를 얻는 과정에서 넘어야 할 장애물로 느껴졌다. '어차피 내 아이디어는 훌륭한데 뭐하러…'라고 생각했으니 말이다.

나는 몇 년간 억지로 협동이란 것을 해보고 나서야 사람들과 함께 작업하는 것이 더 좋은 아이디어를 끌어낸다는 사실을 깨달았다. 내가 그때 아마 서른일곱이었을 것이다. 그렇다. 나는 그 나이가 되어서야 내 생각이 최고가 아니라는 것을 깨달은 셈이다.

이런 말을 하는 것이 너무 부끄럽고 고통스럽지만 어쩌겠는가? 이것도 내가 어른이 되어가는 과정의 일부인 것을. 인정한다. 그때의 나는 항상 제일 똑똑하고, 뛰어난 사람이어야 했다. 그러니 다른 사람의 지혜와 도움을 구하는 것이 방해라고 여긴 것이다.

내가 협력이 부족한 사람이라는 고통스러운 사실을 인정했더니 변화가 생겼다. 나는 점점 의무감 대신 진심으로 협동을 즐기게 되었다. 우리 캠퍼스가 정말 변화하기를 원한다면 그래야 하고, 함께 이뤄가는 과정이 중요하다는 것도 차츰 깨달았다. 다른 사람들의 목소리를 잘 들으려면 때때로 입을 다물어야 한다는 사실도 배웠다.

하지만 여전히 내 목소리는 너무 컸다. 서른여덟이었을 때 나는 대학생이 된 자녀들을 놓아주어야 한다는 내용으로 부모들에게 정기적으로 강연을 했다. 누군가가 강연 내용은 좋지만, 가끔 사람들과 함께하기보다 혼자 앞서간다고 했다. 연장자들 앞에서 모든 것을 아는체한다는 것이다.

또 한 번 머리가 아찔했다. 내가 강연을 잘한다고 생각했고 늘 즐기며 이야기했지만, 상대에 따라 말을 조절하는 법을 몰랐던 것이다.

마흔하나에는 상사 두 명이 나를 레스토랑으로 초대해 들어본 것 중 가장 혹독한 조언을 전해주었다. 내 마흔 살 생일파티를 스탠퍼드 교수 클럽에서 밴드와 함께 연 것이 과하다는 것, 내가 출장을 다녀와서 나눈 기념품을 받지 못해 마음 상한 직원들이 있다는 것이었다. 나는 가까스로 눈물을 참았다.

나는 조언에 감사하다고 말하고, 앞으로 더 배우도록 노력하겠다고 했다. 잠시 후 두 사람은 내게 승진했다고 알려주었다. 당시 나는 직원 6명을 관리하고 있었는데 다른 팀을 합쳐서 35명의 직원을 관리하는 자리에 오르게 되었다. 경기가 좋지 않을 때라 급여는 오르지 않았지만 신임 투표로 결정된 결과여서 사람들에게 인정받은 것 같아 더할 나위 없는 기분이었다.

그렇게 나는 서로 다른 팀의 사람들을 관리하게 되었다. 나는 우리가 함께 일하는 시간이 즐겁지 않으면 학생들에게 도움을 줄 수 없다고 생각했다. 직원회의 때 서로 자유롭게 의견을 나눌 수 있는 분위기를 만들려고 노력했고, 돌아가며 자기 일을 다른 사람에게 알려주는 시간을 가졌다.

우리는 수직형 조직이 아니라는 점도 강조했다. 우리는 대등한 관계로 모인 사람들일 뿐이며, 좋은 아이디어는 상호작용에서 나온다는 것을 말이다. 나는 처음에는 의무감에서 사람들과 협동했지만, 점점 팀의 가치를 중요하게 생각하는 관리 방식을 배워갔다. 사람들이 자신을 믿고 서로를 믿어가는 모습을 지켜보는 것이 즐거웠다. 우리가 함께 이룬 성과는 그 자체로 충분히 의미가 있었다.

하지만 그것이 끝은 아니다. 나는 계속해서 실수도 하고 잘못도 저질렀다. 과거를 떠올리면 말문이 막힐 만큼 부끄러운 기억도 많다. 내가 어떻게 그렇게 행동할 수 있었는지 믿기 힘들 정도다. 그렇지만

이렇게 또 다짐한다. '과거를 바꿀 순 없지만, 교훈은 얻을 수 있지!'

자신의 단점을 포용하라

우리는 사람들 앞에서 단점을 드러내지 말라고 배운다. 나는 이 책에 사람들이 몰랐으면 하는 내 모습을 털어놓았다. 솔직히 사람들이 나를 친절하고 멋진 사람으로, 더 나아가 예쁘고 날씬한 부자로 알았으면 하는 마음도 있다.

심리학자 브레네 브라운Brené Brown는 약한 모습을 드러내는 것은 부끄러워할 일이 아니라고 말한다. 자신을 힘들한 것들을 인정하고 받아들이는 이들은, 주변 사람에게 마음을 열고 다음 단계를 고민하는 사람들이다. 그들은 위기가 찾아올 때 더 강해진 모습으로 나타날 수 있다. 이를 반복하며 사람들과 더 아름다운 관계를 맺는다. 내 삶이 그 증거다. 나는 지금까지 계속 노력하며 성장해왔다.

앞에서 언급한 캐롤 드웩의 '성장 마인드'를 조금 더 언급해 보자. 그녀의 연구 결과는 자신이 얼마나 완벽한지에 집중하는 일이 사실 성장을 방해한다는 것을 보여준다. 자신의 완벽함에 집중하는 사람들은 도전을 꺼리게 된다. 결과가 잘못되면 자신이 완벽하고 똑똑한 사람이 아님이 드러나기 때문이다. 이런 사람은 '고정 마인드'를 가졌다고 한다. 반대로 우리는 통제할 수 있는 부분인 '노력'에 집중해야 한다. 즉 성장 마인드를 가져야 하는 것이다. 고정 마인드를 성장 마인드로 바꾸기 위해서는 다음의 다섯 가지 생각법을 알아두자.

1. "나는 완벽하다" → "나는 더 잘하려고 노력하고 있다"

2. "나는 머리가 좋다" → "나는 노력하면 그만한 결과를 얻는다"

3. "이 일은 힘들어" → "지금 힘든 일을 하고 있어"

4. "이 일은 할 수 없어" → "일단 첫발을 내딛고 다음을 고민하자"

5. "나는 멍청해" → "나는 아직 이 일을 배우지 못했어"

직장에서 배움과 성장을 얻는 13가지 방법

지금은 여러분이 직장에서 어떤 사람으로 보이는지가 중요한 시기이다. 직장은 상사와 동료들의 요구가 존재하는 곳이다. 지금부터 일터에서 배움과 성장이라는 과제를 어떻게 풀어갈지를 이야기해 보자.

가장 먼저, 상사들은 여러분이 기본적인 사항을 지키길 원한다. 제시간에 출근하고, 적합한 복장을 하고, 맡은 업무를 끝까지 해내고, 긍정적으로 행동하고, 업무 시간이 끝날 때까지, 혹은 프로젝트가 끝날 때까지 자기 자리를 지키는 것 등이 여기에 포함된다. 여기서 더 나아가 상사들은 여러분이 자기의 몫을 다해서 팀 전체의 일이 수월해지는 것을 원한다.

물론 여러분이 무엇을 필요로 하는가도 중요하다. 여러분에게는 역량을 보여주고 실력을 쌓을 기회가 필요하다. 신뢰를 얻고 성과에 따라 공정한 대우를 받으며 업무 경험을 즐기길 원할 것이다. 그러면 지금까지 언급한 배움, 성장, 실패, 평가, 성장 마인드가 직장에서 어떻게 효과를 발휘하는지 알아보자.

1. 철저하게 준비하라

이 조언은 실리콘밸리의 사모펀드 CEO인 지인이 강조하는 내용이다. 네 자녀를 키우는 그는 자녀들이 면접을 보러 갈 때 이렇게 조언한다.

"첫째, 그 회사에 대해 잘 알아야 한다. 인터뷰하는 사람이 누구이고, 회사에서 어떤 역할을 하며, 어떤 일을 해왔고, 무엇을 중요하게 생각하는지 알아내, 한 개인으로서 이야기를 나눠라. 면접도 대화다. 그들과 대화하며 관심을 얻어내라.

어떤 분야에 어떤 역량이 있다고 말하지 말고, 그 역량을 어떻게 얻었는지 예를 들어 설명하라. 가령 '저는 힘든 일을 잘 해내는 사람입니다'라고 하는 대신, '작년 여름에 벽돌 200만 장을 운송하는 일을 맡았습니다. 매우 힘들었지만 이런 방식으로 해결하며 문제 해결력을 얻었습니다'라고 이야기하는 것이 좋다.

그냥 엑셀을 잘 한다고 하지 말고 '경제 수업에서 몇 가지 모델을 발표해야 했는데 엑셀에서 A테이블과 B매크로를 만들었습니다'라고 하는 편이 낫다. 스토리텔링으로 장점을 설명하는 것이 훨씬 설득력 있고 기억에 오래 남기 때문이다."

2. 사람들과 잘 어울려라

어떤 일이든 일을 시작하게 되면 사람들과 관계를 맺게 될 것이다. 정신과 의사이자 작가인 로리 고틀립Lori Gottlieb은 직장에서 가장 중요한 것은 관계라고 말한다. 사람들이 당신을 좋아하는가? 신뢰하는가? 마음가짐이 바르다고 판단하는가? 이런 것들이 중요하다.

이를 위해서는 존중하는 태도를 보이고, 나이나 경력이 많은 사람에게 존경심을 보여야 한다. 고틀립은 '당신이 불안감이 높아서 직장에서 이를 표출하거나, 완벽주의 성향이 강해서 일을 끝내지 못하는 사람이라면 주변 사람이 힘들어질 수 있다'고 말한다. 직장에서 자신을 통제하는 것은 중요하다.

3. "멋진 사람도 커피를 탄다."

이 표현은 교육자이자 소녀들의 심리에 관한 책을 쓴 레이첼 시몬스Rachel Simmons가 한 말이다. 『소녀들의 심리학』, 『소녀는 어떻게 어른이 되는가』 등을 저술한 그녀에 따르면 똑똑하고 화려한 스펙의 젊은 세대는 처음 직장에 들어가면 중요하고 흥미로운 일을 하게 될 거라고 기대한다. 하지만 현실은 그렇지 않다. 처음 직장에 들어가면 가장 낮은 위치에 처하고, 커피 심부름처럼 재미없고 중요해 보이지 않는 일도 해야 한다.

그런 사소하고 작은 일로도 좋은 점수를 얻을 수 있다. 나중에는 누군가가 내게 커피를 가져다줄 날도 올 것이다. 여담이지만 가끔 커피 심부름을 자청하는 상사가 되면 부하직원들에게 인기를 얻을 수 있다!

4. 요령을 익혀라

로리 고틀립은 누군가를 따라 하는 법도 알아야 한다고 조언한다. 가령 외부와 소통하는 일을 맡는다면 공식적인 커뮤니케이션의 형식을 알아야 한다. 내 일이 아니라서 필요 없다고 생각해서는 안 된다. 어떤 일에 대해 자신이 많이 알고 있다고 착각하는 사람은 다른 사람의 말을 들어야 하는 상황에서 자신의 재능을 증명하는 데 더 치중하게 된다. 너무 조급하게 생각하지 말자. '이게 시험에 나올까?' 같은 사고방식은 버려야 한다. 어른이 되면 시험에 나오는지, 아닌지는 중요하지 않다.

5. 회사 문화에 적응하라

모든 직장은 관료적이고, 나름의 직장 문화와 사람들 간의 복잡한 네트워크가 있다. 직장에서 가장 중요한 사람은 사장이고 그 밑에 다른 직원들과 여러분이 있다. 조직도에서 나보다 높은 사람들에게 존경심을 보이는 것은 중요하지만, 모든 인간은 존중받아야 마땅하다는 사실도 기억하기 바란다.

우리는 다른 사람이 내 말을 들어주기를 바란다. 자신이 중요한 사람인지 확인하고 싶어서다. 그러므로 가장 좋은 방법은 그 사람에 관해 질문하는 것이다. 직장이든 가족 모임이든 마찬가지다. 어느 학교를 나왔고 무슨 일을 하는지보다, 요즘 근황이 어떤지 물어보라. 때로는 평범해 보이는 사람이 중요한 정보나 식견을 가지고 있을 수 있다. 그런 사람은 누구와도 편하게 지낼 수 있는 사람들이다.

그들과 친구가 되자. 그런 사람들은 내가 어떤 사람으로 인식되는지 나보다 잘 알고 있다. 그들과 좋은 관계를 형성한다면 다른 사람들이 나에게 등을 돌릴 때도 내 편이 되어줄 수 있다. 내가 동료들에게 좋지 못한 이야기를 들을 때 솔직하게 그 사실을 전해주었던 내 동료들처럼 말이다.

6. 멘토를 찾아라

우리에게는 부모 말고도 믿어줄 사람이 필요하다. 경험 많고 지혜로우며 내가 가는 길에 다른 사람들은 보지 못하는 것을 깨우쳐주는 사람, 그런 사람이 주변에 있는지 찾아보자. 그런 사람들과 오래 깊은 관계를 맺길 바란다. 그들과 긴밀히 협력하고 그들의 일에서 무엇이 중요한지 생각해보라.

신뢰받는 사람이 되도록 노력하고, 한 발 나아가 그들에게 없어서는 안 될 존재가 되도록 노력하라. 가끔 근황이 어떤지, 하는 일이 잘되고 있는지 물어보라. 언젠가는 그들도 여러분의 근황을 물어볼 것이다. 그때 내 이야기를 할 수 있다. 좋은 이야기를 들었다면 감사 편지를 보내는 것도 좋다. 가끔 문자를 보내라. 생각났다고 말하며 안부를 물어보라.

일이 너무 힘들어 갈피를 잡기 힘들 때, 다른 길이 고민될 때 조언을 구하라. 좋은 멘토라면 직접 알려주지는 않을 것이다. 대신 정말로 원하는 것이 무엇인지 생각할 수 있는 좋은 질문을 던질 것이다. 재밌는 사실은 여러분도 나이가 들면서 점점 누군가에게 그런 멘토가 된다는 것이다.

7. 최선을 다해 일하라

소매를 걷어붙이고 맡은 바 최선을 다하라. 사람들이 그 프로젝트에 거는 기대를 모든 면에서 충족했는가? 그들이 궁금하게 생각하는 것들에 답할 수 있는가? 자신에게 이렇게 질문해보자. 결과물이 반짝반짝 빛날 때까지 정말 열심히 준비해야 한다. 원래 끝내야 하는 날짜보다 조금 앞당겨 끝내도록 하라.

자신이 그 일을 정확히 해낼 수 있는 사람임을 증명하고, 무엇이 필요하고 그것이 왜 중요한지 이해하는 사람이라는 인상을 주어야 한다. 직장을 옮길 계획이 있더라도 최소한의 일만 하려고 해서는 안 된다. 추천서를 받아야 할 상황이 올 수도 있으니 인연을 함부로 하지 말자. 어쨌든 직업의식을 기르도록 도와준 사람들에 대한 의무다.

8. 도움을 요청하라

여덟 번째 조언은 절친한 친구인 도노반 소메라 이스라엘Donnovan Somera Yisrael의 아이디어다. 도노반은 스탠퍼드 학생들의 정신 건강과 복지를 지원하는 상급 보건 교육자이다. 그는 워크숍에서 학생들에게 이렇게 질문한다. "여러분은 다른 사람이 도움을 요청하면 기쁘게 도와주지 않나요? 그렇다면 여러분은 왜 다른 사람에게 그런 기쁨을 주려고 하지 않습니까? 수영 선수 마이클 펠프스가 세 명의 코치를 두었다는 걸 알고 있나요? 수영 코치, 운동 코치, 스윙 코치가 있죠. 신기록 보유자도 여러 사람에게 도움받는데, 여러분이 그렇지 않을 이유가 있을까요?"

고용주는 여러분이 모든 것을 완벽하게 갖추어서 고용한 것이 아니다. 노력하고, 넘어져도 일어서고, 사람들과 잘 어울릴 수 있다고 기대해서 채용한 것이다. 도움이 필요하면 바로 요청하라. 그래야 문제를 빨리 해결할 수 있다! 고장 내고 고치는 것보다 그 전에 사용법을 배우는 것이 낫고, 실수하고 사과하는 것보다 문제를 빨리 알아내는 편이 훨씬 낫다.

9. 책임감과 독립심을 키워라

도움을 구하는 것도 좋지만 상급자들은 혼자서는 아무것도 알아내지 못하는 직원을 보면 가슴이 답답해진다. 앞에서 언급한 실리콘 밸리 CEO는, 비즈니스 세계에서 직원이 일을 배워서 독립하는 다섯 단계가 있다고 한다.

1단계: 앉아서 일을 기다린다.
2단계: 스스로 일을 찾는다.
3단계: 문제 상황을 인식하고 필요한 작업을 생각해 제안한다.
4단계: 필요한 일을 알아서 하고 상관에게 바로 알린다.
5단계: 필요한 일을 알아서 하고 분기별로 보고한다.

상사는 여러분이 1단계에 머물기를 바라지 않는다. CEO는 이렇게 말한다. "일부는 시키는 대로 일하는 것에만 익숙해서, 전체를 보고 필요한 것을 알아내는 요령이 부족합니다. 구체적인 지시가 없으면 움직이지 않죠. 적극적인 친구들은 스스로 일을 처리해본 경험이 많아서 자신감이 있습니다. 그래서 '이런 일이 필요할 것 같습니다', '고객이 이런 문제로 전화했는데, 제 생각은 이렇습니다' 같은 말들을 훨씬 편하게 할 수 있죠."

만약 여러분이 1단계에 머물러 있다는 생각이 든다면 적극적으로 할 일을 찾아보라. 그러나 상사에게 확인받지 않고 마음대로 일을 처리해서는 안 된다. 아직 그럴 단계는 아니다.

10. 힘든 상황을 피하지 말라

어느 시점이 되면 여러분은 사람들을 관리하는 위치에 오른다. 인턴을 관리하는 위치가 될 수도, 임원 비서에게 보고하거나 팀 전체를 관리하는 위치가 될 수도 있다. 관리자가 할 일은 사람들이 일을 배우고 성장하도록 돕는 것이다. 다시 말해 평가와 조언이라는 불편한 일도 해야 한다.

한 번 더 고백하자면, 한때 나도 사람들에게 조언하는 것이 너무 불편해서 피했던 적이 있다. 그러다가 상황이 점점 심각해져서 나중에는 문제가 되었다. 사람은 배우고 성장하기 위해서 조언이 필요하다. 조언할 때는 친절하게 하라. 상대를 진심으로 생각한다는 것을 보여주는 단어와 말투, 몸짓을 사용하지만, 표현은 분명해야 한다. 말을 빙빙 돌리며 핵심을 피해선 안 된다.

11. 잘못한 일이 있으면 사과하라

CEO의 이야기를 계속 옮겨본다. "일을 잘못했을 땐 우선 사과하는 게 좋습니다. 제일 좋은 방법은 상사를 찾아가서 말하는 겁니다. '죄송합니다. 지금 바쁘신 것 같으니 언제든 조언할 말씀이 있으면 저를 불러 주세요'라고요." 주의할 점은 일이 잘못됐을 때 마음의 짐을 덜고 싶어서, 무엇이 문제였는지 당장 자세하게 말하려고 하는 것이다. 그러나 상사는 그럴 시간이 없을지도 모른다.

사과는 가능하면 직접 얼굴을 보고 하라. 언제든 부르라는 말은 조언을 감사히 듣겠다는 의미와, 상사가 편한 시간에 내가 맞추겠다는 뜻을 함께 전달한다. 효과적인 사과의 방법은 뒤에서 좀 더 자세히 살펴보겠다. 시행착오를 겪다 보면 어떻게 사과해야 다시 자신감 있게 일을 시작할 수 있을지 알게 될 것이다.

12. 직장에서 부모님의 공식 역할은 없다

이 이야기를 하는 것은 직장의 고용인들이 이 부분을 점점 더 우려하고 있기 때문이다. 면접장에 갈 때, 급여나 상여금, 복리후생 문제를 이야기할 때, 상사와 어려운 이야기를 해야 할 때, 부모님과 함께 가고 싶은 마음이 들 수 있다. 하지만 부모님을 대동해야 한다면 애초에 그 직업을 가질 만큼 성숙하지 못한 것이다. 절대 부모님을 데려갈 생각은 하지 말아야 한다. 미리 부모님과 상의하는 것은 괜찮다. 특히 사회 초년생이라면 좋은 방법이다.

13. 네트워크를 꾸준히 확장하라

지금 하는 일이 좋아도 언젠가는 다른 일을 하고 싶을 수 있다. 그럴 때 인적 네트워크가 중요한 역할을 한다. 인적 네트워크는 인연을 맺은 모든 사람을 의미한다. 잠깐 스쳐 지나간 인연도 포함될 수 있다. 인적 네트워크를 쌓는 것은 고도의 지능이 요구되는 일이 아니며, 그보다는 섬세함이 요구된다.

인적 네트워크 구축에 관한 조언은 리더십 개발 및 커뮤니케이션 컨설팅 회사인 'TheNewQuo.com'의 창립자이자 내러티브 전략가로 활동하는 크리스티나 블래큰Christina Blacken의 도움을 받았다. 그녀의 조언을 소개한다.

▪ 무작정 명함을 주지 마라

만나는 사람마다 명함을 뿌리고 다니기보다는 몇몇 사람과 깊은 관계를 만든다는 것을 목표로 네트워크를 구축하라. 소수의 사람과 맺은 깊은 관계가 장기적으로 서로 도움을 주고받는 사이가 될 가능성이 크다.

▪ 흥미로운 질문을 던져라

질문은 대화를 시작하는 좋은 도구다. 외적인 요소를 떠나 두 사람 사이의 공통점을 찾고 유대감을 형성하는 데 도움을 준다. "어떤 일을 하세요?" 같은 단순한 질문은 좋지 않다. 좋은 질문은 구체적이다. 예를 들면 자신이 주최한 행사에서 어떤 점이 즐거웠는지, 발표자의 말에서 어떤 점이 흥미로웠는지, 우리 조직의 어떤 점이 좋은지 물어볼 수 있다. "그 프로젝트는 어떤 계기로 시작하셨어요?", "요즘은 어떤 일이 즐거우세요?", "여기에 사신 지 얼마나 되셨어요?"와 같이 상대방의 말을 끌어내는 질문도 좋다.

▪ 명함을 가방에 처박아두지 마라

명함을 받으면 좋은 인연이 될 가능성을 놓치지 않아야 한다. 다음 날 연락해서 전날 나누었던 대화를 간단하게라도 이어가라. 전자 명함이나 메일, 링크드인을 활용하는 것도 좋은 방법이다.

▪ 필요할 때만 연락하는 사람이 되지 마라

사람들과 관계를 유지하고 싶다면 부탁할 일이 있을 때만 연락하는 사람이 되어서는 안 된다. 상대가 새로운 일을 시작한다는 것을 알게 되었다면 축하 인사를 보내고 특별한 일이 없더라도 안부를 물어보자. 기회주의적인 사람보다는 주변 사람에게 관심이 많은 따뜻한 사람이 되자. 좋아하는 사람들과 관계를 쌓아갈 때 상호작용이 자연스럽게 일어난다.

▪ 감사를 전하라

나는 내 일이나 아이디어에 영향을 준 사람들에게 가끔씩 생각나서 연락한다며 메일로 인사를 전한다. '생각나서 연락했습니다. 과거에 나에게 이런 도움을 주어서 고맙습니다. 지금은 어떤 일을 하고 있습니다. 선생님은 어떻게 지내십니까' 등의 말로 간단한 안부를 전하는 것은 자주 연락하기 힘든 사람들과 관계를 유지하는 좋은 방법이다. 1년에 한 번으로도 반가운 관계가 될 수 있다.

실수를 허용하는
사람이 되자

자신에게 이렇게 말해보자. 나에게 '완벽하다'라는 말은 필요 없고, 모든 상황이 항상 '편하게' 느껴져야 할 필요도 없다고. 이 과정을 반복하다 보면 자연스럽게 머릿속에 자리 잡을 것이다.

내가 통제할 수 있는 것은 내 생각과 행동뿐이다. 나머지는 잊자. 잘하는 것을 더 잘하도록 노력하자. 일이 잘못된 후 상처를 잘 회복할 방법을 찾아보자. 이 장에 적어둔 조언들에도 너무 집착할 필요가 없다. 요점만 기억하자. 우리는 완벽하지 않다. 완벽함이라는 구속에서 벗어나 배움과 성장을 계속하고 있는 아난다의 이야기를 소개한다.

아난다 데이는 30세의 백인 여성으로 몬타나주 리빙스톤 출신이다. 네 형제 중 막내로 태어났고 부모님은 그녀가 두 살 때 이혼했다. 아버지는 네 아이의 양육권을 모두 얻어냈고 보험 세일즈로 자녀들을 먹여 살렸다.

"어릴 땐 주로 뒷산을 오르며 놀았어요. 말썽도 많이 부렸죠. 선인장 위에 앉을 때도 있었으니까요. 아무튼 막내여서 그런지 어릴 때부터 자유롭게 컸던 것 같아요. 많은 시행착오를 겪었죠. 무언가를 하고 싶으면 저 혼자 해결해야 했어요."

아난다가 일곱 살 때 아난다의 아버지는 노스캐롤라이나주 롤리로 집을 옮겼다.

"아버지는 경제적으로 어려움이 많으셨어요. 한번은 가혹하게도 크리스마스 다음 날에 차량 압류를 당하셨죠. 그래도 저와 형제들에게 크리스마스 선물을 주셨어요. 좋은 분이셨지만, 그런 모습이 경제적으로 책임감 있는 행동으로 보이진 않았어요. 저는 책임을 느꼈죠. 어린 시절 내내 이혼한 부모님의 모습과 돈에 대해 생각했어요. 어떻게 하면 짐이 되지 않을지 고민했죠."

아난다는 학교생활에 몰두했다. "학교는 다른 세계로 통하는 관문처럼 느껴졌어요. 모든 노력을 쏟아부었죠. '꼭 대학에 가야 해. 그래야 내 인생이 달라질 거야.' 그렇게 생각했어요. 탈출구를 위해 제 에너지를 집중시키는 방법이었죠. 소설도 많이 읽었어요. 저를 다른 세계로 데려다주었거든요.

그녀가 열정을 쏟아부었던 또 다른 활동은 축구였다. 선수로 받은 장학금을 운동 비용에 충당했다. 주말에는 축구 심판을 보면서 시간당 34달러를 벌어, 일부는 기름값을 내거나 옷을 사는 데 쓰고 나머지는 저축했다.

그녀의 가장 큰 목표는 대학에 들어가는 것이었다. 그녀는 노스캐롤라이나대학교의 모어헤드-케인Morehead-Cain 장학금에 관해 알게 되었다. 4년간 전액 장학금을 주고 매년 여름 해외여행 경비도 지원하는 프로그램이었다.

"저는 심사 대상조차 되지 않았어요. 이해해요. 지원서의 소재로 쓸 만한 음악 레슨이나 외국 여행 같은 근사한 경험이 없으니까요." 하지만 그녀는 포기하고 싶지 않았다. 그녀에게는 후견인 역할을 한 부유한 대부모들이 있었다. 그녀가 대학 입학 지원서를 준비할 때 곁에서 서류들을 읽어보고 길잡이가 되어준 사람들이다.

아난다처럼 고등학교에서 마지막 학년을 보내던 대부모의 친딸
은 대학에 들어가기 전 스코틀랜드에서 갭이어*를 보낸다고 했다. 아
난다도 그 후견인의 딸처럼 다른 나라로 떠나고 싶었다. 대학 지원에
도 확실히 도움이 될 것 같았다.

"저는 마음속에 응어리를 안고 자랐어요. 어릴 때는 내성적이고
쉽게 화내고 무기력했죠. 자책하는 사람은 다른 사람에게 의지하려
하지 않아요. 그래야 실망하지 않거든요. 전 마음이 닫혀있었고 사람
들과도 깊은 관계를 맺지 않았어요. 하지만 머리로는 알았어요. 사랑
이야말로 우리가 존재하는 이유라고 말이죠.

열여섯 살 때 이런 책을 읽었어요. '나이가 많이 들었을 때 어떤 모
습이 되고 싶은가?'라는 질문을 던지는 책이었어요. 그때 이렇게 생
각했어요. '멋진 이야기로 다른 사람의 인생을 들려주는 사람, 마술
같은 이야기를 해줄 수 있는 사람이 되고 싶어.'

하지만 전 그럴 능력이 없다는 것을 깨달았어요. 이야기를 만드는
삶을 살 기회를 자신에게 주지 않았으니까요. 그래서 새로운 경험을
해보고 싶더라고요. 책에는 이런 대목도 나왔죠. '별일이야 있겠어?
부모님 집에 얹혀살며 싸우는 게 최악이지. 인생에는 멋진 것들이 많
아. 축구나 학교처럼. 그러니 힘든 일이 생기더라도 살아있다는 느낌
은 들 거야. 아무것에도 마음을 두지 않는 것보다야 낫지.'

작가는 무엇이든 시도해보라고 했어요. 작은 것부터 시작해보라
고 했죠. 그래서 실제로 다음 날 과학박물관에 가서 귀뚜라미가 들어

---

* 학업이나 직장 생활을 잠시 중단하고 여행, 인턴십, 봉사 활동 등을 하며 보내는 시기.

있는 막대사탕을 샀어요. 제 첫 번째 이야기는 귀뚜라미를 먹는 이야기가 될 수도 있을 거예요."

아난다가 대학에 들어갔을 때 한 교수가 학생들에게 이렇게 말했다. "여러분 세대의 문제점은 공상에 잠길 시간이 없다는 것입니다." 아난다는 동의했다. "그래요. 전 학교 다닐 때 계속 공부만 했어요. 중학교 때는 수학을 정말 잘했어요. 그러자 사람들은 제가 어느 대학에 갈지에만 관심을 보였죠. 겨우 중학생이었는데.

전 정말 생각할 시간이 필요했어요. 인생에 필요한 알맞은 질문을 던지려면 그럴 여유가 있어야 해요. 제가 어떤 사람이 되고 싶은지 확신을 얻고 싶었어요. 여행은 다른 세계를 경험할 기회였어요. 내 안에 있는 응어리를 풀 기회였죠. 일종의 강제적인 장치를 만드는. 어느 나라인지는 중요하지 않았어요. 중요한 건 저였죠. 프로그램의 내용이나 장소는 중요하지 않았어요."

대학 지원 준비가 한창일 때 아난다의 대부가 '글로벌 시티즌 이어Global Citizen Year'라는 갭이어 프로그램이 신설된다는 이야기를 전해주었다. 아난다는 신청해볼 수 있겠다는 생각이 들었다.

"무슨 수를 써서라도 도전해보고 싶었어요. 직원들에게 매일 전화해서 궁금한 것들을 물었어요. '지원은 언제부터 받나요?' '이 프로그램에 꼭 붙으려면 제가 뭘 더 준비하면 좋을까요?' 금전적인 지원도 어느 정도 있을 거란 걸 알았어요. 그때쯤 몇 개 대학에서 입학 허가도 받은 상태였죠."

글로벌 시티즌 이어는 그해 처음 생긴 프로젝트고 실제로 시작되는지도 확신할 수 없었다. 만약 합격한다 해도 어느 나라로 가게 될지 몰랐다. 하지만 아난다는 갭이어를 꼭 현실로 만들고 싶었다.

졸업반이었던 5월의 어느 날, 캘리포니아 지역 번호로 전화 한 통이 걸려왔다. 아만다가 전화를 받자 글로벌 시티즌 이어의 책임자 애비 팰릭이 합격 소식을 전했다. 아난다는 기쁨에 겨워 전화기를 공중으로 던져버릴 뻔했다.

2009년 가을, 아난다는 세네갈로 갔다. 서아프리카에 있는, 맥도날드가 없는 나라다(국제개발 업무를 하는 사람들은 한 나라의 경제적 발전을 살피는 지표로 맥도날드가 있는지를 본다). 그녀는 작은 생태관광 마을 호스트 가족의 집에서 지냈다. 그곳에서는 프랑스어와 월로프어, 크리올어를 사용했다. 아난다는 고등학교 때 프랑스어를 약간 배웠지만, 이곳에서 지내는 동안 세 가지 언어를 배웠다.

"저는 장난이 많은 편이에요. 하지만 그곳에서 저를 표현하는 데 언어적 한계가 있더군요. 그래서 생각하며 보내는 시간이 많았어요. 대신에 글을 많이 썼죠. 그러자 제 안의 목소리에 익숙해지기 시작했어요. 생각을 쓰게 되면 거짓말을 할 수 없거든요.

현장 리더 선생님은 저희에게 세네갈과 아프리카 역사에 관한 글을 많이 읽어보게 하셨어요. 글에서 지역의 생태관광과 국제개발이라는 맥락을 이해하고 두 가지 자세를 익혔어요. 하나는 질문하는 것이고, 다른 하나는 공상에 잠기는 것이었죠. 세네갈에서는 버스가 어디든 데려다주지만 두 시간이 걸릴 수도, 이틀이 걸릴 수도 있어요. 기다리는 시간이 많았어요. 그 시간을 어떻게 할지는 자신이 결정해야 해요. 공상에 잠길 수도, 복잡한 질문에 대해 생각해볼 수도 있어요. 수많은 기다림 덕분에 밝아지고 가벼워질 수 있었어요."

7개월 프로그램이 5개월쯤 지났을 때 아난다는 같은 사무실에 있는 사람들과 해변으로 도보 여행을 갔다. 날씨가 몹시 더운 날이었다.

　"두 사람은 바다에 있고, 한 친구는 가방을 지키면서 나무 그늘에 앉아있었어요. 그런데 친구 뒤편에서 남자 두 명이 나타나 가방을 훔쳐 달아나버렸어요. 처음에는 별일 아니라고 생각했어요. 사무실 사람들과 하루 여행을 온 것뿐이었으니까요.

　처음에는 "돈도 없고, 전화기도 없는데 집에 어떻게 가지" 하는 걱정만 했는데 좀 있으니까 현장 감독 선생님께 보고를 안 했다는 생각이 들었어요. 프로그램에서 쫓겨날지 모른다는 생각이 들자 걱정이 밀려들었어요. 돌아가려면 13킬로미터를 걸어야 했죠. 물 반 병 말고는 돈도, 전화기도, 아무것도 없었어요. 완전히 망했다고밖에는 할 수 없었죠.

　바다를 조사하는 다카르 지역 대학교 연구원들이 집으로 돌아갈 때 트럭 뒤에 우리를 태워주기로 했어요 저는 짐칸에 앉아 돌아오는 길 내내 프로그램에서 쫓겨날 거란 생각에 정말 괴로워했어요. 돌아와서 있었던 일을 말했더니 일단 쉬고 다시 이야기하자고 하더군요.

　다음 날 매니저님이 찾아왔어요. 전 완전히 무너져있었죠. 그도 그럴 것이 모든 게 제 탓이라고만 생각했으니까요. 게다가 신종플루에 걸려서 완전히 죽을 맛이었죠. 며칠 동안 땀을 얼마나 흘렸는지 몰라요. 그런데 현장 감독 선생님이 쫓겨나는 일은 없을 거라고 말해주었어요. 제가 충분히 잘못했다고 느끼고 물건까지 도둑맞았으니 벌을 받은 셈이라고 하셨죠. '이 일로 어떤 교훈을 얻을지 생각해봐요.'라고 하셨어요.

제 행동을 자책하며 남은 몇 달을 보낼 수도 있고, 스스로를 용서하고 남은 기간을 새로운 마음으로 시작할 수도 있었죠. 전 용서를 택했어요. 그때 시계를 도둑맞았지만 개의치 않았어요. 더는 시간이 중요하지 않았거든요. 그때가 모든 것에서 자유로워지는 순간이었어요."

아난다는 어릴 적 부모님이 이혼한 것을 자기 탓으로 생각했다는 것도 깨달았다. 강도 사건을 통해 자신을 용서하는 법, 필요한 것만 책임지고, 나머지를 내려놓는 법을 배운 것이다.

"전 자신을 용서하는 법을 배웠어요. 불가능한 부분을 통제하려 했던 마음을 내려놓았죠. 이 깨달음이 정말 중요했어요. 실제로 내 에너지를 어디에 집중할지 깨달았기 때문이죠. 인생에서 작은 부분에 초점을 맞추는 것이 아니라, 삶이 나에게 유리한 상황을 만드는 것이 중요하니까요."

그녀는 이후에 노스캐롤라이나대학교 채플힐에 입학했다. 전공을 여러 번 바꾼 뒤 최종적으로 국제 개발과 공공 보건을 전공하고, 기업 운영을 부전공으로 택하기로 했다.

"저에게 중요한 질문들에 답하는 강의들을 선택했죠. 질문하는 법과 모르는 것을 인정하는 법을 배우면 답을 빨리 얻고, 다음 질문을 제대로 떠올릴 수 있죠. 논문을 쓰든 문제에 대한 답을 찾든 비판적으로 생각하려고 해요. 올바른 결정을 내리려면 정확한 정보가 있어야 하고요.

세네갈에서는 제가 상대적으로 부유한 편에 속했어요. 강도를 당한 후에 저는 정보가 더 많이 필요하다고 생각해 질문이 많아졌어요. 세네갈에서 만난 친구는 폐 질환이 있었는데 학교에 있는 석면 때문에 학교를 그만두어야 했죠. 저는 심장 질환이 있지만 그 친구와는 다른 상황에 있었죠. 저는 그 진짜 이유가 궁금했습니다.

세네갈에서 지낸 마지막 달에는 버스에서 한 남자를 알게 되었는데, 슈퍼푸드로 알려진 조류(수중생물)를 키우는 사업을 시작했다고 했어요. 그 조류가 든 빵을 마을의 젊은 사람들에게 제공했더니 영양 상태가 눈에 띄게 좋아졌다고 했어요. 기업가 정신이 큰 변화를 가져온 사례였어요.

대학을 졸업하면 세네갈로 돌아가려고 했어요. 하지만 국제개발 분야에서 여러 사람과 일해보니 다들 의도는 좋지만 방법을 잘 모르더라고요. 저는 쓸모 있는 기술을 배워서 돌아가야겠다고 마음먹었죠."

그래서 아난다는 샌프란시스코에 있는 3D 프린트 제조업체에 입사해서 아디다스 운동화와 특수 자전거 안장을 디자인하는 일을 배웠다. 최근에는 로스앤젤레스의 신생 회사로 옮겼다.

이제야 새로운 기술을 익힌 그녀는 이렇게 말한다. "다음 단계는 이 지식을 어디에서 활용할지 찾는 거예요. 사하라 이남은 기회의 땅이라고 생각해요. 여러 기술을 가져와서 아이디어가 있는 사람들과 함께 일하고 문제를 해결하는 회사를 만들고 싶어요. 사람들의 인정을 받을 만큼 잘하는 게 제 목표예요."

3장

좋은 사람이 되기를
포기하지 마라

모든 성공의
비밀은 인성이다

"언제 따를지 고르고 선택한다면 원칙이 아니다."
– 미국 드라마 〈굿 플레이스〉 중에서

놀랍게도 성공은 인성에 달려 있다

하품이 나오는 지루한 말일 수도 있지만 꼭 전하고 싶다. 인생은 혼자서 완벽한 목적지에 도달하는 것이 아니다. 우리에게 마지막 순간이 왔을 때, 나를 이루는 것은 그저 나 자신만 남는다. 다시 말해 우리의 인성, 혹은 성품이라고 하는 것만 남는다.

다행 아닌가? 인성은 통제할 수 있는 부분이니 말이다. 인성은 사람들과 상호작용하는 과정에서 보고 느끼는 부분이다. 혼자 사는 사람은 인성에 대해 걱정할 필요가 없다. 그러나 우리는 사회적 동물이고 사람들과 사회적으로 상호작용한다. 따라서 우리는 인성으로 성공할 수도, 무너질 수도 있다.

내 아들 소여는 1999년 초여름에 태어났고, 딸 애버리는 정확히 2년 뒤인 2001년 여름에 태어났다. 처음 부모가 된 남편과 나는 부모의 역할이 아이들의 거친 모서리를 사포로 문질러 매끈하게 만드는 것으로 생각했다. 그래서 아이들이 세상에서 사람들과 따뜻하게 상호작용하기를 바랐다.

그로부터 22년이 지난 지금은 생각이 바뀌었다. 이제 우리 부부는 부모의 역할이란, 아이들이 세상에서 뜻을 펼치는 데 필요한 도구인 인성을 쥐여주는 것이라 생각한다.

좋은 인성을 갖추면 상대방이 대하기에도 좋고, 인생의 문이 열릴 가능성이 커진다는 의미에서 자신에게도 좋다. 이런 내용을 배우기에 너무 늦었다고 생각하는 사람이 있을지 모르지만, 어른들도 가끔 환기가 필요한 부분이라고 생각한다.

인성에 관해 어머니가 즐겨 인용했던 옛날이야기가 있다.

한 노인이 깊은 생각에 잠긴 듯한 표정으로 길가에 앉아있었다.

처음 보는 나그네가 다가왔다.

주위를 둘러보는 모습을 보니 그곳에 처음 온 것이 분명했다.

"이 마을에는 어떤 사람들이 삽니까?" 나그네가 물었다.

"어떤 사람들이 사는 마을에서 오셨소?" 노인이 답했다.

"의심 많고, 편협하고, 심술궂고, 교활한 사람들이죠." 나그네는
한숨을 내쉬며 말했다.

"여보게, 우리 마을에도 같은 사람들이 산다네." 노인이 답했다.

나그네가 떠났다. 노인은 계속 앉아있었다.

아까처럼 또 다른 나그네가 다가왔다.

"이 마을에는 어떤 사람들이 삽니까?" 나그네가 물었다.

"어떤 사람들이 사는 마을에서 오셨소?" 노인이 다시 물었다.

그러자 나그네는 이렇게 말했다.

"물어봐 주셔서 고맙군요. 세상에서 제일 좋은 사람들입니다.
모두 훌륭한 사람들이고 좋은 이웃입니다."

노인의 얼굴이 태양처럼 환해졌다. 그리고 이렇게 말했다.

"여보게, 우리 마을에도 같은 사람들이 산다네."

어머니와 할머니에게서 전해 들었던 이 이야기를 꺼내자니 눈물
이 글썽인다. 지금도 그들의 정겨운 요크셔 사투리가 귓가에 들리는
듯하다. 오래전에 돌아가신 할머니는 미국 흑인 손녀인 나를 조건 없
이 사랑해주셨다. 인생에서 경험하는 것들은 우리의 행동과 관점에
크게 영향을 받으며, 인성은 세상이 우리에게 어떻게 반응할지를 결

정한다. 인생은 주는 대로 돌려받기 때문이다.

마틴 루서 킹 주니어 목사는 암살당하기 두 달 전에 에벤에셀 침례교회에서 설교를 전했다. 예수와 두 제자의 이야기였다. 야심 많은 두 제자가 훌륭한 사람이 되기를 원하자 예수는 뛰어남을 추구하는 것은 좋은 목표지만, 무엇보다 강인한 성품을 지향해야 한다고 했다.

킹 목사는 이 이야기에서 두 가지를 말한다. 첫째, 훌륭함은 누군가의 마음에 드는 사람이 되는 것이 아니다. 훌륭함은 일을 잘 해내는 것이다. 둘째, 훌륭함은 선량함의 문제이지 높은 자리에 오르는 것이 아니다. "너희 가운데 가장 위대한 자는 너희의 종이 되어야 하리라." 킹 목사는 예수의 말을 이렇게 인용한다. 즉 그가 정의하는 훌륭함은 쓰임 있는 사람이 되는 것이다.

> 예수님은 위대함의 기준을 새로 세우셨습니다. 예수님은 너희 가운데 가장 위대한 자가 너희의 종이 되어야 한다고 말씀하셨습니다. 위대하다는 의미는 바로 그런 것입니다. 섬기는 자가 되는 것입니다.
> 위대함의 의미를 안다면 모두가 위대해질 수 있습니다. 섬기는 일은 누구나 할 수 있으니까요. 섬기는 데는 대학 학위가 필요 없습니다. 플라톤이나 아리스토텔레스를 몰라도 섬길 수 있습니다. 섬기는 데는 은혜로 가득한 마음과 사랑으로 빚어진 영혼이 필요할 뿐입니다. 우리는 누구나 섬기는 사람이 될 수 있습니다.

인격에 대한 세 번째 이야기는 스탠퍼드대학교의 엠마 세팔라 Emma Seppälä 박사가 전한 것이다. 공감과 이타성 연구 교육센터 과학 부문을 이끄는 그녀는 최근 학생들이 외면적인 의미의 성공을 좇느라 삶의 더 큰 부분을 놓치고 있다고 했다.

> 얼마 전 학생들에게 이렇게 물었습니다. "여러분이 아는 가장 훌륭한 사람들은 어떤 특징이 있었는지 한번 말해볼까요?"
> 학생들은 다정함, 배려심, 친절함 같은 특징을 꼽았습니다.
> 그래서 저는 이렇게 되물었습니다. "성공이란 실제로 그런 것들이 아닐까요? 누군가의 인생에 감동이 되는 사람이 되는 것이지요."

지난 시간을 돌아보면 내 마음이 힘들고 슬플 때는 좋은 모습을 보이기 힘들었다. 초등학교 5학년 때 우리 반에 수지라는 아이가 무릎 수술을 받은 일이 있었다. 수술을 받고 온 수지는 선생님과 친구들의 관심을 독차지했다. 너무 샘이 난 나는 쉬는 시간에 몰래 수지의 자를 부러뜨렸고 선생님은 반 아이들에게 누가 그랬는지 물었다. 나는 아무 말도 하지 않았다.

이 이야기는 지금까지도 아무에게도 말한 적이 없다. 아주 오래전 일인데 왜 여태 나는 이 일을 기억하고 있을까? 아직 사과하지 못한 것이 마음에 남아있기 때문일 것이다. 43년 전의 일이지만 이제라도 수지에게 연락을 해보려고 한다.

좋은 사람이 되기 위한 연습

나는 가끔 재수 없는 사람일 때가 있다. 아마 여러분도 그럴 것이다. 여기서 말하는 '재수 없는 사람'은 거짓말하고 도둑질하고 다른 사람을 이용하고 권위를 남용하는 모든 것을 말한다.

그래서 나는 인정한다. 나에게는 온갖 성격적 결함이 있다. 하지만 엄연한 성인이므로 나의 모습에 안주하지 않고 더 나은 사람이 되고자 노력하고 있다.

나는 결혼 후 다시 어머니와 한집에서 살면서 힘든 시기를 겪었다. 내 나이 서른넷, 어머니는 예순셋일 때다. 어머니와 나, 남편은 아이들을 좋은 공립학교에 보내겠다는 일념 하나로 집을 사고 같이 살게 되었다.

어머니가 손자 손녀를 아낌없이 양육해 주셨지만, 안 좋은 점도 있었다. 남편과 내가 사생활을 갖기 어려웠고, 어머니가 나를 여전히 어린아이처럼 다룬다고 느껴질 때가 종종 있었기 때문이다. 그러다가 우리 부부가 돈을 모아 우리 집 바로 옆에 작은 집을 한 채 지어 드린 뒤로는 모두가 만족했다.

나는 어렸을 때 독선적이고 자유를 주지 않았던 어머니에게 내가 느꼈던 기분을 돌려주고 싶어 한다는 것을 알았다. 나 자신을 있는 그대로 받아들이기로 하면서 알게 된 것이다. 많은 시간이 흘렀지만 내 마음 깊은 곳에서는 어머니도 그렇게 대단한 사람이 아니라는 것을 알게 해주고 싶었다. '거봐요, 어머니도 잘못이 있잖아요.'라고 말하고 싶었다.

대놓고 못되게 군 것은 아니지만 쉽게 짜증 내고 잔소리를 했다.

어머니는 내 잘못을 지적하고, 나는 어머니를 공격하는 일이 일상이 되었다. 그러다 어머니가 70대 후반에 접어들었을 때쯤 '나는 왜 옆집 사람들에게 하듯이 어머니에게는 다정하지 못할까?'라는 생각이 들었다.

물론 나도 안다. 어머니는 어머니니까. 그래도 노력은 해보고 싶었다. 어머니가 옆집 사람이라고 생각하면 스트레스를 조금이라도 줄일 수 있지 않을까 생각했다. 그런데 진짜로 가능한 일이었다.

2017년 여름, 나는 그해 달성하고 싶은 세 가지 목표를 일기에 적었다.

> 첫째, 인종 문제에 관한 내 회고록이 뉴욕타임스 베스트셀러가 되는 것.
> 둘째, 그 책이 오프라 윈프리의 추천을 받는 것.
> 셋째, 어머니와 더 좋은 관계로 지내는 것.

이 중에서 나는 가장 중요한 세 번째 목표를 달성했다. 이렇게 말하게 되어 기쁘다. 나는 어머니에게 친절하게 대하는 연습을 했다. 옆집 어르신들한테 하듯이 친절하게 대하고 대접받고 싶은 대로 대접하려 했다. 대화 중 마음챙김 연습을 통해 내 감정을 알아차리고 어떻게 반응할지 결정하려 노력했다. 과거에는 어머니와 대화 중에 마음에 안 드는 부분이 있을 때마다 대응했다면 이제는 흘려넘기려고 하고, 옳고 그름을 따지기보다는 좋은 관계를 유지하기 위해 어떻게 하는 것이 좋을지 고민하고 행동하려 한다.

코로나 유행 초기인 2020년 3월에 어머니와의 관계를 개선할 기회가 왔다. 외출을 최대한 자제한 지 2주째에 접어든 날, 남편과 딸과, 내가 앞마당에 있는데 어머니가 어깨에 가방을 걸치고 나타나서 마트에 간다고 통보했다. "2주 동안 사람이라고는 너희들과 세 번 본 게 전부구나"라고 하시면서.

어머니는 지난 2주 동안 우리를 분명히 스무 번은 넘게 보셨다. 세 번밖에 보지 못했다고 한 말은 완전히 거짓이었다. 어쨌든 너무 화가 났다. 그동안의 노력이 물거품이 되는 것 같았고 어머니의 기억력이 정말 나빠졌는지 걱정스럽기도 했다.

우리는 온갖 설득을 했다. 마트는 언제든 갈 수 있다, 노인은 외출을 자제하라는 정부 방침이 내려졌다, 지금 코로나에 감염되면 우리가 병문안도 갈 수 없다는 말까지 했지만 그 어떤 말도 소용이 없었다. 81살 어머니는 자그마한 체구로 당당하게 차로 성큼성큼 걸어갔다. 그러더니 어깨너머로 외쳤다. "사람이 너무 많으면 그냥 돌아오마."

우리는 어머니가 차를 몰고 떠나는 모습을 지켜볼 수밖에 없었다. 잠시 후 딸 애버리가 내 옆으로 오더니 말했다. "엄마, 제 생각엔 엄마도 옳고, 할머니 말씀도 옳아요." 딸이 18세일 때다. 나는 어머니가 옳다는 생각은 눈곱만큼도 들지 않았다. 그래서 의심 가득한 눈초리로 딸을 보았다.

그래도 일단 딸의 말을 들어보자 싶었다. "엄마가 할머니 댁에 매일 간 건 맞아요. 늘 할머니 걱정을 하시는 것도 알아요. 하지만 할머니는 엄마가 집에서 40분 정도 차 한잔해야 진짜 얼굴을 본 거로 생각하실 수 있어요."

머리를 한 대 맞은 기분이었다. 딸의 말이 백번 옳았다. 나는 곧바로 화가 가라앉았다. 어머니가 돌아오셨을 때 이 말을 전하자, 어머니도 손녀의 말이 맞는 것 같다며 사과하셨다. 그 시기 우리 가족은 문자 메시지로 소식을 전하고 있었는데, 어머니는 그것이 너무 불편하다는 이야기도 했다. 80대 노인에게는 확실히 버거울 것 같았다.

나는 그날 이후 어머니의 휴대전화에서 문자 알림을 끄고 제대로 시간을 가지려고 노력했다. 평일 아침 8시에는 어머니와 함께 커피를 마셨다. 이제 그래야 마음이 편하다. 딸에게도 그날 저녁 여러 번 고맙다고 했다. 내가 생각지도 못한 것을 깨닫게 해주었다고 말이다.

이렇게 나는 좋은 인성도 의식적으로 기를 수 있다는 것을 경험했다. 다른 사람들도 그 점에 관해 생각해보게 하는 것을 좋아한다. 우리 집 뒷마당에는 화로가 있고, 그 주위로는 나무 의자가 10개쯤 놓여있다. 여름이 되면 남편과 나는 친구들이나 직장 동료들을 초대해 저녁을 먹고 뒷마당에서 디저트를 먹거나 술을 한 잔씩 한다. 나는 서쪽을 보는 내 지정석에 주로 앉는다. 해가 질 무렵 그 의자에 앉아 있으면 왠지 마음이 편안해진다.

분위기가 무르익을 때쯤 내가 대충 이런 말을 꺼낸다. "전 숨을 거둘 때까지 배우고 성장하고 싶어요. 지위나 월급, 이런 것들이 아니라 더 좋은 사람이 되려면 무엇을 해야 하는지, 그런 의미에서요. 저와 비슷한 생각이시면 이야기를 나눠보면 좋을 것 같은데, 어떠세요?" 그러면 대체로 너나 할 것 없이 자기 이야기를 꺼내놓는다.

대화가 안 풀릴 때에 가져야 할 태도

가끔은 이야기가 잘 안 풀릴 때도 있다. 한번은 내가 속해 있던 이 사회 회원들을 초대해 저녁 모임을 한 적이 있었다. 우리는 각자 술을 들고 화로 주위로 모여들었고, 나는 보통 때처럼 질문을 던졌다. 그때 한 동료가 고개를 가로젓더니 내 질문이 너무 철학적이고 특권 의식에 빠져 있다고 했다. 나는 호흡을 가다듬고 좋은 지적을 해주셔서 감사하다고 했다.

"네, 맞습니다. 이런 질문을 즐길 공간과 여유가 있다는 것은 특권이죠. 그렇기 때문에 어떻게 지역사회와 우리가 하는 일에 도움이 될지 질문해야 하지 않을까요?" 그 동료는 대답 없이 고개만 가로지었다. 나는 속으로 그녀가 경제학자라서 그렇다고 생각했다. 나는 자신에게 하는 이 질문들이 자신을 돌아보게 하고, 현실에 안주하지 않게 하는 유용한 방법이라고 믿는다.

이 글을 쓰며 일상에서 매일 두 가지를 실천하려고 노력하고 있다.

첫째, 다른 사람이 대화에 참여할 수 있도록 자리 남겨두기

나는 외향적이라 생각을 터놓고 말하기가 쉽다. 사실은 매우 좋아한다! 하지만 내향적인 성격도 존중받아야 한다. 수잔 케인의 『콰이어트』에 따르면, 내향적인 사람들은 목소리를 내기 전 생각할 시간이 필요하다. 외향적인 사람들이 쉴새 없이 떠들면 내향적인 사람들은 말할 기회가 없다. 남편 댄은 내향적인 사람이기 때문에 우리 부부가 자리에서 질문을 받으면 나는 일부러 입을 다문다. 말하고 싶어서 입이 근질거릴 때가 많지만 혼자 떠들지 않도록 주의하려 한다.

둘째, 편견을 깨려 노력하기

주변 상황에 대해 느끼는 감정에 집중하면 내 행동과 태도를 통제할 수 있다. 즉 마음챙김을 통해 내게 어떤 감정이 이는지 알아차리고 어떻게 반응할지, 혹은 하지 않을지 결정할 수 있다. 나는 고정관념, 편견, 선입견을 알아차리려고 노력한다. 종교에 따라 어떤 사람을 다르게 대하지는 않았는지, 피부색이 다르다는 이유로, 혹은 신체장애가 있어서, 행색이 남루하다고 차별하지 않도록 늘 조심한다.

제니퍼 에버하트는 저서 『편견』에서 사회의 암묵적 편견이 우리를 아주 어릴 때부터 길들이고 있다고 주장한다. 따라서 나는 그런 편향된 생각들이 존재한다는 사실을 인정하는 대신, 그런 생각들에 이름을 붙이려고 노력한다. 개인적으로 효과를 본 방식이다.

좋은 인성을 기르기 위한 16가지 팁

나 역시 단점이 많고 인생에서 필요한 답을 알지는 못한다. 그런 의미에서 좋은 인성을 기르기 위해 연습하고 가르쳤던 원칙들을 소개하고자 한다. 어느 한 지역, 한 시대에서만 통용되는 이야기는 아닐 것이다.

1. 세상에는 나 말고도 많은 사람이 살아가고 있음을 기억하자

나는 수십억 인구 중 한 사람일 뿐이다. 내가 무엇을 원하고 바라는지가 중요하다면 다른 사람이 무엇을 원하고 바라는가도 똑같이 중요하다. 이 책을 읽는 독자라면 아마 지구상의 대다수 사람보다 더 높은 삶을 누릴 가능성이 크다. 겸손한 마음을 가져보자. 세상에서 일어나는 일 대부분은 우리와는 전혀 관련이 없다. 그런 특권을 누리고 있다는 사실을 기억하고 삶을 더 따뜻하고 안전하게 만드는 데 도움이 되도록 하자.

2. 삶의 목적은 배우고 성장하는 것임을 받아들이자

얼마나 멋진 일인가. 세상에는 배우고 알아야 할 것들이 너무 많다. 자신의 장단점을 알기 위해 노력하고, 편하게 느낄 수 있는 사람으로 성장하려면 무엇이 필요할지 관심을 가져보자.

3. 얼굴에 미소를 띤 사람이 되자

아마 어떤 사람들에게는 가장 따르기 힘들 수도 있다. 연구 결과들은 사람들이 감정이나 사고방식 면에서 각자 출발선이 다르다고 말한다. 어떤 사람은 선천적으로 좀 더 긍정적이고 어떤 사람은 좀 더 중립적이거나 비관적이다. 타고난 성향은 쉽게 바꾸기 힘들다. 게다가 우리는 일상에서 감정을 흥분시키거나 가라앉게 만드는 많은 일을 경험한다. 그러나 다른 사람들과 상호작용할 때 긍정적인 태도를 보이려고 노력할 수는 있을 것이다. 이때는 감정의 출발점을 조금 높이는 것이 좋다. 심호흡은 밝은 감정을 느끼는 데 도움이 된다.

4. 예의 바른 사람이 되자

나는 1970년대 소위 '무엇이든 되는' 시대에 자랐지만, 영국 출신인 엄격한 어머니 덕분에 무엇이든 허용되는 경험은 하지 못했다. 친구들이 어른들을 이름으로 부를 때도 나는 항상 호칭을 사용해야 했고, 감사 인사나 공손한 표현도 습관이 되었다. 어렸을 때는 늘 예의 바르게 행동해야 하는 것이 싫었지만 나이가 들면서 그런 태도들이 마법의 양탄자처럼 어디에든 데려다주는 것을 알게 되었다.

그래서 부모가 되었을 때 아이들이 예의 바른 태도를 기르는 것을 가장 중요하게 생각했다. 아이들은 어떻게 공손하게 요구하는지부터 배웠다. 아이들이 '과자'라는 말을 할 수 있으면 '주세요'라는 말도 할 수 있고, '장난감' 다음에는 '고맙습니다'라는 말도 할 수 있다고 생각했다. 놀이터나 음식점에서 사람들이 아이들을 칭찬하며 부모가 운이 좋다고 할 때마다, 우리는 '운이 좋은 게 아니에요!'라고 말하고 싶었다. 실제로 그랬으니까.

5. 인내심을 가지자

살다 보면 내 힘으로 일이 해결되지 않을 때가 많다. 예민한 상황, 스트레스가 많은 상황에서는 사람들에게 여유를 주자. 이는 부드러운 미소로 상대에게 '다 괜찮을 거야. 걱정하지 마.'라는 메시지를 전해주는 것이다. 인내심은 모든 것을 따뜻하게 감싸주는 담요와도 같다. 칼로마 스미스Kaloma Smith 목사의 말을 기억하자. '개가 짖는다고 모두 응답할 필요는 없다.'

6. 협동하고 양보하고 나누자

어릴 적 엄마는 친구가 집에 놀러 오면 마지막 쿠키는 손님인 친구에게 양보해야 한다고 가르쳤다. 거기까지는 문제가 없었다. 하지만 내가 그 친구의 집에 갔을 때는 내가 꼭 그런 대접을 받지는 않았다. 나는 정말 혼란스러웠지만, 친구의 집에 가서도 내 생각을 주장했다. "내가 손님이니까 마지막 쿠키는 내 거야. 우리 집에 오면, 그땐 네가 먹을 수 있어."

쿠키는 반으로 나눌 수 있지만, 인생에서 우리가 탐내는 많은 것들은 나눌 수 없다. 자본주의 사회에서는 모든 가치가 돈으로 귀결된다. 돈 대신 환경, 노동, 노력, 목적이 중요한 사회를 생각해보자. 모든 것을 움켜쥐려 하는 대신 협동하고 양보하고 나누면 어떨까? 상품과 서비스를 교환할 때나 직장에서 업무를 시작할 때, 사람들과 관계를 맺을 때, 어떻게 하면 나눔을 잘 실천할 수 있을지 창의력을 발휘해보자.

7. 매사에 최선을 다하자

어머니를 너무 자주 등장시키는 것 같아 민망하지만, 부모의 역할이 그런 것 아니겠는가? 자녀가 살아가는 데 필요한 원칙을 심어주는 일 말이다. 어머니는 늘 "어떤 일을 시작했다면 열심히 하라"라고 했다. 어릴 때는 잔소리로 들려서 듣기 싫은 말 중 하나였는데 지금은 이해한다.

어떤 일을 어중간하게 하면 결과가 좋지 않고, 이를 감독하거나 결과에 영향을 받는 사람들의 의욕이 떨어진다. 반대로 최선을 다하면 다른 사람에게 동기를 부여할 수 있고 자신도 만족감이 든다. 행동과학자 다니엘 핑크의 책 『드라이브』에서 등장하는 "몰입은 영혼의 산소다"라는 말은 그래서 명언이라고 생각한다!

8. 적극적으로 도움을 주는 사람이 되자

주변을 살펴보면 내 일은 아니지만 내 도움이 유익할 때가 많다. 끝내야 할 일이 있거나 고쳐야 할 물건이 있거나 처리해야 할 문제 상황이 있을 수 있다. 도움의 손길을 먼저 내밀면 사람들에게 좋은 평가를 받을 것이다. 꼭 다른 사람의 인정을 바랄 필요는 없다. 친절함을 베푸는 태도를 통해 자신감이 높아질 것이다. 사람들에게 정말 인정받는 사람은 인정을 바라지 않고 도움을 베푸는 사람이다.

9. 공감 능력을 키우자

아들 소여가 두 살 때 애버리가 태어났다. 소여는 여동생이 생긴다는 사실을 무척 기뻐했다. 동생을 늘 다정하게 배려했고 사이좋게 지냈다. 그러다가 일곱 살 무렵부터 가끔 동생을 괴롭히기 시작했다. 그럴 때마다 애버리는 내게 달려와 오빠를 혼내 달라고 울먹였다. 남편과 나는 이해하기 힘들었다. 평소에는 착하고 다정한 아이인데 왜 그런 행동을 보일까?

몇 년 동안 다양한 책을 찾아본 후 문제 행동을 보이는 사람에게는 상처받은 경험이 읽을 수 있음을 알게 되었다. 예를 들어 친구를 괴롭히거나 동물을 학대하는 아이들은 누군가로부터 괴롭힘을 당했거나 학대를 받았을 가능성이 크다.

어느 날 소여가 또 애버리를 괴롭혔을 때 나는 소여를 돌아보며 부드러운 목소리로 이렇게 물었다. "혹시 오늘 누가 너를 괴롭혔니?" 소여는 마치 속마음을 들킨 듯한 얼굴로 나를 쳐다보더니 그날 있었던 속상한 일을 말했다. 이야기를 들은 나는 "그래서 오늘 동생에게 심술이 났구나"했다. 잠시 후 소여가 고개를 끄덕이며 애버리에게 미안하다고 사과했고, 애버리도 마음이 풀렸다. 부모 역할에 성공한 기분이었다.

몇 년 뒤에는 그보다 더 성취감이 드는 일도 있었다. 그날 유독 학교에서 힘든 하루를 보내고 저녁 테이블에 앉기 전까지 남편과 아이들에게 계속 짜증을 냈다. 그러자 소여가 내게 와서 다정한 목소리로 물었다. "엄마, 오늘 밖에서 누가 엄마를 괴롭혔어요?" 나는 아이의 지혜로움에 감탄하지 않을 수 없었다. 나를 소여를 꽉 안고 머리에 입을 맞추었다.

10. 나에게 편견이 있을 수 있음을 인식하자

다른 사람의 외모나 행동을 보고 선입견이 생길 때, 그 사실을 인식하고 그들을 가까운 이웃, 혹은 친구라고 생각하도록 노력해보자. 그 순간을 알아차리면 편견을 내려놓기 쉬울 것이다. 얼굴에 미소를 띠고 따뜻한 마음으로 사람들을 대하려고 노력하자. 생각보다 쉬운 일이고 연습할수록 나아질 것이다. 모든 사람이 단 하루라도 이렇게 살 수 있다면 세상의 모습이 어떻게 바뀔지 생각해보게 된다.

11. 진실한 사람이 되자

진실은 때때로 아주 무섭게 느껴질 수 있다. 하지만 거짓말로 자신의 행동을 숨기는 것은 일시적인 안도감일 뿐, 결국에는 더 무섭고 고통스러운 현실을 마주하게 될 것이다. 현실을 직시하고 잘못을 인정하는 것은 진정한 어른이 되는 방법이다. 나에 대한 부정적인 인식이 꼬리표처럼 따라다닐 것 같은 생각이 들 수 있다. 그러나 사실은 오히려 진실을 숨기는 일이 마음속에서 어두운 그림자로 남아 자신을 더 괴롭힌다. 이 고통에서 벗어나게 하는 것은 진실이다.

하지만 진실을 밝히는 것이 다른 사람에게 해가 될 때는 시기를 따져야 한다. 모든 사람이 진실을 알아야 하는 것도 아니다. 따라서 진실을 밝히는 시기와 상대를 잘 판단하는 것도 중요하다. 만약 미뤄야 할 상황이라면 무엇이 문제였는지, 언제쯤 사실을 말할지 생각해두어야 한다. 관련된 사람에게 사실을 털어놓을 때는 "이러이러한 일을 저질러서 죄송하다, 앞으로 더 나아진 모습을 보여주려고 노력하겠다"라는 말 외에 더 많은 말은 필요 없다.

12. 필요할 때 도움을 구하고, 감사한 마음으로 받자

직장에서 도움을 구하는 것은 중요하다. 우리 인생에서도 그렇다. 다른 사람의 도움을 받지 않으려는 사람은 골치 아픈 상황에 처할 수 있다.

인기 리얼리티 쇼 〈서바이벌〉을 보면 꼭 그런 캐릭터가 등장한다. 자기 방식이 최고라고 생각하고 혼자 무언가를 보여주려다가 결국 다른 사람들의 시간과 자원을 낭비하는 결과를 내고 만다. 나는 그런 사람에게 상담을 받아보라고 조언하고 싶다. 주변 사람들이 옆에서 계속 나를 도와주려 한다면 내가 그들을 불편하게 만들고 있다고 생각해보아야 한다. 내가 알고 있는 것이 최선이 아닐 때가 많을 것이다. 살다 보면 어려움에 처할 때가 많다. 그럴 땐 꼭 도움을 요청하고 감사한 마음으로 받자.

13. 잘못한 일이 있을 땐 사과하고 실수에서 교훈을 얻자

우리는 항상 잘못을 저지른다. 보통 잘못한 것은 명백하지만 그로 인해 상대가 상처를 받았는지는 명백하지 않은 경우가 많다. 사람들과의 상호작용에서 애매한 부분 중 하나다. 그렇다고 "제가 그쪽의 기분을 나쁘게 했다면 미안합니다."라고 말하는 사람은 되지 말자. 그런 사과는 진정한 사과라고 할 수 없다.

사과할 때는 "죄송합니다. 불편하게 했다는 걸 이해합니다. 미안합니다"라고 표현해야 한다. 게리 채프먼의 『5가지 사과의 언어』에 따르면 사람들은 자란 환경이나 성격에 따라 원하는 사과가 다를 수 있다. 따라서 사과할 때는 상대방이 받아들일 수 있는 표현이 중요하다.

- **잘못을 인정하는 말**: "죄송합니다."
- **책임지는 말**: "제 실수입니다."
- **보상에 대한 말**: "제가 어떻게 해드리면 좋을까요?"
- **진심으로 반성하는 말**: "다음에는 그런 일이 없도록 주의하겠습니다."
- **용서를 구하는 말**: "용서를 부탁드립니다."

14. 나와 다른 의견도 존중하자

우리는 자신과 의견이 다른 사람을 보면 쉽게 깎아내릴 때가 많다. 상대의 말을 끝까지 듣지 않고 내 인생에서 손절하는 태도는 공동체와 가족을 분열하게 만들며, 내가 당하는 쪽이 되면 깊은 상처를 입게 된다. 우리는 그보다는 더 나은 사람이 되어야 한다. 마음을 가라앉히고 상대의 말에 귀를 기울여보라. 왜 그런 생각을 하게 되었는지 이해할 수 있도록 질문해보라. 사실 상대를 미워하는 마음이 많으면 그러기 힘들다. 학교, 직장, 가족, 그 어떤 공동체라도 자신을 내려놓고 상대의 말을 경청한다면 어디로든 나아갈 수 있다.

15. 용서하자

용서는 나도 막 배워가는 단계다. 나는 속상한 일이 있으면 오랫동안 상대에게 미운 감정을 품고 살았다. 내가 얼마나 상처 입었는지 꼭 알려주고 싶었다. 하지만 나이가 들고 상담 전문가들과 일하다 보니 다른 사람을 바꾸는 것이 얼마나 어려운 일인지 잘 알게 되었다. 상대가 내 관점에서 상황을 볼 수 있을지는 순전히 그 사람의 마음에 달렸다.

심리학자들은 타인에 대한 원한을 마음에 품는 것은 암 덩어리를 키우는 것과 같다고 말한다. 상대의 생각을 바꾸지 못하고 내 정신적 에너지만 낭비할 뿐이라는 것이다. 결국, 내 삶의 질과 수명까지 줄어든다. 과학적으로도 증명된 사실이다! 그러므로 상처 준 사람들을 정말 용서할 수 없을 때, 혹은 용서하면 안 될 것 같을 때도 오로지 나 자신을 위한 길을 찾아보길 바란다.

16. 보는 사람이 없어도 바르게 행동하자

사람들이 있는 자리에서는 앞에서 말한 원칙들을 지키기 쉽다. 하지만 혼자 있을 땐 어떤가? 혼자 있을 때도 바르게 행동하는가? 보는 사람이 없다고 안 될 일을 하지는 않는가? 정말 바른 사람은 지켜보는 사람이 없어도 이런 원칙들을 실천하려고 노력한다. 자신이 어떤 사람인지, 어떻게 행동하는지, 왜 그런지 잘 알고 있어야 한다. 다른 사람에게 존경심을 가지듯 자신에게도 그런 마음을 가지게 되기 때문이다.

\/\/\/\/\/\/\
우리는 좋은 사람이 될
능력이 있다
\/\/\/\/\/\/\/\

지금까지 좋은 인성을 기르는 법을 알아보았다. 전부 기억하기 어렵다면 한 마디로 압축할 수 있다. '사람들을 사랑하라!'

인간은 많은 분야에서 믿기 힘들 만큼 많은 진화를 이루었다. 인간 게놈을 해독하고 화성에 로봇도 보냈지만, 특정한 사고는 벗어나지 못하는 듯하다. 즉 모든 곳에 자리 잡은 경쟁의식 말이다. 타인을 '적' 으로 판단하는 우리의 능력, 혹은 욕구도 때때로 너무 폭력적인 모습 으로 남아있다.

만약 지구상에서 단 하루만이라도 모든 사람이 선한 성품으로 서로를 사랑하기만 한다면 인류의 모습이 완전히 달라지지 않을까? 적어도 자신의 공격성을 되돌아보고 사람들에게 다정하게 대한다면 자신과 주변 상황을 바꿀 수 있지 않을까? 우리에게는 그럴 능력이 있다. 공격적인 대화방식을 극복한 이르샤드 만지Irshad Manji의 이야기를 들으면서 나는 희망을 보았다. 그녀의 이야기를 소개하겠다.

이르샤드가 10살 때쯤이었던 어느 날, 이르샤드의 아버지는 어머니가 집에 돌아오면 죽여버리겠다며 고함을 질러댔다. "아버지가 왜 그렇게 화가 나셨는지는 모르겠어요. 제가 했던 말은 기억납니다. '그건 불법이다, 내가 경찰에 신고할 수 있다'라고 말했고, 아버지는 늘 하시던 방식대로 답하셨어요. 부엌 서랍에서 칼을 꺼내고는 제 귀를 잘라버리겠다고 쫓아오셨죠. 저는 2층 창문을 열고 옥상으로 달

아났어요. 거기서 꼬박 밤을 지새우면서 어른이 되면 절대 엄마처럼
은 살지 않겠다고 다짐했어요."

이르샤드는 우간다에서 태어난 52세의 이슬람 교도이며 동성애
자다. 어머니는 이집트 사람이고 아버지는 인도 사람인데, 그녀가 네
살 때 대통령이 아시아계와 비아프리카계 사람들을 추방하는 바람
에 가족이 난민이 되었다. 가족은 캐나다 밴쿠버 외곽에 정착했고,
이르샤드는 어린 시절 대부분을 그곳에서 보냈다.

이르샤드의 인생 궤적은 옥상에서 밤을 지새웠던 그 날부터 시작
되었다고 할 수 있다. "저는 둘 중 하나를 선택해야 했어요. 아버지에
게 복종하며 살든지, 반항해서 귀가 잘리든지, 앞으로도 그렇게 살아
야 할 것 같았어요. 그날 밤 누구에게도 선택을 강요당하지 않게 모
든 능력을 쓰며 살겠다고 결심했어요. 제가 화합과 관련된 일을 하는
이유이기도 해요."

삶에서 처음으로 둘 중 하나를 선택해야 했던 장소가 집이었다면,
두 번째는 종교학교였다. 이르샤드의 부모님은 매주 토요일에 8시간
씩 이슬람계 종교학교인 마드라사에서 교육을 받게 했다. "학교에서
는 코란에 의문을 제기하지 않아야 했어요. 그런 태도는 진정한 이슬
람이 아니라고 했죠." 하지만 그녀는 계속 질문을 했고 14살 때 학교
에서 쫓겨났다.

이르샤드는 반대편을 화합하게 하는 방법은 '도덕적 용기'를 키우
는 것이라고 말한다. 그녀가 말하는 도덕적 용기란, 어려운 문제에
관해 진술하게 대화하고, 두려워도 옳은 일을 하는 것이다. 정치적,
문화적, 이념적 양극화가 극심한 시대, 반대편에 있는 사람들과는 소

통하지 않는 시대다. 이르샤드는 이런 때야말로 도덕적 용기가 모든 인간의 권리이자 의무라고 말한다. 나 역시 동의하지만, 말처럼 쉬운 일은 아니다. 그래서 그녀가 어떤 삶을 살아왔고, 어려운 문제에 관해 어떻게 효과적으로 대화하는지 가르쳐 달라고 했다.

마드라사에서 쫓겨나 집으로 왔을 때 이르샤드의 어머니는 이미 선생님의 전화를 받은 상태였다. "선생님이 어머니에게 말씀하셨더군요. 학교에서 수업을 계속 방해해서 퇴학시켰다고. 어머니는 제게 말씀하셨죠. '이르샤드, 넌 똑똑한 아이니 선생님께 용서를 빌라고 하지는 않겠다. 잘못했다고 생각하지도 않을 테니까. 대신 한 가지 물어보마. 이제 토요일마다 뭘 할 생각이니?'"

이르샤드는 어머니가 자신을 믿는다는 것을 알았고, 어머니를 실망시키고 싶지 않았다. "친구들과 몰려다니며 시간을 버리는 짓은 하고 싶지 않았어요. 그래서 토요일마다 도서관에 가서 8시간씩 닥치는 대로 책을 읽었습니다. 이슬람과 문화, 사상뿐 아니라 다른 종교와 문화, 사상에 관한 책도 읽었어요. 제가 마드라사를 계속 다녔다면 절대 배우지 못했을 것들을 안 것은 혼자 책을 읽으며 공부하는 시간이 있었기 때문이죠. 저는 이슬람교에 '이즈티하드Ijtihad'라는 전통이 있다는 것을 처음으로 알게 되었어요. 이성을 활용하여 세상을 더 폭넓게 이해하는 과정을 추구한다는 것이지요."

이즈티하드를 발견한 것은 이르샤드에게 삶의 전환점이 되었다. 그녀는 지금까지 양자택일의 문제로 제시되었던 것들, '독실한 이슬람교도가 될 것인가? 아니면 의문을 제기할 것인가? 아버지에게 복종할 것인가? 자신을 지킬 것인가?' 하는 문제들은 이즈티하드라는 개념을 통해 질문할 수 있음을 알게 되었다.

이즈티하드는 마음속에 상반된 진실을 동시에 가지는 것을 허용한다. 이는 어느 한쪽이 옳고 어느 한쪽이 그르다는 판단 대신, 둘 다 옳다고 말할 수 있다는 뜻이다. "이즈티하드 덕분에 저는 둘 중 하나를 선택할 필요가 없다는 것을 깨달았죠." 이는 그녀의 직업으로 이르샤드를 인도했다.

이르샤드는 22살에 또 한 번 양자택일의 순간을 마주했다. 여자 동료와 사랑에 빠진 것이다. 그 동료는 몇 주 전 이르샤드에게 자신이 동성애자임을 고백했다. 이르샤드가 가장 먼저 한 생각은 '예쁜 그녀가 왜?'라는 것이다. 이르샤드는 외적 매력이 없는 여자들만 레즈비언이 되는 줄 알았다. 그녀가 속한 종교나 사회는 암묵적으로 그런 메시지를 보냈기 때문이다. 하지만 그것은 사실이 아니었다!

"몇 주 동안 그녀를 만나면서 서서히 빠져들었습니다. 그리고는 깨달았죠. 살면서 이렇게 행복했던 적은 없다는 것을요. 완전함을 느끼고 마음의 평화가 찾아왔죠." 폭력적인 아버지에게서 도망치고 학교에서도 추방당하는 삶을 살았던 그녀는 종교도, 자기 자신도 포기하고 싶지 않았다.

"전 어머니에게 제가 얼마나 행복한지 알려주고 싶었어요. 그래서 전화해서 곧 집에 가서 좋은 소식을 알려주겠다고 했죠." 나중에 이르샤드의 자매들은 어머니로부터 그 소식을 전해 듣기 전부터 이르샤드가 동성애자임을 알고 있었다고 털어놓았다.

"어머니는 그때 제게 이것저것 물어보셨어요. '일시적인 거니?' '글쎄요. 그런 거 같진 않아요.' '아버지 때문에 그런 거냐?' '그런 건 아닐 거예요. 비슷한 경험을 하는 아이들이 많은데 다 동성애자가 되는 건 아니니까요.' 어머니는 대화를 나눈 후에 저는 여전히 어머니의 딸이고 어떤 상황에서도 저를 사랑할 거라고 말씀하셨어요. 어머니가 과잉 반응을 보이지 않아서 좋았죠."

9·11테러가 발생한 뒤 서구 세계의 수많은 비이슬람교도가 이렇게 질문했다. '이슬람은 대체 어떤 종교인가?' '이슬람 극단주의자들은 뭐가 문제인가?' 이르샤드는 테러가 발생한 지 3년 뒤 동료 이슬람교도들에게 어려운 문제를 던지기로 했다.

2004년 『The Trouble with Islam Today(오늘날 이슬람의 문제)』라는 책을 낸 그녀는 이슬람교도들에게 말했다. "변해야 하는 쪽은 바로 우리들입니다." 그녀는 방어적 태도와 자기 성찰이 필요한 것은 이슬람교도들에게 국한된 이야기가 아니라고 말한다.

"우리 이슬람의 반유대주의, 여성에 대한 부당한 대우, 인권은 서양에서 만들어낸 것이라는 잘못된 믿음을 깨야 한다고 주장했습니다. 생각하는 것이 죄가 아니므로 질문하는 것도 죄가 아니라는 것을 인정해야 한다고요.

저는 이슬람교도들에게 호기심과 창의력이 있다는 것을 상기시키려 했어요. 유럽이 암흑시대일 때 이슬람은 호기심과 창의력으로 세계를 이끌었고, 커피와 기타를 만들었고, 스페인어 '올레!'는 '알라'에서 왔다는 것을 떠올려주고요. 우리가 뿌리와 역사를 되찾는다면 이슬람교도도 개혁가가 될 수 있다는 것도요."

그녀는 책을 출간한 뒤 10년 동안 거의 모든 지역에서 자신을 조롱하는 사람들을 만났다. 그들에게 그녀는 서양인이고 여성이며 동성애자일 뿐이었다. 그들은 이렇게 그녀를 비난했다. '그런 정체성을 가지고 이슬람에 대해 잘 안다고 할 수 있는가? 무슨 자격으로 그렇게 말하는가?'

"저는 이슬람과 비이슬람 양쪽에서 비난을 받았어요. 놀랄 것도 없었죠. '당신 말이 틀렸다, 당신은 진정한 이슬람교도가 아니다, 당신의 말은 어쨌든 이슬람 혐오를 부추긴다.' 가는 곳마다 그렇게 말했어요." 그녀는 점점 방어적으로 변했고 논쟁에 대비해 마음을 굳게 먹었다. 그러던 중 그녀는 큰 교훈을 얻게 된다.

"출간 행사에서 힘들 때가 많았지만 고마운 학생들도 많이 만났습니다. 학생들이 '이런 책을 써 주셔서 감사합니다. 선생님은 정말 중요한 일을 하고 계세요.' 그런 말을 들을 땐 정말 기분이 좋았어요.

그런데 꼭 '하지만'이라는 단어가 붙었어요. 예를 들면, 어떤 기독교 학생은 '하지만 종교적 신조에 관해서라면 저도 할 말이 많아요'라고 했고, 어떤 유대교 학생은 '하지만 저도 팔레스타인의 권리를 지지하면서 편협함에 부딪히죠'라고 했고, 어떤 무신론자 학생은 '하지만 제가 있는 곳에서는 종교적인 사람들을 증오해요. 그들은 이성적으로 행동한다지만 증오가 이성적인 행동은 아니잖아요. 저는 어떻게 하면 좋을까요?'라는 식으로요"

그럴 때마다 이르샤드가 '맞습니다. 이해합니다'라고 했을까? 아니다. 이르샤드는 이런 말들이 자신을 비난하는 것처럼 느꼈다. "당신의 말은 틀렸다, 당신이 이슬람교도로서 느꼈다고 말하는 그런 폐쇄성은 다들 경험한다는 식으로 들렸고, 자존심이 상한 저는 논쟁을 벌였어요. 어린 학생들과 말이죠. 나중에서야 저는 그 아이들이 정말로 하고 싶은 말이 무엇이었는지 깨달았습니다.

모든 인간 사회는 그 사회의 가치를 비판하기보다 책임을 질 개인을 필요로 한다는 것을 알았어요. 저는 반성하는 차원에서 학생들이 저에게 준 숙제를 해결해야겠다고 마음먹었어요. 그래서 '도덕적 용기 프로젝트Moral Courage Project'를 시작하게 되었습니다."

2008년 이르샤드는 공공인재학부 교수로 있던 뉴욕대학교에서 도덕적 용기 프로젝트를 시작했다. 학생들을 지도하는 위치에 있었지만, 그녀 자신도 여전히 성장하는 중이었다. 가는 곳마다 여전히 그녀를 자극하는 상황이 벌어졌다.

"저는 언제나 공격을 받는다고 느꼈고 방어적인 태도가 되었죠. 하지만 제가 그런 자세를 취해서 상대를 더 방어적으로 만든다는 사실은 깨닫지 못했어요. 생산적인 토론을 할 수도 있었는데 파괴적인 논쟁만 반복했죠." 그녀는 점점 지쳐갔다.

책이 출판되고 9년 차인 2013년, 이르샤드는 그녀의 표현에 따르면 '이슬람교 개혁자로서 인생에서 가장 중요한 토론'에 참가하게 되었다. 아랍권 대표 방송사인 알자지라의 TV쇼에 나가게 된 것이다. 1시간 동안 토론 형식으로 진행되는 프로였다.

"저는 언제나 공격받던 상황에 지쳤어요. 그래서 이번에는 그냥 받아들이자고 마음먹었습니다. 상대측에서 문제를 지적하면 맞다고 인정했고, 생각해보지 못한 질문을 받으면 그냥 모른다고 했어요. 생각할 시간이 필요할 땐 어색한 분위기를 있는 그대로 받아들였죠. 결과적으로 그 어떤 토론보다 유익한 자리가 되었어요. 토론을 지켜보았던 방청객과 시청자도 그렇게 느꼈던 것 같아요.

그 방송이 나가고 7년이 지난 지금도 이슬람교 성직자들로부터 간혹 메일을 받아요. 그들은 이렇게 말씀하시죠. '제가 아는 선생님은 독단적인 관점을 비판하면서도 융통성 없고 독단적인 사람이었습니다. 하지만 그 방송에서 선생님은 모든 비판과 비난을 우아하게 받아내셨습니다. 그런 모습을 보며 선생님의 이야기에 귀를 기울이게 되었어요. 선생님의 말씀은 기대 이상으로 제 생각을 대변하고 있습니다.'"

이르샤드는 공격을 되받아치는 파괴적 논쟁은 나태하고 감정적으로 지치는 방식이라는 것을 깨달았다. "더 힘들고 자기 통제력이 드는 방식은 이해심을 통해 상대와 관계맺는 겁니다." 이제 그녀는 도덕적 용기 프로젝트를 자신의 삶에 녹아들게 하면서, 그 자체로 프로젝트를 알리는 사람이 되고 있다.

그녀는 방어태세를 내려놓고 상대에게 귀를 기울이는 것이 왜 중요한지 설명했다. "인간 심리에는 법칙이 있어요. 상대가 내 이야기를 들어주기를 원하면 나부터 기꺼이 들어주어야 합니다. 그렇다고 모든 대화가 순조롭게 흘러갈 거라는 뜻은 아니에요. 때로는 상대가 좋은 의도로 나를 대하지 않는다는 것을 알 때도 있어요. 그럴 땐 고맙다고 하고 내 길을 가면 됩니다. 중요한 사실은 관계를 맺을 만한 가치가 있는지는 시도해봐야 알 수 있다는 거죠.

'무지하다, 멍청하다, 뒤떨어졌다, 백인이다, 흑인이다, 말 많은 좌파다, 인종주의자다' 이런 꼬리표는 상대를 대충 그런 사람이리라 추측하게 합니다. 저는 인간성은 '착함'을 기준으로 판단할 것이 아니라고 강조하고 싶어요. 효과를 볼 수 있냐는 것이 중요해요. 저는 우아함이 얼마나 효과적인 도구가 될 수 있는지 알았어요. 9년 전에 깨달았다면 정말 좋았을 텐데 말이죠."

이르샤드는 대화가 사람들과의 상호작용에 관한 것처럼 보이지만, 사실은 자신을 얼마나 잘 책임지는가에 뿌리를 둔다고 말한다. "리더십은 따르는 사람이 있다고 생기는 것이 아닙니다. 자신을 잘 다스리는 데서 출발해요." 그녀는 우리가 두려움을 평생토록 느끼며 살아가지만, 이를 알아차리면 비로소 길들일 수 있다고 설명한다. "두려움이 나를 지배하게 해선 안 돼요. 내가 그 감정을 지배해야 하죠." 그녀는 이를 '마음 속 전쟁을 다스리는 일'이라고 표현한다. 부정적인 감정을 인식하고 자신과 대화를 나눌 수 있다면 우리는 더 강해지고 효과적으로 사람들과 소통하게 된다.

"젊은 사람들은 신념이 있고, 세상을 바꾸고 싶어 해요. 그에 대한 열망이 강할 때 자신을 가로막는 사람을 공격하기 쉬워요. 하지만 상대방은 내 말을 받아들이기는커녕 더 방어적이 될 뿐이에요. 압도적인 논쟁으로 상대를 굴복시키면 이겼다는 생각이 들 수 있어요. 하지만 그건 정말로 이긴 게 아닙니다. 상대는 반격할 기회만 노릴 테니까요.

갈등은 더 심해질 텐데 그런 식으로 문제를 해결할 수 있을까요? 협상에서 이기려면 상대의 방어를 낮추어야 해요. 상대가 중요하게 생각하는 것을 알아내야 하죠. '듣는 것'이 중요한 분야가 있다면 그런 곳에서 경험을 쌓아보세요.

사람들은 보통 나와 다른 사람의 의견을 들으면 통제권이 넘어간다고 생각해요. 하지만 오히려 그 반대가 되죠. 상대의 이야기에 귀를 기울일수록 나는 좋은 본보기가 되거든요. '내가 좋은 모습을 보일 테니 저에게도 이런 모습을 보여주세요'라는 의미가 전달돼요.

하지만 비교적 최근의 '취소 문화cancel culture'를 생각하면 이 신념을 지킨다는 것이 쉽지 않게 느껴진다. 취소 문화란 인터넷에서 마음에 들지 않는 상대의 팔로우를 바로 취소한다는 뜻이다. 이런 문화가 있다면 문제 상황에 대해 사람들과 대화를 나누거나 합의에 도달한다는 것이 거의 불가능하게 느껴진다.

과거의 행동으로 모두에게 비난받고 싶은 사람이 있을까? 이르샤드가 학교에서 강연할 때 학생들이 이야기하는 고민이 이런 것이었다. "'팔로우가 취소되는 것이 두려워요. 제가 어떤 사람과 친구가 되고 싶을 때 다른 사람들이 저를 인종주의자나 여성 혐오자로 생각할까 겁이 나요.'라고 하더군요.

제가 보기에 요즘 학생들은 리더가 될 자질이 있어도 그러고 싶어 하지 않아요. 그들을 지지하는 사람들에 의해 어느 날 사라지게 될까 봐 굴복하는 쪽을 택하죠."

이르샤드는 자신이 속한 그룹에서 받아들여지는 신념에 동의하지 않는 학생들의 이야기도 듣는다. 그런 학생들은 이슬람교의 관습에 의문을 제기한 이르샤드에게 공감한다.

"전 학생들에게 그렇게 말해줍니다. 어떤 그룹, 사회, 집단에서 편안함을 느낀다고 해서 질문하지 못하는 건 아니라고요.

집단 안에는 압박을 가하는 사람이 있을 겁니다. 여러분이 그 집단의 일원이 되는 길은 한 가지밖에 없다고 믿기를 바라지요. 여러분은 공동체의 구성원이기도 하지만 먼저 개인이라는 사실을 잊어서는 안 돼요. 소속된다는 것은 좋은 것입니다. 우리는 사회적 동물이니까요. 하지만 소속되기 위해서는 한 가지 길밖에 없다고 주장하는 사람들이 여러분을 괴롭히도록 해서는 안 됩니다. 여러분은 집단의 마스코트가 아니니까요."

이르샤드에게는 자신이 속한 집단이 구성원들에게 무엇을 가르치는지 질문하는 것이 진정한 구성원이 되는 길이다. "제가 이슬람교 집안에서 태어났다고 해서 이슬람교만 고집해야 하는 건 아닙니다. 이민자 가정의 많은 아이들이 전통과 관습을 강요받으며 의문을 품듯이요. 저는 진심으로 소속감을 느끼려면 이슬람교에 기회를 주어야 한다는 걸 알았어요. 제가 할 수 있는 유일한 방법은 질문하는 것이었고, 여러 가지 관점을 통해 답을 찾았습니다."

이르샤드는 2008년 프로젝트를 설립한 후, 2013년에는 인종학자인 코넬 웨스트Cornel West 교수와 유튜브에서 '도덕적 용기 채널'을 열었다. 2016년에 서던캘리포니아대학교에서 두 번째 도덕적 용기 프로젝트를 시작했고, 고등학교에서도 문의가 이어져서 '도덕적 용기 전문학교Moral Courage College'를 설립했다.

"젊은 세대가 의견 차이를 극복하고 대화하는 법을 배우지 못한다면 어떤 답을 내더라도 오래가지 못할 거에요. 우리의 실수를 반복하는 거죠." 이르샤드는 새로운 정체성도 제시한다. "인종이나 성적 취향, 성별, 종교에서 자신을 규정하지 말았으면 해요. 이제부터 다양한 특성을 가진 집단에 속해 있다고 생각하면 어떨까요. 저도, 여러분도 다면적 집단의 일원입니다. 자신이 다양한 측면을 가진 사람이라는 점을 인정하면 다른 사람들도 그렇게 대할 수 있어요. 그러면 우리 모두 항상 어딘가에는 속해 있는 사람이 될 수 있죠. 어디에서나 환영받는 사람이 되는 겁니다."

4장

다른 사람을 기쁘게 하려고
애쓰지 마라

그들은
나를 모른다

"참된 사람, 참된 영웅이 되려면
진짜 자신의 모습을 찾아야 해."

– 〈어벤져스: 엔드게임〉 중에서

성공의 의미를 왜 남이 결정해?

명절이나 결혼식, 가족 행사같이 친척들이 많이 모이는 자리에서 오랜만에 본 어른들은 꼭 이런 질문을 한다.

"어느 대학에 갔니?"
"어디서 일하니?"
"요즘은 무슨 공부하니?"
"여자친구는 있니?"

이런 질문을 받으면 머릿속이 바빠진다. 적당히 좋은 말로 넘겨야 할까, 아니면 진실을 말해야 할까?. 후자를 택하면 가끔 당혹스러운 표정이나 실망스럽다는 반응, 때로는 직설적인 비난도 감수해야 한다. 전공을 바꾸려고 준비 중이다, 공사장에서 일하고 있다, 비영리단체에서 인턴을 시작했다, 사실은 아무것도 모르겠다, 여자친구가 사실은 남자다, 혹은 그 여자친구는 당신이 좋아하지 않을 사람이다 등.

어른들이 좋아할 만한 대답을 했다면 다행이다. 활짝 웃으며 '오, 멋진데' 같은 반응을 보일 것이다. 얼굴에 '으응?' 하는 표정이 보인다면 좋은 이야기를 듣기는 힘들다. 그런 경우 그들은 보통 굳은 표정으로 고개만 끄덕인다. '잘못된 선택이다', '말도 안 된다' 같이 대놓고 싫은 말을 하는 사람도 있을 수 있다.

나도 그런 경험이 있어 잘 안다. 가장 짜증 나는 반응은 그 친척이 내 말을 전혀 이해하지 못해서 다시 설명했는데, 내 설명을 이해 못한다는 사실을 인정하지도 않고, 젊은 세대를 싸잡아서 욕할 때다. "너희 세대는 대체 왜 그러냐? 나 때는 말이야, 직장을 구했으면 진득하니 붙어있을 줄 알았다고." 그렇게 시작된 잔소리는 영원히 끝나지 않는다. 그럴 땐 나를 구해줄 사람을 찾는 편이 낫다.

어릴 때 우리가 바라는 전부는 부모가 자랑스럽게 생각해주는 것이다. 사실 어른이 되어도 그렇다. 나만 해도 아버지가 스물일곱에 돌아가셨지만, 지금도 내가 어떤 일을 해냈을 때 누군가 "아버지가 살아 계셨으면 얼마나 자랑스러워하셨을까요"라고 하면 눈물이 왈칵 쏟아진다. 아버지의 인정이 왜 그렇게 중요한지 모르겠지만 말이다.

때때로 친척들이 듣기 좋아할 만한 답을 해도 괜찮다. 많은 가정과 사회에서 대개 '성공'은 매우 좁은 의미로 정의된다. 기준에 부합하는 교육을 받고, 특정한 직업을 갖고, 가족 구성원이 적당하다고 생각하는 사람을 만나고, 적당한 돈이나 지위를 얻으면 된다. 솔직히 사람들의 인정을 받으면 기분도 좋다. 사람들이 좋아할 만한 일이 나 또한 좋아하는 일이라면 그 선택에 최선을 다하면 된다. 가족들이 내 모습 그대로를 존중해준다면 당연하게 생각하지 말고 감사하라.

하지만 오늘날 심리상담실은 40~50대 사람들로 발 디딜 틈이 없다. 대다수가 앞에서 말한 좁은 의미의 성공을 이룬 사람들이다. 젊은 친구들이 그런 이유로 상담실을 방문하는 일이 없었으면 좋겠다. 단지 아버지가 실망할까 두려워 잘못된 선택을 하고 나이가 들어 상담실을 찾는 일이 없기를 바란다는 말이다.

아버지만 문제가 되느냐고? 어머니도, 어머니의 친구도, 부모님의 형제자매, 할머니, 할아버지도 마찬가지다! 실제로 내 동기인 부잣집 친구는 아이비리그를 선택하지 않았다고 할머니에게 의절을 당했다.

나는 대학교 상담 과장으로 일하며 다른 사람의 기대에 부응하기 위해 전공을 선택하고 괴로워하는 학생들을 많이 만났다. 짐작하겠지만 경제학, 금융학, 법학, 의학 등이다. 의사가 되고 싶지 않아 하는 학생들도 많았는데 그들은 부모님에게 그 이야기를 털어놓을 기회를 엿보면서도, 실제로 의사가 되어야만 그 기회가 온다고 생각하는 것 같았다. 실리콘밸리에서 잘나가는 사업가 중에서도 그런 사람들이 있었다. 인생에서 성공을 거두고도 50대쯤 되어보니 정말 원했던 삶이 자신을 비껴갔다는 느낌을 받는다고 했다.

또 '요구되는 모습'을 연기하며 사는 학생들도 많이 만났다. 사회적 지위, 성 정체성, 인종, 종교, 문화, 능력 등 사람들이 생각하는 '정상적인 것들'이 이에 해당한다. 그런 학생들은 실제로는 자신이 완전히 다른 사람이라는 것을 알지만, 다른 사람의 기대에 부응하며 살았다. 학교에서 뛰어난 성적을 받고 좋은 직장이나 대학원에 들어간 학생이라도 얼굴에는 멍해 보이는 표정이 있었다. 심지어 나와 이야기하는 도중에도 그런 표정을 지어 보이기도 했다. 그들은 자신의 본모습을 억누르면서 성과를 만들어내고 있었다.

여러분은 어떤 사람이 되고 싶은가? 자신의 길을 알고 도전하는 사람이 되고 싶은가? 아니면 다른 사람들의 기대에 부응하고자 살아왔다는 것을 50대가 되어서야 깨닫는 사람이 되고 싶은가?

타인의 기대에 부응하기 위해 살아왔던 나

나는 30대까지도 다른 사람들에게 나를 증명하고 인정받으려 안간힘을 썼다. 그러다 심리적 압박감을 이기지 못하고 완전히 무너져 내렸다. 여러분은 나와 같은 실수를 범하지 않았으면 좋겠다. 정해진 길을 벗어나 보아야 자신이 정말로 가고 싶은 길이 무엇인지 알 수 있다.

1995년, 스물일곱의 나는 결혼생활 3년차를 이어갔다. 하버드 법대를 졸업하고 남편과 캘리포니아로 와서 중산층 동네에서 집을 임대해 살았다. 스탠퍼드대학과 아주 가까웠고, 세이프웨이 슈퍼마켓이 바로 집 앞에 있었다. 방이 두 개인 아담하고 깨끗한 집이었다. 실내에는 이삿짐 회사에서 받은 보상금으로 값비싼 가구들을 채워 넣었다. 우리는 목요일 저녁마다 비싼 소파에 앉아 〈프렌즈〉를 보았다. 우리 차 중 한 대는 '매기'라고 이름 지은 1965년식 빨강 스포츠카였다.

직업적으로 나는 자신감에 넘쳤다. 실리콘밸리의 명망 있는 법률 회사의 소속 변호사로 특허권, 상표권, 저작권 소송을 다뤘다. 출근할 때는 명품 정장을 차려입었고, 곱슬머리지만 '전문직'에 어울리도록 머리카락을 펴서 단단히 묶고 다녔다. 고급 서류 가방을 들고 저작권 보호에 관한 서류와 판례를 들여다보며 열심히 일했다. 선배 변호사들은 만족해하며 더 많은 일을 넘겨주었다. 돈도 잘 벌었다. 나에게 소질이 있는 것 같았다. 그렇게 변호사 일을 시작한 지 9개월째였던 토요일 여름밤, 나는 집 베란다 에 주저앉아 어린아이처럼 목놓아 울었다.

일요일 오후만 되면 내일 회사에 가야 한다는 생각에 속이 꽉 막혔다. 힘들다고 말할 데가 없었다. 겉보기에 성공한 삶을 사는 내게 모두가 박수를 보내고 있었다. 한편으로는 힘들어하는 자신이 한심하고 부끄러웠다. 부모님이 나를 얼마나 아끼며 많은 것을 해주었는가. 그날 밤 나는 차가운 콘크리트 바닥에서 스스로를 꾸짖었다. '넌 정말 많은 걸 누리며 살았어. 그런데 이렇게 눈물을 보이다니. 다른 사람들은 얼마나 힘들게 사는데. 이런 건 힘든 게 아니야. 방법을 찾아야 해.'

나는 단절감을 어떻게든 이해해보려고 했다. 직장과 학교에서 내가 내린 선택들, 남편을 만나 결혼하고 직업을 갖기까지 소중하게 생각했던 가치들, 살아온 모습, 선택들로 만들어진 내 삶을 돌아보았다. 그렇게 한 발 떨어져 내 삶을 들여다보니 기업 변호사를 선택한 것은 내가 중요하게 생각했던 가치들과 큰 차이가 있다는 것을 문득 깨달았다. 어쩌다 여기까지 왔을까? 나는 울면서 생각했다. 어떻게 그렇게 바보 같은 선택들을 내렸을까?

그로부터 10년쯤 지나 30대 후반 대학교에서 상담 과장으로 일할 때, 부서 직원들과 워크숍 활동을 위해 MBTI 검사를 받았다. 우리는 결과를 써서 사람들 앞에서 발표했는데, 그 활동은 팀원들이 서로를 더 잘 이해하고, 효과적으로 팀워크를 발휘하기 위해 계획된 것이었다.

나는 그날 내가 ENT/FJ 형이라는 것을 알았다('T/F'는 '사고형Thinking'과 '감정형Feeling' 범주가 정확히 반반이라는 뜻이다). 나는 다른 사람들의 결과를 살펴보았다. 그런데 '사고형'과 '감정형'이 동시에 나온 사람이 없었다. 내 MBTI 결과를 포스터에 열심히 그려 넣고 있을 때 동료 직원 샐리가 내게 다가왔다. 그녀가 내 포스터를 오랫동안 들여다보더니 눈을 동그랗게 뜨고 나를 쳐다보며 이렇게 말했다. "그래서 법조계 일이 그렇게 힘드셨던 거군요."

'뭐라고?' 나는 눈을 깜빡였다. 그녀의 말을 이해할 수 없었다. '무슨 말이지? 난 유능한 변호사였다고! 왜 내가 왜 법조계 일을 힘들어했다고 생각하는 거지? 아니라고 해명해야 하나?' 그런 생각들이 내 뇌를 비집는 동안 나는 그녀를 가만히 바라보았다. 그녀는 나를 보고 방긋 웃더니 잠시 후 다른 곳으로 가버렸다.

그녀는 그 이후 나에게 좋은 정신적 조언자가 되어주었다. 팀의 조직도상에서 그녀는 나보다 아래에 있었지만 그것은 문제가 되지 않았다.

직업적 성공과 정체성을 정하는 3단계

이 글을 쓰는 현재 나는 쉰셋이다. 집 베란다에서 눈물을 흘리며 괴로워했던 날 밤 이후로 25년이 지났다. 이런저런 이유로 법률회사를 퇴사하고 대학교 직원으로 새로운 경력을 쌓았다. 학생들과 함께 하는 일을 하면서 믿기 어려울 정도로 큰 보람을 느꼈다. 이제는 글을 쓰고 강연하는 일을 한다. 이 직업 역시 매우 만족스럽다.

25년 전에는 내가 여러 직업을 가질 줄은 몰랐다. 앞으로 어떤 일을 하든지 그건 '내'가 결정하는 것이다. 진정 좋아하는 내 모습을 찾으려 살았고, 나를 인정해주는 사람들과 함께 있기로 했다. 내가 나를 허락하고 나니 마침내 삶에 평화와 행복이 찾아왔다. 인생의 우여곡절을 겪으며 학생들에게 가르친 것을 바탕으로 자신에게 맞는 직업적 성공과 정체성을 정하는 3단계를 소개한다.

1단계: 사람들의 혼잡한 의견 속에서 자기 목소리 찾기

어렸을 때는 다른 사람들의 목소리가 우리 머릿속을 많이 차지한다. 주로 이런 것들이다. '이런 행동을 해야 한다.' '훌륭한 사람이 되어야 한다.' '어떤 부류의 사람들과 어울리면 안 된다.' '우리 가족은 이러저러한 일을 해야 한다.'

안타깝게도 지금의 젊은 세대는 소셜 미디어로 '포모 증후군'을 경험하는 첫 세대이다. 포모 증후군은 자신만 뒤처지거나 소외된 것 같다고 느끼는 증상이다. 실제 나와는 관련이 없는 가치와 기대, 판단에 관한 이미지들이 퍼붓듯 쏟아진다. 내가 젊었을 때는 다른 사람들이 어떻게 살아가는지 잘 알 수 없었다. 지금 젊은 세대는 좋은 모습만 골라 보여주는 것에 익숙하다. 사람들이 만들어내는 가치에 기준을 두고 자신을 판단하게 되는 것이다. 이때 자신이 정말 잘하고 있는지는 알기 어렵다.

사람들은 대부분 하고 싶은 일이 무엇인지, 되고 싶은 사람이 어떤 모습인지 어렴풋이 안다. 자신의 본모습에 가깝다고 느껴지는 삶에 대한 생각이 있다. 우리 내면에는 죽는 날까지 자신이 어떤 사람인지 외치는 작은 목소리가 있기 때문이다. 그 목소리를 들으려면 연습이 필요하다.

내가 울었던 27세의 그날로 돌아가 보자. 1995년은 인터넷이 활발

했던 시대가 아니다. 뭘 하면 좋을지 검색해볼 수도 없었다. 그날은 토요일이라 도서관이나 서점도 문을 닫았다. 나는 내면을 들여다보기로 했다. 주방 테이블에 앉아 종이에 세로로 줄을 그었다. 왼쪽 칸 위에는 '내가 잘하는 것'이라고 쓰고, 오른쪽 칸 위에는 '내가 좋아하는 것'이라고 썼다. 삶의 중심으로 돌아가려면 두 질문에 답하는 것이 중요하겠다는 생각이 들었다.

솔직히 왼쪽 칸의 '내가 잘하는 것'은 채우기 쉽지 않았다. 나는 자리에서 초조하게 나에 관한 통찰력이 떠오르기를 기다렸다. 사람들이 나에 대해서 뭐라고 하고, 어떤 일을 잘한다고 하는지는 알았다. 나는 사람들이 나를 어떻게 생각하는지에 관심이 많은 사람이 아닌가? 하지만 그날은 내 마음 깊은 곳에 있는 내 모습을 알고 싶었다.

한참 만에 드는 몇 가지 생각들을 적고 보니 모두 '사람'과 관련이 있었다. 그 목록을 채우는 동안 내가 우스꽝스럽게 느껴졌다. 옆에 누가 있는 것도 아닌데 발가벗겨지는 기분이 들었다. 회사의 다른 변호사들이 종이에 적힌 것들을 본다면 비웃을 것 같았다.

오른쪽 칸의 '좋아하는 것'은 훨씬 쉬웠다. 머리에 먼저 떠오르는 생각들을 적다 보니 금세 칸이 찼다.

그날 내가 적은 것은 대략 이런 모습이다.

내가 잘하는 것	내가 좋아하는 것
사람들이 자기 길을 가도록 돕는 것 사람들의 문제를 해결해주는 것 사람들을 연결해주는 것 도움이 필요한 사람들과 함께하는 것 어떤 사건이 있을 때 사람들을 격려해서 일하는 것	치즈버거 스탠퍼드 친구들 재있는 소설 와인 남편

동료 직원이자 멘토인 샐리는 내 MBTI 결과를 보고 왜 내가 변호사를 그만두었는지 단숨에 알았다. 나는 논리 뒤에 숨은 상황도 중요하게 보는 사람이기 때문이다. 아니, 나에게 논리적이라는 의미는 상황을 함께 고려하는 것일수도 있겠다. 내가 27세에 표를 만들었을 때는 그녀의 통찰, 즉 나에게 인간의 불완전함을 온정적으로 바라보는 면이 있다는 것을 알지 못했다.

이렇게 엉성하게나마 솔직한 마음을 적어보는 것은 내면의 목소리를 드러내는 계기가 되었다. 나는 사실 '사람과 어울리기를 좋아하는 사람'이며, 그런 사람이 되는 것도 괜찮고, 어쩌면 그런 분야에서 일해볼 수 있겠다는 생각들을 인정하게 되었다.

지금의 내 삶은 내면의 목소리에 귀 기울였던 그 날부터 시작되었다고 할 수 있다. 여러분도 자기 목소리에 귀 기울여보자. 내면의 목소리는 무슨 말을 하고 있는가?

2단계: 평가하지 않기

나는 용기를 낼 계기가 필요했다. '줄리, 넌 사람들과 어울리기를 좋아하는 사람이잖아. 그런 일을 해보라고.' 하지만 나는 정말 이 사실을 몰랐을까? 그렇지 않다. 나는 내가 그런 사람이라는 것을 알았다. 하지만 그 성격은 단지 감성적인 우뇌의 모습이라고 생각했다. 사실 나는 분석적인 좌뇌형 인간임을 보여주고 싶었다. 사람들과 어울리는 일은 너무 쉽고 뻔하고 시시해 보였고, 사람들을 돕는 것도 대단한 일로 보이지 않았다. 솔직히 그런 일은 고학력자가 할 만한 일이 아니라고 생각했다.

여기서 사회적 관념 한 가지만 짚고 넘어가겠다. 고학력자는 어떤 수준 이하의 일은 하면 안 된다는 것이다. 나는 응급구조사나 간호사로 환자들을 최전선에서 만나려는 학부생들을 많이 만나보았다. 하지만 그들은 스탠퍼드를 졸업했으니 의학전문대학원에 가서 의사가 되어야 한다는 압박감을 느끼는 경우가 많았다.

비슷한 사례로 유치원이나 초중등 교사가 되고 싶어 하는 학생들도 "대학 학위가 아깝다." "가르치는 일이 좋으면 교수가 되어야 한다."는 말을 주변에서 많이 듣는다. 주로 가족들한테서 나온 말이었지만, 친구나 스탠퍼드 교수들도 그런 말을 한다. 누구에게서 나온 말이든지 턱도 없는 생각이다. 세상에 누가 하지 못할 수준 낮은 일은 없다. 내가 어떤 일을 좋아하고 잘한다면, 다른 사람들의 말은 신경 쓰지 마라.

때로는 그런 비판들이 논리적인 가면을 쓰고 있을 때도 있다. "교육을 받기까지 든 비용을 생각해봐. 본전을 뽑을 만한 일을 하는 게 좋지 않겠어?" 물론 돈과 관련된 문제들은 신중하게 결정해야 한다. 하지만 생계를 유지할 수 있는 정도라면, 어떤 일을 할지는 결국 자신이 선택해야 한다. 학교에서 배운 것과 그 일이 관련 없어 보일 때도 마찬가지다.

27세의 나는 내면의 목소리에 발언권을 주자 통찰력을 얻기 시작했다. 4년 전에 내가 로스쿨에 진학한 이유는 부당한 일을 당한 사람들이 존엄성을 지키며 살도록 돕기 위해서였다. 억울하게 감옥에 간 사람들, 폭력에 시달리고 차별받는 사람들, 학대 경험이 있는 범죄자들, 그런 사람들이 내게 중요했다. 그런데 왜 나는 기업의 특허권, 상표권, 저작권을 위해 싸우고 있을까? 내가 아는 진짜 내 모습으로 살 수 있을까? 내 삶이 원래 자리를 찾을 것 같은 예감이 들었다.

그렇다고 내가 잘나가는 법률회사를 하루아침에 그만두었을까? 그 많은 수입을 포기하고 곧바로 사람들을 도우러 나섰을까? 그렇지 않다. 간단한 문제가 아니었다. 우선 나는 내면의 목소리를 평가하지 않으려고 노력했다. 그래야만 진짜 내가 하고 싶은 일을 찾을 수 있었다.

공익법 분야로 시작할 수도 있었지만, 그쪽 분야의 변호사들이 기업 일을 하던 나를 곱지 않은 시선으로 보지 않을까 두려웠다. 솔직히 나조차 내 안의 진실을 마주하기가 겁이 났다. 게다가 나는 논쟁하고 사소한 것들을 물고 늘어지고 문서에 파묻혀 지내는 삶에 염증을 느꼈다. 그래서 법학 학위로 사람들을 돕겠다는 꿈은 내게서 차츰 멀어졌다. 대신 내가 정말 좋아하는 일, 즉 사람들을 돕는 분야를 찾을 수 있었다. 바로 스탠퍼드대학교의 학생상담직을 알아낸 것이다.

3단계: 마음속 목소리가 말하는 방향으로 가기

마지막 단계는 내면의 목소리가 말하는 방향으로 가보는 것이다. 우선 계획을 세우고 실천해야 한다. 관계된 사람이 있다면 내 생각을 털어놓을 용기도 필요하다. 물론 쉽지 않을 수 있다. 하지만 나를 믿고 지지해주는 몇 사람만 있어도 이 과정은 훨씬 순조롭게 진행될 것이다.

이야기로 돌아가 보면, 나는 학생들과 관련된 일이나 대학의 상담 분야로 경력을 옮기려 결심했다. 그 분야의 지인에게 나를 써달라고 직접 말해볼 수도 있었다. 사실 이는 첫 단추를 끼우는 단계로는 너무 과감한 행동이었을 것이다. 그보다는 들어가고 싶은 분야의 사람에게 차 한잔 나눌 시간이 있는지, 아니면 전화로 20분쯤 시간을 내어줄 수 있는지 물어보는 식으로 접근하는 것이 좋다. 이른바 '정보 수집 인터뷰'를 시도해보는 것이다.

왜 20분이냐고? 아무리 바쁜 사람이라도 20분 정도는 시간을 내줄 가능성이 크기 때문이다. 정보 수집 인터뷰에서 일자리를 달라고 부탁해서는 안 된다. 그 자리에서는 좀 더 폭넓은 시각으로 그 일이 어떤지, 그 사람은 일을 어떻게 시작하게 되었는지, 그 분야에 들어가고 싶은 사람에게 무슨 조언을 해주고 싶은지를 물어보아야 한다.

한 가지 요령은, 20분이 되어가면 하던 말을 끊고 시간을 더 내줄 수 있는지 물어보는 것이다. 상대방이 괜찮다면 받아들일 것이며, 그렇지 않다고 해도 기분 나쁘게 생각해서는 안 된다. 어쨌든 도움을 받았다면 감사 인사를 전하고, 그 일에 지원하게 된다면 나중에라도 그 사람에게 알려주도록 하자.

정보 수집 인터뷰의 좋은 점은 잘 모르는 사람한테도 조언을 구할 수 있다는 것이다. 대부분 사람은 자신이 일하는 분야에 대해 20분만 말해줄 수 있는지 메일로 물어보면 좋다고 할 것이다. 그들에게는 어렵지 않은 일이기 때문이다. 대다수 사람들은 자신에 관해 이야기하는 것을 좋아한다. 대화하는 동안 이상하게 행동하지만 않는다면, 대화를 나눈 사람은 좋은 감정으로 나를 도울 가능성이 커진다.

이메일 주소만 있으면 정보 수집 인터뷰는 언제든 시도해볼 수 있다. 단 그 사람과 직접 대화를 나누기 전에 유의미한 질문을 할 수 있게 링크드인이나 인터넷에서 자료를 찾아보는 것이 좋다. "제가 알기로 선생님께서는 이 분야에서 10년간 다른 회사 세 곳에 계셨는데, 처음에는 어떻게 이 일을 시작하셨습니까?"라고 묻는 것이 "그래서 선생님은 무슨 일을 하십니까?"라고 대뜸 물어보는 것보다 낫다.

이제 여러분의 인적 네트워크에 관해 이야기해보자. 여러분의 인적 네트워크는 여러분이 아는 사람들, 즉 가족, 친구, 동창, 지인, 전 동료, 현 동료, 교사, 이웃, 그리고 그들이 아는 사람들 정도가 될 것이다. 이들 중에 누군가는 정보 수집 인터뷰를 하도록 직접적인 도움을 줄 수도 있다. 심지어 여러분의 이력서를 여러분이 찾는 사람의 책상 위에 올려줄 수도 있다.

하지만 주변에 그런 인적 네트워크가 없다면, 나를 걱정해주는 사람이 누구인지 마음에 떠올려보라. 그런 사람이 있다면 친분을 더 쌓으면서 인맥을 확장할 수 있을 것이다. 그 사람에게 요즘 어떻게 지내는지 물어보고, 내 생활은 어떤지, 앞으로는 어떤 일을 하고 싶은지 이야기해보자. 여러분의 생각에 대해 그들의 조언을 구할 수도 있으며, 공손하게 도움이 필요할 때 부탁해도 되는지 물어볼 수 있다. 그들은 응원의 말을 해줄 수도, 추천인 명단에 이름을 올려둘 수도 있을 것이다. 나중에 직접 추천서를 써줄지도 모른다. 인적 네트워크가 없더라도 능력이 뛰어나거나, 자원을 잘 활용하는 등 다른 장점은 있을 것이다.

나는 다른 분야의 일을 찾기 위해 스탠퍼드대학의 입학처와 학생지원부 사람들에게 정보 수집 인터뷰를 시작했다. 외부인으로서 학교에서 일자리를 찾을 길도 알아보았다. 그런 다음 자기소개서를 써서 대학 추천서를 첨부해 학생지원부서에 지원했다. 하지만 내 이력서에는 학생을 돕는 일과 관련한 경쟁력이 없었다. 나중에 알게 된 사실이지만 변호사 생활에 만족감을 느끼지 못하고 새로운 일을 시작해보려는 지원자도 상당히 많았다.

결국 나는 3년 동안 스탠퍼드대학의 세 부서에서 거절당했다. 비공식적 피드백으로 인터뷰에서 말이 너무 많아 협동하는 일과 어울리지 않는다는 말도 들었다. 슬픈 일이었지만 결국 로스쿨 행정직원이 출산 휴가를 가게 되어 운 좋게도 자리를 얻을 수 있었다. 변호사 이력이 그 자리를 지원하는 데 도움이 된 것이다!

나에게 계획을 세우고 실천하는 것은 쉬운 일이다. 내가 어렵게 생각하는 일은 계획을 어떤 사람에게 말할지, 말지를 알아내는 것이다. 나는 박수를 받으려 사람들의 기대를 충족시키는 삶을 살았다. 그래서 남편을 제외하고는 누구에게도 하고 싶은 일이 무엇인지 꺼내놓기가 두려웠다.

그리고 나는 나에 대한 새로운 사실을 발견했다. 바로 내 목소리가 사람들에게도 들리기를 원한다는 것이다. 그래서 나는 세상을 향해 내 꿈을 말하기 시작했다. 어떤 사람들은 엄지를 치켜세우며 응원했고, 어떤 사람들은 정반대의 반응을 보였다.

그런 반응은 어디서든 있었다. 우리 부부는 한 실리콘밸리 사업가와 저녁 식사를 했는데, 그는 나처럼 기업 변호사 생활을 했던 경험이 있었다. 나는 변호사들끼리 대화할 때 그렇듯 친근한 논쟁을 예상했다. 심지어 그는 예리한 분석력과 거침없는 성격으로 하버드 로스쿨 재학 중 교수에게도 직설 화법을 구사했던 사람이었다. 나는 조심스러우면서도 약간 기대감이 들었다. 나 역시 논쟁이라면 어디 가서 못한다는 소리는 듣지 않았으니까.

음식이 나오자 사업가는 내 일에 관해 묻기 시작했다. 나는 그에게 인상을 남길 만한 이야기를 하나둘 했다. 어느 순간 서로가 어떤 사람인지 알게 되었을 때, 나는 좀 더 솔직해지고 싶어서 사실 변호사 일을 그만둘 생각이라고 말했다.

"그래요?" 그가 질문하자. 나는 심호흡을 한 뒤 남편을 잠깐 보고는 다시 그와 눈을 마주쳤다. 그러고 나서 앞으로는 대학 입학처나 학생지원부서에서 일하고 싶다고 했다. 그 말을 듣자 그는 갑자기 웃음을 터트리더니 냅킨으로 입을 쓱쓱 닦고는 테이블 위로 툭 던졌다. "그러지 말아요. 생각 없는 사람들이나 그런 사무직에 있는 겁니다." 이렇게 말하고 그는 냅킨을 다시 펴서 무릎 위에 올리고 다른 이야기를 시작했다.

나는 굴욕감을 느꼈다. 그 뒤로도 아이를 가지고 싶다, 좀 여유 있게 시간을 쓰고 싶다, 등등을 중얼중얼했다. 댄은 테이블 밑에서 내 손을 꼭 쥐고 다정한 눈으로 나를 바라보았다. 남은 음식이 아직 많았고 나는 사업가에게 저녁 시간이 끝날 때까지 이런저런 질문을 했다. 나와 내 바보 같은 꿈에서 그의 관심을 돌리기 위해.

25년도 넘은 일이다. 자신의 꿈을 털어놓았는데 비웃음을 사면 정말 잊기가 힘들다. 비웃음을 사고도 계속 나아가려면 엄청난 용기가 필요하다. 비판하는 사람이 가까운 가족이거나 중요한 위치에 있다면 더욱 그렇다. 하지만 나는 이렇게 말하고 싶다. 가던 길을 계속 가라! 다른 사람을 자기 기준으로 판단하는 사람들은 자신의 삶이 불행하기 때문일 수도 있다. 어른이 된다는 것은 하고 싶은 일을 할 용기를 내는 것이다. 여러분의 인생은 여러분의 것이다. 그 사실을 잊지 말자.

나 자신으로 산다는 것

이제는 직업 말고 사적인 부분에 관해 이야기해보려 한다. 누구나 개인 생활에서는, 즉 공동체나 사람들과의 관계, 사적인 즐거움 등에서는 완전한 주인이 되기를 원한다. 하는 일이 자신에게 맞지 않는 것도 힘들지만, 사적인 부분에서 자신을 제대로 표현하지 못하는 것은 정말 괴로운 일이다.

나는 그 주제로 『Real American(진짜 미국인)』이라는 책을 썼다. 어렸을 때는 나도 여느 아이들처럼 천진난만했다. 그러다가 서너 살 때부터 나와 아버지의 피부색이 다른 사람들과 다르다는 것을 알았고, 문제가 있다는 메시지를 감지하기 시작했다. 고등학생일 때 미묘한 차별은 수없이 겪었고 노골적인 인종차별도 여러 번 경험했다.

잊을 수 없는 일은 17세 생일에 일어났다. 어떤 머저리가 내 사물함에 검둥이라고 써놓았고, 나는 그 일을 마음 깊숙이 묻어두었다. 그 사건 이후 나는 20년간 흑인인 나를 혐오하고 백인의 가치에 맞추려 노력하며 살았다.

나는 누가 봐도 '성공한 사람'처럼 보였다. 사실이 아닌가? 명문대 로스쿨을 나와서 기업 변호사가 되었고 대학교 상담 과장으로 줄곧 중산층으로 살았다. 하지만 서른아홉 살 때 코칭을 통해 내적 성찰을 훈련하며, 그동안 나를 이끈 강력한 동기를 깨달았다. 백인들에게 학대와 경멸, 무시당하지 않으려 그들이 좋아할 만한 모습을 보이려 했던 것이다. 결국, 나는 누가 나를 다시 검둥이라고 부르지 못하게 하려고 발버둥 치고 있었다

이해하기 어려울 수 있다. 내가 로스쿨을 가고 싶지 않았다거나, 학생 상담 일을 하고 싶지 않았다는 뜻은 아니다. 우리가 어떤 행동을 하고 선택을 내릴 때는 여러 동기가 있다는 말이다. 우리는 어떤 일을 할 때 '정말로 원해서' 할 수도 있고, '다른 사람의 인정을 받기 위해' 할 수도 있다.

10대에서 30대 후반까지 나를 이끈 동기는 다른 사람들, 주로 백인들의 눈에 '대단한 사람'으로 보이는 것이었다. 나는 인종차별을 겪으면서 나 자신을 혐오하게 되었고, 백인 사회의 인정을 받아야만 온전하고 정당한 인간이 되었다고 느꼈다. 반대로 그냥 자기 자신을 사랑하는 사람은 원하는 일을 하고 기회를 좇는다. 따라서 우리는 '무엇'보다 '왜'에 집중해야 한다. 중요한 것은 자신이 행동하는 이유

를 아는 것이다.

앞에서 언급했듯이 소셜 미디어와 사이버 정체성으로 모든 것이 달라졌다. 소셜 미디어는 비난받고 무시당하는 곳이며, 반대로 나를 인정하고 좋아하는 사람들을 찾고 관계 맺을 수 있는 곳이다. 어찌 되었든 소셜 미디어의 내가 진짜 나는 아니다. 업로드한 내 모습이 진짜 나라고 생각하면 '좋아요' 수와 '댓글'이 모든 가치의 척도가 된다.

소셜 미디어 사용은 정신적으로 건강하지 않은 사람들에게 더 큰 영향을 미칠 수 있다. 그들은 직접적인 영향을 받아, 긍정적인 상호작용을 경험하면 행복해하고 부정적인 상호작용을 경험하면 불행해한다.

내가 나를 흑인이자 혼혈인으로서 사랑하게 되자 이렇게 말할 수 있었다. "그래요. 제가 항상 옳을 필요는 없어요. 어떤 사람이 내가 흑인이라서 내 생각이 잘못되었다고 생각한다면 그건 그 사람의 문제이지 내 문제가 아니에요.

그래요. 전 제 곱슬머리를 바꾸지 않겠어요. 신이 내게 주신 모습이니까요. 지금 나가고 있는 토론 모임도 그만둘 겁니다. 대부분이 백인인 그곳에서 흑인이나 소외된 사람들을 위해 목소리를 높이는 유일한 사람이라는 게 너무 힘들어요. 어떤 모임을 '더 다문화적으로' 만드는 것이 저에게 꼭 가치 있는 일은 아니에요"

나는 흑인들의 본보기가 되려고 애쓰지 않기로 했다. 흑인의 역사에 관심 없는 사람들에게 이를 설명할 의무감도 느끼지 않기로 했다. 이런 깨달음을 얻을 때 나는 남자뿐 아니라 여자에게도 성적으로 끌린다는 사실을 인정하고 받아들였다. 2012년에는 스탠퍼드대학의 상담 과장을 그만두고 문예 창작 분야에서 학위를 얻으려 다시 대학원에 들어갔다. 시도 쓰고 산문도 썼다. 작은 클럽에서 백인 우월주의의 부활에 관해 쓴 내 시를 낭독하며 나는 그 어느 때보다 살아있음을 느꼈다.

나는 마흔다섯 무렵에서야 진정으로 사랑할 수 있는 나를 찾았다. 가장 큰 영향을 주었던 것은 내가 '흑인 문학의 어머니'라고 생각하는 루실 클리프턴Lucille Clifton의 시다. 그녀의 시는 흑인 여성의 몸, 출산, 육아, 두려움, 외로움, 기쁨, 남자 대 여자, 여자 대 여자, 흑인다움, 음식, 백인 남성의 조롱, 성적 쾌락에 대해 말한다. 서른여덟에 그녀의 시집 『Good Woman(좋은 여자)』을 읽고 '그녀가 할 수 있다면 나도 할 수 있지 않을까'라는 생각이 들기 시작했다.

나는 흑백 혼혈인 양성애자다. 백인 유대인 양성애자 남편과 32년째 살고 있으며, 사랑스러운 두 아이가 있다. 내 자아를 찾은 후로 이를 인정하는 사람들과 관계를 맺고, 나를 인정하는 공동체에 속하려고 한다. 나이가 들수록 내 진짜 모습, 최고의 삶을 누릴 수 있는 장소와 방법을 선택의 기준으로 삼으며 안정감을 느낀다. 사람들이 나를 있는 그대로 받아줄 수 없다고 해도 이젠 걱정하지 않는다. 그건 그 사람들이 알아서 할 문제다.

그리고 이런 삶이 나는 정말 행복하다!

나는 내 인생의
설계자다

세월이 흐르고 시행착오를 겪으며 이런저런 경험을 하다 보면 자신을 더 잘 알게 된다. 어떤 일을 할 때 기쁘고 어떤 일을 할 때 불쾌한지 확실하게 파악한다. 그리고 어느 순간 '계속 이 일을 하며 살 수 있을 것 같다', '영원히 이 관계를 지속하고 싶다' 같은 마음이 드는 순간이 올 것이다. 자신이 원하는 삶을 지켜낸 알렉스처럼 말이다.

알렉스는 대학을 다니던 어느 날 기숙사로 돌아가는 길에 스타벅스에서 카푸치노를 한 잔 샀다. 한 경찰이 그를 불러세우며 신분증을 요구했다. 그가 카푸치노를 땅에 내려놓고 호주머니를 뒤져 운전면허증을 찾아내는 동안, 지나가는 사람들이 그를 힐끔힐끔 쳐다보았다. 경찰은 면허증을 돌려주며 이렇게 설명했다. "호텔 방을 돌아다니면 물건을 훔치는 사람이 있습니다. 당신을 불러 세운 것은 용의자와 인상착의가 비슷해서입니다." 건장한 20세 흑인인 그는 조지타운대학교의 기숙사로 돌아갔다.

알렉스는 이제 스물여섯이고 스웨덴의 스톡홀름에 산다. 나는 시차 때문에 오전 11시에 그와 통화를 시작했다. 그가 주방에서 저녁을 준비하느라 그릇이 달그락거리는 소리가 들려왔다. 나는 저녁 시간임에도 인터뷰를 해 주어 고맙다고 말했다. 그가 버터를 녹여 양파를 볶는 소리를 들으니 배가 꼬르륵거렸다.

우리는 2008년 대통령 후보였던 오바마를 지지하면서 처음 만났다. 나는 상담 과장이고, 그는 대학교 신입생이었다. 지금 그는 스웨덴의 음악 스트리밍 플랫폼 스포티파이Spotify에서 디자인 연구를 하고 있다. 앱 사용자들을 관찰하고 디자인을 개선하는, 오랫동안 꿈꾸어왔던 일이다. 나는 알렉스가 그 길을 찾기까지의 과정에 대해 이야기를 나누었다.

알렉스는 아주 어렸을 때부터 디자인에 관심이 많았다. 늘 스케치북에 자동차나 배, 아니면 다른 기계들을 그렸다. 그러다가 고등학교 1학년 때 TV에서 실리콘밸리의 디자인 기업 IDEO를 보고, '그래, 이거야' 하는 생각이 들었다고 한다. TV 속의 일은 그가 평소에도 시간이 날 때마다 했던 것이었다.

그러자 알렉스의 어머니는 회사에 찾아가 보라고 권했다. 결국 알렉스는 창업자 데이비드 켈리David Kelley의 사무실을 찾아가서 자신이 스케치한 그림들을 보여주었다. IDEO를 이끄는 유명 기업인이 자신에게 좋은 인상을 받았다고 느끼자, 용기를 내어 인턴 일을 해보고 싶다고 말했다. IDEO는 대학원생만 인턴으로 채용했지만, 창업자는 이 어린 학생에게서 자신이 좋아하는 면을 발견했다.

결국 알렉스는 고등학교를 졸업할 때까지 여름 방학 때마다 IDEO에서 일하게 되었다. 시간이 갈수록 그는 요령을 터득했고 '사용자 경험 디자인'이라는 개념을 점차 확실히 이해했다. 알렉스는 모든 면에서 디자인 일이 적성에 맞았지만, 사회적 압력이 그의 인생에 끼어들기 시작했다.

알렉스는 조지타운대학교를 자랑스럽게 생각하지만, 입학한 것은 '첫 번째 실수'였다고 말한다. 조지타운대학교에는 디자인 전공이 없었기 때문이다. "모두가 조지타운이 나에게 최고의 대학교라고 말했어요. 그래서 그곳에 갔어요. 디자인과나 기계공학을 배우고 싶었지만, 그런 전공이 없었어요. 처음엔 망했다는 생각이 들었죠. 어쨌든 학교에 들어갔으니 방법을 찾아야 했어요." 사용자 경험 디자인에서 중요한 것은 사람들이 무엇을 원하고 필요로 하는지 알아내는 것이다. 알렉스는 차선책으로 심리학을 전공하기로 했지만, 어머니는 생각이 달랐다. 두 사람은 대략 이런 식의 대화를 나누었다.

"외교관이 좋겠어. 조지타운대학은 외교학과로 유명해."

"전 심리학을 전공하고 싶어요. 디자인 일을 하고 싶으니까요."

"심리학은 취업이 안 돼."

나도 대학에서 수많은 학생을 상담해봐서 부모들이 이런 생각을 한다는 것을 안다. 한편으로는 이해도 된다. 알렉스의 어머니는 아들을 사랑하기에 최고의 선택을 내리기를 바랐고, 그 선택이 무엇인지 본인이 안다고 생각한 것이다. 하지만 어머니의 생각은 옳지 않았다. 심리학은 거의 모든 분야에서 활용될 수 있는 지식이며 인간을 이해하는 데 큰 도움이 된다. 하지만 이런 이야기를 군이 알렉스에게 할 필요는 없었다. 그가 이미 나보다 더 잘 알았다.

"어머니의 말은 전혀 옳지 않았어요. 지금도 틀렸다고 생각해요. 어머니는 열아홉밖에 안 된 제가 뭘 알겠냐며 워싱턴에서 제일 좋은 대학, 제일 좋은 학과가 조지타운대학의 외교학과라고 하셨죠. 하지만 저는 어머니의 말을 듣지 않았어요. 결국엔 심리학을 전공했죠. 무조건 밀어붙일 계획이었어요. 어머니는 '좋아, 그럼 신경심리학을 공부해. 그러면 취업은 할 수 있을 거야'라고 했고, 저는 '아니요, 저는 행동심리학을 공부하고 싶어요'라고 했어요. 그러면 어머니는 또 행동심리는 취업이 안 된다고 하셨죠."

두 사람의 갈등은 심각했지만, 알렉스의 내면에서는 그의 인생이 디자인을 향해왔다는 목소리가 커져갔다. 그래서 그는 이정표를 향해 계속 걸어가기로 했고, 대학에서 랜디 바스Randy Bass 교수의 '디자인 문제로 대학 재설계하기'라는 강좌를 발견했다.

알렉스가 보기에 그 강의는 자신의 압박감을 덜면서 디자인을 공부할 기회도 제공했다. 수업을 마치자 자신이 올바른 길을 가고 있다는 것을 믿게 되었고 멘토도 얻었다. "저는 취업이 힘들다는 심리학을 전공했지만 랜디 바스 교수를 도와서 학생들을 돕는 다른 강좌도 개설할 수 있었죠."

알렉스는 잠시 이야기를 멈추고 카타르시스가 느껴진다고 말했다. 이를 통해 자신을 허락하는 과정 중에 있음을 알 수 있었다. 다른 사람들의 의견이 자신의 의견보다 중요하지 않을지 걱정하는 모습도 보였다. 이해한다. 그는 젊으니까.

대학을 졸업한 후에는 샌프란시스코에서 일자리를 구했다. 남자와 처음으로 연애도 시작했다. "부모님은 진보적인 분들이지만 베이비 붐 세대시죠. 동성연애에 대해선 거의 아무것도 모르세요. 두 분을 설득하느라 애를 많이 먹었습니다." 몇 년 후 그는 스포티파이에서 일하기 위해 스톡홀름으로 떠났다.

"심리학에는 이런 이론이 있어요. 큰 변화를 시도할 때는 동시에 여러 가지 변화를 수행할 수 있다는 거지요. 전 그 점을 이용하고 싶었어요. 모든 것을 새로 시작하고 싶어서 남자친구와도 관계를 잘 정리했습니다.

저는 열정적으로 일에 뛰어들었어요. 스웨덴어도 빠른 속도로 배우고 있죠. 여기선 모든 결정을 제가 내려야 해요. 세금은 어떻게 내는지, 인터넷은 어떻게 사용하는지 직접 알아내야 하죠. 새 친구도 사귀고 요리도 배우고 있어요. 포장 음식만 먹고 싶진 않거든요. 제가 어떤 인생을 사는지 오로지 저에게 달렸어요."

나는 알렉스에게 스웨덴에서 흑인으로 사는 삶은 어떤지 물어보았다. "여기도 인종차별이 어느 정도 있다는 건 압니다. 하지만 미국에서 제가 느꼈던 것만큼 심각하지는 않아요. 여기서는 경찰을 봐도 두렵지 않습니다. 유럽에서도 큰 국제도시여서인지 다양한 문화가 공존해요. 그래서 실리콘밸리에서는 경찰을 대하는 것 자체가 두려웠거든요.

여기선 제 정체성이 흑인보다는 미국인에 더 가깝습니다. 제 인생을 살기에는 이곳이 훨씬 좋아요. 정신적으로도 눈에 띌 만큼 확실한 차이가 있어요. 스웨덴은 제게 정신적 쉼터 같아요. 이제야 제 인생을 살 수 있게 된 것 같네요."

알렉스는 어머니와의 관계를 돌아보며 이렇게 말했다. "어머니는 이제 '내 말이 틀렸구나. 네 선택이 옳았다'라고 하세요. 저도 어머니가 왜 그런 말씀을 하셨는지 이해해요. 사회적 명예와 직업적 안정에 집착하셨던 것은 미국 사회에서 흑인으로 살아가야 하는 제가 주어진 카드를 최대한 잘 활용했으면 했던 거죠." 알렉스는 어머니의 지극한 사랑을 감사하게 생각했다. 하지만 자신의 인생을 디자인하는 사람이 자신이 되어야 한다는 것도 알았다.

알렉스의 부모님이 스웨덴에 방문했을 때 또 다른 비판이 그를 기다렸다. "어머니가 이렇게 물어보셨어요. '아직 양성애자냐?' '그렇죠. 근데 그 질문엔 문제가 좀 있어요.' '왜? 뭐가 문제니?' '양성애를 부정하는 의미가 담겨있으니까요. 마치 그게 제가 맘대로 조절할 수 있는 것처럼 생각하시잖아요.' 어머니는 우리 집은 언제나 자유롭게 이야기할 수 있는 분위기였는데, 왜 처음부터 사실대로 말하지 않았는지 물으셨죠. 저는 그렇지 않다고, 저 자신도 성적 취향을 몰랐다고 말씀드렸어요."

지금 알렉스는 부모님과 관계가 좋다. "하지만 시간이 좀 걸렸어요. 얼마 전 어머니가 오셨을 때 제가 이렇게 말했어요. '어머니, 보세요. 전 스포티파이에서 일하고 있어요. 제가 열네 살 때부터 꿈꿔왔던 일을 하고 있다고요. 제가 뭘 더 하길 바라시나요?'

그러자 어머니는 '그래, 네 말이 맞아. 엄마가 계속 너를 몰아붙이는구나. 그럴 필요가 없는데. 너는 어렸을 때부터 꿈꿔왔던 것들을 이뤄냈지'라고 하셨죠. '맞아요, 이제 다 내려놓으시고 어머니의 삶을 즐기세요. 전 항상 이 자리에 있을 거예요. 우린 언제나 서로 사랑하는 가족으로 남을 거예요. 그렇지만 이제 전 성인이에요. 그 사실을 받아들이세요. 그게 어머니에게 더 좋아요.'"

이 말을 전하는 그의 목소리는 확신에 차 있었다. 하고 싶은 일을 하는 그의 모습이 멋져 보였다. 사람은 자신이 원하는 일을 할 때 성공할 수 있다. 바로 알렉스처럼.

5장

방해꾼들로부터
벗어나라

방황하는
마음은 불행하다

"내 손으로 부수고 싶어.
거칠고 제멋대로인 무언가를 기르고 싶어."

– 더 칙스의 곡 <Cowboy Take Me Away> 중에서

어른이 되지 못하게 방해하는 것들

여러분은 이제 성인이다. 성인으로 사는 삶이 이미 시작되었다. 더는 누군가가 시키는 대로 따라야 하는 어린아이가 아니다. 우리 모두의 종착지인 죽음에 이른 것도 아니다. 지금은 가야 할 때다.

여러분은 '야생기'에 있다. 이 용어는 바바라 네터슨-호로비츠와 캐스린 바워스의 책 『Wildhood: The Epic Journey from Adolescence to Adulthood in Humans and Other Animals(야생기: 인간과 동물의 세계에서 본 사춘기에서 성인기까지의 서사적 여정)』에 등장하는 말이다. 여러분은 보살핌을 받던 시기에서 벗어나 탐험을 떠나야 한다. 살아가는 법을 배우고, 사회적 지위를 쌓고, 성 정체성을 찾아야 한다.

이 시기가 너무 원초적으로 느껴지는가? 실제로도 그렇다. 책에서도 새끼 하이에나와 펭귄, 고래, 늑대가 성체로 자라는 과정이, 어린 호모 사피엔스가 성인 호모 사피엔스로 성장하는 과정과 얼마나 유사한지 기록되어 있다. 성인이 되려면 이를 '원하고, 되어야 하고, 방법을 배워야' 한다. 새끼 하이에나와 펭귄, 고래, 늑대는 성체가 되어야 하며, 이를 배워나간다. 하지만 동물의 세계에서는 성체가 될지 말지를 고민하지 않는다. 원하지 않거나, 준비하지 않으면 죽게 되니까.

다행히 호모 사피엔스 조상들은 인간 사회에 일종의 안전망을 구축했다. 즉 부모가 아이를 대신해 미래를 계획하고 문제를 처리하게 한 것이다. 그런데 역설적이게도 이 안전망이 튼튼하면 제때 어른이 되는 법을 배우지 못한다. 안전망이 너무 크면 학습된 무기력이 나타날 수 있고, 이는 다시 불안감과 우울증으로 이어진다. 그런 덫에 빠지지 않으려면, 어른이 되기를 '원해야' 한다. 이번 장에서는 이를 방해하는 것들을 알아보고 그 상태를 벗어나는 방법을 이야기해보고 자 한다.

예전에는 선택의 여지가 없었다. 아이들은 어렸을 때부터 집안일을 도와야 했고, 18세가 되면 알아서 자기 살길을 찾아야 했다. 이제 시대가 변했다. 우리는 아이들을 보호하고 귀하게 여긴다. 중산층 이상일수록 더욱 그렇다. 귀하게 자란 아이들이 18살 생일이 되자마자 성인의 삶을 떠안기려고는 하지 않는다.

20대는 그저 놀고 즐기는 시기라고 여기기도 한다. 물론 즐기는 것도 좋지만, 동시에 고민도 필요하다. 그 고민의 결과들을 행동에 옮겨야 한다. 어른이 된다는 것은 능동적인 일이다. 일단 행동하고 실천하다 보면 그 자체로 놀라운 추진력이 생긴다.

이 사실을 가장 잘 아는 이들은 30대 초반에 들어선 사람들이다. 그리고 그들을 상담해주는 심리치료사들도 그렇다. 로리 고틀립도 그런 사람 중 하나다. 『마음을 치료하는 법』의 저자인 그녀에게 의견을 구하자 곧장 답이 돌아왔다.

"30대 초반의 많은 사람이 20대를 돌아보면서 왜 그때 삶을 좀 더 진지하게 생각해보지 않았는지 후회해. 삶의 토대를 세우지 못했다고 말이야." 그녀가 전하는 최고의 조언은 이렇다. 20대에 시도하고 연습하는 모든 것들은 나중에 더 나은 결정을 내리는 데 밑거름이 된다. 그러니 열심히 몸을 굴리자. 컴퓨터 게임이 끝날 때까지 회복약을 사용하지 않는 사람이 되지 말자. 있을 때 쓰라!

오늘날 사람들의 일반적인 사고 중 문제가 또 있다. 우리는 공개적으로 "선택의 여지를 남겨라"는 말을 자주 듣는다. 다양하게 의사결정을 내리면 된다는 뜻 같지만 사실 이 말에는 문제가 있다.

- 첫째, 선택할 수 있는 옵션의 범위가 너무 커진다. 물론 세계
는 넓고 가능성은 무한하며, 경제적 여유가 있는 경우에는 더욱
그렇다. 하지만 피아니스트, 의사, 사업가, 우주비행사가 될 가
능성을 열어두느라 피아노, 의학, 경제학, 입자 물리학을 모두
배워야 한다면 미치지 않을 사람이 없을 것이다.

- 둘째, '선택을 남겨둔다'는 말은 어떤 길이 옳은지 아는 시기
가 있다고 해석된다. 하지만 인생에서 옳은 길 같은 건 없다. 무
언가를 시도해보기에 지금보다 더 나은 시간도 오지 않을 것이
다. 단, 명확한 판단을 내리기 어려운 상황이라면 새로운 일을
시도하기 전에 그 문제를 먼저 해결해야 한다.

- 셋째, 그렇게 말하는 사람들은 여러분이 선택하려는 것을 마
음에 들지 않아 하는 경향이 있다. 그 의견을 따른다면 인생의
결정권을 넘겨주는 것이다. 그들이 여러분보다 여러분을 더 잘
알지는 못한다.

- 넷째, 선택을 미루는 것은 여러분을 어중간한 상태로 만든다.
그렇다면 언제 결정을 내릴 텐가? 그 전까진 무엇을 할 것인가?
언제까지 자기 인생을 강 건너 불구경하듯 바라볼 수만은 없지
않을까?

▪ 다섯째, 선택할 수 있는 것이 너무 많으면 오히려 불안해진다. 이와 관련된 조사를 보자. 진열대에 잼 종류가 세 가지만 있으면 손님은 그중 하나를 고르고 만족해하지만, 종류가 너무 많으면 아무것도 사지 않고 가버리는 경우가 많다. 잼을 골랐더라도 만족도는 세 가지 종류가 있었을 때보다 낮다.

▪ 여섯째, 괜찮은 기회가 왔는데도 일단 두고 보겠다는 사람은 더 확실한 신호를 기다리느라 시도할 가치가 있는 무언가를 버리는 것이다. 이는 회복약을 써보지도 못하는 비극이다!

미지의 세상에서, 불확실성은 괴물처럼 느껴질 수 있다. 특히 성인이 되어 처음 만나는 풍경은 미지의 세상 그 자체다. 조심조심 발을 떼든지, 안전한 곳에 계속 머무르든지, 둘 중 하나를 선택해야 한다. 안전한 곳에 머문다면 재밌는 일은 일어나지 않을 것이고, 단언컨대 언젠가는 갑갑해질 것이다.

이 점과 관련해서 TV쇼 〈서바이벌-파나마 편〉이 떠오른다. 참가자 시리 필즈는 처음에 벌레들이 무서워 나뭇잎 하나도 줍지 않으려 했지만 마지막에는 생존자 4위까지 올랐다. 그녀는 프로그램을 끝내며 이렇게 말했다. "처음에는 두려워서 아무것도 할 수 없었지만 이젠 제가 할 수 있는 일이 너무 많다는 걸 알게 되었어요." 그녀는 미지의 세계에 정면으로 부딪혀 프로그램에서 말 그대로 목숨을 구했다. 역대 도전자 중 인기도 가장 많았다.

때로는 가족이나 친구들이 실망감을 드러내거나 비웃을 수도 있다. 아버지는 자신이 설계해둔 인턴직에 지원하길 바라고, 어머니는 자랑스러운 아들, 딸에 걸맞는 성과를 기대한다. 친구들은 우리의 계획이 자신이 하는 것만큼 현실적이지 못하다고 비웃는다. 다른 사람이 무슨 말을 할지 걱정스러우면 과감한 결정을 내리기 힘들다. 만약 다른 사람을 모두 만족시키는 데 성공한다 해도 자기 자신을 만족시키는 데는 분명히 실패할 것이다.

이 글을 쓰는 동안 링크드인에서 위고라는 스물네 살 프랑스 청년과 이야기를 나누게 되었다. 그는 내 TED 강연을 보고 세 장에 달하는 편지를 써서 보냈다. 그의 부모님은 아들의 인생을 열심히 코치해주는 사람들이었다. 그의 어린 시절 모든 결정은 부모님이 내렸고, 대학을 졸업하기도 전에 아버지는 자신이 일하는 곳에 인턴 자리를 셋이나 만들어 놓았다. 데이터 과학, 기술, 컴퓨터 프로그래밍 중에서 선택하라고 했지만 위고는 전혀 열정을 느끼지 못했기에 내게 조언을 구했다.

나는 그가 어떤 일을 할 때 신나고 열정을 느끼는지 물었다. 그러자 그는 곧장 이렇게 대답했다. "물리치료요. 그 분야에선 아는 것도 있고 경험도 꽤 있어요." 그는 체력단련과 건강 산업의 문제점, 대중적인 오해들, 운동할 때 사람들이 어떤 잘못을 많이 하고, 그 때문에 얼마나 시간을 허비하는지 등등에 대해 말했다. 대단하지 않은가? 그리고 이런 말을 덧붙였다. "만약 일이 잘 풀리지 않으면 물리치료를 생각해 볼 수도 있겠네요."

나는 그에게 이렇게 말했다. "위고, 내가 꼭 이 말을 할 필요는 없을 것 같은데, 그래도 할게요. 물리치료사가 되세요! 교육이 필요하면 교육도 받고, 경험도 쌓고, 가장 타당한 선택이 될 거예요."

하지만 그가 그럴 것 같지는 않았다. "제 생각엔 어떤 적당한 말이 있을 것 같아요. 그 말을 들으면 제 마음이 변하고, 시각이 바뀌고, 더 만족하는 삶을 살 수 있을 거예요. 제가 어떤 말을 들어야 그렇게 느낄지 모르겠어요." 나나 그의 부모님이 그런 말을 건넬 필요는 없다. 그 말은 자신의 내면에서 나와야 한다. 영화〈죽은 시인의 사회〉에서 키팅 선생님이 월트 휘트먼의 시를 인용했듯이 '그의 내면에서 야성처럼 튀어나와야' 하는 것이다.

현재의 모습은 어린 시절에 형성된 모습이다

어린 시절에 관한 이야기로 돌아가 보겠다. 우리가 어떻게 자랐는지는 성인이 되는 과정에서 영향을 미친다. 로리 고틀립은 상담실에서 청년들이 부모 세대가 가진 것, 가령 가족, 배우자, 사람들과 함께하는 삶, 멋진 직업 등을 원하지만, 어린 시절에 이를 얻는 방법을 배우지는 못했다는 것을 알았다. 이와 관해 몇 가지 사례들을 살펴보자.

사람들과 같이 있는 법을 배웠는가?

어릴 때 가족들에게서 중요한 사람들과 함께하는 방법을 배우지 못했을 수 있다. 가족이 함께하면서도 TV에만 몰두하거나, 시험 점수처럼 주변적인 요소로만 평가하는 식이었다면 더더욱 그렇다. 그런 가정에서는 로리의 표현대로 '사람들이 나를 알아주는 기분'을 경험해보지 못할 수 있다. 성취가 아닌 존재 자체로 소중하게 느껴진

일이 없다면 다른 사람에게 그런 기분을 느끼게 하기가 어렵다. 따라서 사람들과 순조롭게 관계 맺기 힘들 수 있다.

서로 관심을 주고받는 모습을 보고 자랐는가?

'너는 네 방식대로', '나는 내 방식대로'와 같은 분위기에서 자라는 것은 개방적인 태도를 기르는 데 도움이 될 수 있다. 편견 없는 태도를 기르는 것은 인격 형성에 매우 중요하고 가치 있는 일이다. 하지만 지나친 경우 다른 사람에게 관심을 둘 필요가 없다는 식의 태도가 형성될 수 있다.

심지어 가족 모두가 '네가 필요한 것은 뭐든지 해주마' 같은 메시지를 주었다면 문제는 더 심각해진다. 그런 환경에서 자란다면 상대방이 나에게 모든 것을 맞춰야 한다는 생각이 머릿속에 박히게 된다. 이 경우 사람들과의 사이에서 기대하는 것과 관계 형성에 필요한 것이 차이가 나면 마음을 돌리게 된다. 연애를 할 때 상대가 내가 하려는 일, 가려는 방향에 방해가 되면 그 관계를 쉽게 버리기도 한다.

의견 충돌이 있을 때 양보하고 타협하는 법을 배웠는가?

아이들 사이에 문제가 있을 때 주변 어른들이 문제를 대신 해결해 줄 때가 있다. 가령, 학교에서 아이들이 싸웠을 때 억지로 화해시키거나, 부모들이 알아서 해결해버리면 아이들은 문제를 다루는 법을 모르게 된다. 이렇게 어른이 되면 의견이 충돌할 때 막막해한다. 내 생각을 양보하고 상대와 화해하는 법을 연습할 기회가 없었기 때문이다.

모든 일에는 재미없고 힘든 시기가 있다는 것을 배웠는가?

주 양육자가 모든 일을 아이들 중심으로 계획하고 처리해주는 분위기에서 자라면, 일을 처음 시작해서 끝내기까지 필요한 것들을 알지 못하게 된다. 거의 모든 분야에는 즐겁지 않은 부분이 있다는 것도 이해하지 못할 수 있다. 현장에서는 꼭 힘들고 재미없는 시기가 있다는 것을 모르니 빨리 싫증을 느끼거나 쉽게 포기하고 다른 일을 찾으려 한다.

게다가 현실 세계에는 정답이 없다. 이에 반해 어린 시절에는 숙제나 임무가 끝나면 다음 단계가 기다리고 있는 경우가 많다. 이렇게 되면 학교를 졸업할 무렵 정해진 것 없는 상황이 부담스럽게 느껴질 수 있다. 다시 말해 다른 사람이 제시하는 선택지를 고르기만 한 경우 스스로 다음 단계를 알아내는 일이 힘겨워지는 것이다.

나를 위한 선택들을 누가 내렸는가?

"너는 엄마가 제일 잘 알아." "너한텐 이게 제일 좋아." 어렸을 때, 혹은 청소년, 성년이 될 때까지 이런 말을 듣고 자란 사람은 어떤 일을 자기 스스로 결정해야 할 때 쉽게 좌절감을 느낀다. 가령 부모님이 좋다고 생각하는 사람과 내가 좋다고 생각하는 사람 사이에서 갈피를 잡지 못하는 사람들이 있다.

로리는 한 여자 상담자가 청혼을 받은 이야기를 들려주었다. "겉으로 두 사람은 완벽해 보였어. 모든 사람이 두 사람의 관계에 열광했지. 단 한 사람, 그 여자만 빼고 말이야. 그녀는 '이 남자와 정말 결혼하고 싶은 건지 잘 모르겠어요. 헤어질 이유도 없어서 이러고 있는 거예요.'라고 말했지. 나는 그녀에게 혹시 본인이 원하는 사람이 어떤 모습인지 알 때까지 시간을 벌고 싶은 게 아니냐고 물었지.

그녀는 그 말을 듣고 정신이 번쩍 들었대. 자라는 동안 내면에 나침반을 만들지 못한 거야. 결국엔 헤어지고 다른 남자를 만나고 있어. 얼마 전에 통화하니 이렇게 말하더라고. '이런 느낌은 처음이에요. 전 항상 어떤 타입의 남자를 만나야 한다고 생각했는데, 지금 만나는 사람은 그냥 좋아서 만나요.'라고 하더라"

여러분의 학교 문제, 직장 문제, 심지어 연애 생활까지 부모님이 가장 잘 안다고 생각한다면, 평생 부모님 말만 들으며 살아야 할 것이다.

손전등을 어디로 비출 것인가?

노스웨스턴대학교의 조 홀트그리브Joe Holtgreive 공학 교수는 학교 생활에 어려움을 겪는 학생들을 위한 상담도 맡고 있다. 그는 학생이었을 때 수업에서 낙제한 경험이 있어서 학생들의 어려움을 잘 안다. 그런 점에서 보면 그의 인생행로는 나와도 비슷하다.

조는 '손전등은 내 인생을 어떻게 변화시켰는가'라는 제목으로 TED 강연을 했다. 그는 이 강연에서 우리가 어떤 상황에 갇혔을 때, 즉 극도의 불확실성을 느끼는 순간에 어디에 집중하는가가 모든 것에 영향을 미친다고 말했다. 그의 강연을 요약하면 이렇다. 우리는 모두 손전등을 들고 있다. '의도'는 손전등을 조준하는 손이며 '관심'은 손전등과 불빛이다. '의식'은 그 손전등이 비추는 대상이다. 의도에 아무런 방향성이 없을 때 마음은 방황한다.

"방황하는 마음은 불행하다." 조는 심리학자 매튜 킬링스워스 Matthew Killingsworth 와 다니엘 길버트 Daniel Gilbert 의 연구 결과에서 나온 말을 인용한다. 그들의 연구는 마음이 방황할 때마다 자기 안의 생각과 근심에 빠지는 경향이 있다는 것을 보여준다.

극도의 불확실성을 느끼는 순간은 손에 쥐고 있는 손전등이 이리저리 흔들리는 것과 같다. 마음이 붕 뜨고 쉽게 지친다. 하지만 손전등을 쥐고 있는 사람은 우리이기에 의도를 조준할 수 있다. 마음을 한곳에 집중해서 좀 더 편안하고 행복해질 수 있다.

조는 학생들이 공학 수업에 어려움을 토로할 때 이런 대화를 나눈다. 그는 먼저 이렇게 질문한다. "학생의 의도는 실패하지 않는 건가요? 성공하는 건가요?" 이 두 질문에는 차이가 있다. 만약 학생의 의도가 실패하지 않는 것이라면, '관심'은 실패에 초점이 맞춰지고 실패의 결과에 주의가 집중된다. 결과적으로 '의식'은 두려움, 걱정, 위협으로 채워진다.

반면 학생의 의도가 성공하는 것이라면 전략, 기회, 자원에 초점이 맞춰지고, 의식은 호기심, 흥분, 책임감, '최선을 다해 성공하겠다'라는 생각으로 채워진다. 즉 내가 손전등을 어디로 향하게 할 것인가가 결과적으로 내 의식까지 결정한다는 뜻이다.

자신에게 호기심을 가져라

손전등이 올바른 방향으로 향하게 하려면 자신에 대해 많이 알아야 한다. 조는 만약 자신이 어떻게 해야 할지 갈피를 못 잡고 있다면, 일단 앞으로 나아가는 대신 그런 상태에 갇혀있는 이유에 관심을 가지라고 조언한다.

선택의 여지를 남겨두고 싶은가? 정말로 원하는 것이 무엇인지 몰라서 전념하기가 두려운가? 사람 때문에 일에 흥미를 느끼지 못하는가? 변화가 두려운가? 방해하는 사람이 있는가? 스스로를 잘 알지 못한다고 생각하는가? 자신이 그 자리에 머무는 이유를 인식하기 바란다. 자신이 왜 그렇게 행동하는지 이유를 알아내야만 다음 단계로 나아갈 수 있다.

전문가에게 상담을 받는 것도 도움이 될 수 있다. 누군가와 대화를 나누는 것만으로도 전에는 보지 못했던 내 모습의 일부를 볼 수 있기 때문이다. 우리는 때때로 무엇이 필요한지 아주 잘 안다. 막막하게 느껴지는 순간에 크게 심호흡을 하고 그 이야기를 꺼내야 한다. 위고도 그랬다.

위고가 나에게 처음 편지를 보내고 3달 뒤 우리는 다시 연락할 기회가 생겼다. 그의 이야기를 책에 실어도 괜찮은지 물어보려고 내 쪽에서 먼저 연락했다. 그의 대답은 놀라웠다. 그는 부모님과의 관계에 대해 계속 고민하다가 문득 이런 생각이 들었다고 한다. '내가 하고 싶은 일이 부모님 마음에 들지 않는다면, 부모님이 원하는 일은 정확히 무엇일까?'

그는 손전등을 꽉 움켜잡았다. 위고의 아버지는 자신이 몸담은 분야의 일을 권유했지만 그게 무엇인지 아들에게 제대로 알려 준 적은 없었다. "아버지는 제가 그 일을 좋아하지 않을까 봐 보여주고 싶지 않으셨던 것 같아요. 그래서 어느 날 제가 말했어요. '아버지가 하시는 일이 뭔지 좀 가르쳐 주세요. 30년 동안 해오신 일이잖아요. 그런데 그동안 저에겐 알려주신 게 없어요.'

다음 날 아버지가 저를 중요한 회의에 데리고 가셨어요. 저는 협상이 어떻게 진행되는지 지켜보았죠. 아버지에게도, 저에게도 정말 좋은 경험이었어요. 아버지는 제가 옆에 있어서인지 마음이 편하다고 하셨어요. 아군을 얻은 듯 든든하다고 하셨죠. 아버지가 저를 그렇게 생각하실 줄은 몰랐어요. 저 자신에게 느꼈던 불안한 마음이 많이 사라졌어요."

조는 이렇게 말한다. "불빛이 비치는 곳에 마음을 집중하세요. 몸에서 느껴지는 감각, 마음에 드는 생각, 머릿속에 떠도는 이야기에 귀를 기울여 봐요. 나에게 영양분이 되는 것들에 불을 비추세요. 결과가 완전히 달라질 겁니다." 그가 설명하고 있는 것은 '마음챙김'에 관한 과정이다. 마음이 어디로 향해 있는가에 따라 그 자리에 갇혀있을 수도 있고, 앞으로 나아갈 수도 있다. 그 힘은 우리 안에 있다. 그리고 위고도 이제 그 사실을 안다.

그는 여전히 물리치료에 관심이 있다. 하지만 데이터 과학 분야도 매우 즐기고 있기 때문이다. 꼭 아버지 때문이 아니라 자신도 그 일에 소질이 있다는 것을 알았다. "데이터 과학 기초 교육을 마쳤고, 제가 만든 프로젝트도 최종 승인이 났어요. 팬데믹 기간에 쌓은 기술로 제가 실질적인 무언가를 만들었다는 게 기뻐요." 그는 말했다.

"한 번의 계기로 관계가 이렇게 달라질 수 있다니 정말 놀라워요. 전에는 아버지와 대화하면 목에 뭐가 걸린 것처럼 말이 안 나왔는데, 이제는 막힘없이 흘러나오죠. 아버지는 회사에서 무슨 일이 있었는지 신나게 이야기하세요. 재무 계획에 관해서도, 아버지가 문제를 해결하는 방식에 관해서도 알려주시죠.

며칠 전에는 아버지가 자산관리사와 미팅하는 자리에 참석했는데, 고객과 전략, 상품에 접근하는 방식과, 포트폴리오가 만들어지는 전체 과정을 보게 되었죠. 무거운 돌을 내려놓은 듯 속이 후련해졌어요. 전에는 그 일을 생각하면 마음이 내키지 않았는데, 이젠 그런 생각이 사라졌어요."

그가 나에게 편지를 썼을 때와는 전혀 다른 분위기였다. 3개월 만에 그는 훨씬 단단하고 긍정적인 사람이 되어있었다. 자신의 의도대로 대화를 나누는 방향으로 손전등을 비추었고, '자신을 알아주는 기분'도 경험했다.

"전 제가 그 일을 할 만한 사람이라는 자신감이 필요했던 것 같아요. 아버지가 그쪽 세계를 보여주시면서 경험하게 해주었죠. 그 순간들은 제게 엄청난 에너지를 만들어주었어요. 부족한 사람이라는 생각이 이제 사라졌어요."

위고는 부모들을 위한 조언도 남겼다. "속도를 조금 늦추고 자녀들과 한자리에서 더 진지하게 대화를 나눠보면 좋을 것 같아요. 자녀들이 자신을 중요한 사람으로 여길 수 있도록 부모님들이 개인적인 이야기를 들려주면 좋겠어요." 물론 그는 나에게도 교훈을 남겼다. 때때로 결론을 너무 성급하게 내어, '물리치료사가 되세요' 같은 말을 해버린다는 것을 말이다.

처음에 그의 편지를 읽었을 때는 다른 사람이 자기 문제에 대한 답을 내려주기를 바란다고 생각했다. 그런데 다시 보니 그는 사실 아버지와 대화를 나누고 싶었던 것이었다. 내가 항상 올바른 판단을 내리는 것은 아님을 그를 통해 다시 깨달았다.

일과 사랑을 앞으로 나아가게 하는 14가지 노력

돌려서 말하지 않겠다. 현 상황에서 벗어나고 싶다면 정말 많이 노력해야 한다. 더 나은 일자리를 찾고, 집을 구하고, 데이트 패턴을 바꿔야 한다. 마음가짐도 달라져야 한다. 나는 여러분이 어중간한 상황에서 벗어나려는 것을 안다. 의미 있는 일에 마음을 쏟고 좋은 사람들과 인생을 함께하고 싶을 것이다. 로리 고틀립은 상담실을 찾아오는 사람들에게 자주 질문한다. "일과 사랑을 앞으로 나아가게 하려면 어떻게 해야 할까요?" 그녀가 찾은 답과 내 생각을 종합해 14가지 방법을 소개한다.

1. 혼자만의 시간을 가져라

24시간 인터넷에 연결되지 않았던 시대의 특징이지만 지금 세대에도 가치가 있다. 외로워하라는 뜻이 아니다. 외로운 것과 혼자인 것은 완전히 다르다. 앞에서 언급했듯 요즘 세대가 자주 호소하는 말 중 하나가 "제가 원하는 게 뭔지 잘 모르겠어요"이다. 이를 위해서는 자신을 더 잘 알아야 하고, 혼자만의 시간을 가져야 한다.

샤워할 때 좋은 아이디어가 떠오르는 이유도 아무런 방해를 받지 않기 때문이다. 항상 무언가를 할 필요는 없다. 직장에서도 학교에서도, SNS를 들여다보는 중에도 휴식이 필요하다. 심지어 친구나 가족과도 거리두기가 필요하다.

로리는 우리에게 '안전한 항구'가 필요하다고 말한다. 여기서는 자기 자신으로 있으면 된다. 혼자 할 수 있는 일, 즉 산책하고, 생각을 정리하고, 명상하고, 책 읽고, 요리하고, 밥 먹고, 일기 쓰기를 하다 보면 자기 자신을 더 잘 알고, 본능적으로 자신이 원하는 것과 원하지 않는 것을 구별하게 된다.

혼자 있는 것과 혼자서도 괜찮은 것, 두 가지를 다 연습하는 것이 중요하다. 어떤 사람과 깊은 관계를 맺어도, 상대가 매 순간 나에게 관심을 쏟고 함께할 수는 없다. 어른이 된다는 의미는 이런 단순한 진리들을 포함한다.

2. 내면을 들여다보고 불편한 감정에 집중하라

로리는 젊은 세대가 자신의 감정을 알아차리는 데 익숙하지 않다는 것을 안다. 아마도 부모나 주 양육자가 자녀들이 상처받지 않도록 자녀의 어린 시절에 계속 개입했기 때문일 수 있다. 결과적으로 지금의 젊은 세대는 불편한 감정을 다룬 경험이 부족하고, 불편한 감정이 드는 것은 근본적으로 나쁘다고 생각한다. 하지만 불편한 감정은 나쁜 것이 아니다. 없애야 하는 대상이 아니라 관심을 가지고 고민해야 할 대상이다.

불편한 감정에 관심을 가져보자. 자신에게 이렇게 물어보라. '지금 내 기분이 어떤가?' '그 기분이 어디서 느껴지는가?' '내 안에서 무슨 일이 일어나는가?' 로리는 그런 자기감정에 대한 분석을 긍정적인 방향으로 이용할 수 있다고 말한다. 가령 마음이 불안하면 이렇게 생각해보는 것이다. '왜 불안할까?' '아마도 직업 선택을 잘못한 것 같아.' '변화가 필요해.' '마음이 풀어져 있었군. 좀 더 분발해보자.' 이제부터 자신의 감정에 집중해서 왜 그런 감정이 드는지, 그 감정에 변화를 주려면 무엇을 해야 하는지 스스로에게 질문해보자.

3. 감정 다스리는 법을 연습하라

로리는 감정을 '다스린다'는 의미가 마음을 '차분하게 하는 것'이라고 설명한다. 자신의 내면을 들여다보고 뭔가 문제가 있다는 것을 알게 되면 이렇게 말해볼 수 있다. '너무 스트레스를 받은 것 같아. 할 일이 너무 많아.' '산책하면서 마음의 여유를 찾자.' '친구에게 전화를 걸어보자.' '일정을 좀 줄여볼까?' '좀 자고 나면 괜찮아질 거야.'

로리는 감정을 다스리는 좋은 방법 한 가지는 '연결되는 것'이라고 말한다. 산책하며 자연과 연결되고, 대화를 나누며 친구와 연결되고, 독서로 자신과 연결되고, 명상으로 자기 몸과 연결될 수 있다.

단, 주의할 것은 소셜 미디어나 음식, 술, 마약은 연결 대상에 포함되지 않는다는 것이다. 이런 것들은 감정을 보지 못하게 막는다. 인터넷은 가장 효과적인 단기성 진통제라고 표현하는 지인도 있다. SNS는 외부에 집중하는 효과를 낸다. '다른 사람들은 어떻게 하고 있을까?' 이런 생각은 연결이 아니라 '단절'되는 것이다. 인스타그램을 통해 내 감정은 보지 못하게 되고, 다른 사람들의 멋진 사진들을 보면 기분이 더 나빠진다. SNS의 '좋아요'는 어떤 의미에서 의존성 약물과 같다.

4. 다른 사람과 함께 있을 때는 그 시간에 충실하라

내 앞에 어떤 사람을 두고 대신 스마트폰을 바라보는 것은 '당신은 나한테 별로 중요하지 않아요'라고 말하는 것과 같다. 누군가와 대화를 나누는 중이라면 다른 사람에게 문자도 보내지 말고 인스타그램 피드도 넘겨보지 말아야 한다. 나의 관심과 시간을 오로지 그 상대방에게 내주도록 하자. 그래야 중요한 사람들과 함께 있는 법을 잊지 않을 것이다.

자신에게 이렇게 질문해보자. 나는 누군가가 사귀고 싶은 사람인가? 대접받고 싶은 대로 사람들을 대접하는가? 연애에 어려움을 겪고 있다면 왜일까? 어쩌면 상대와 함께하는 시간에 충실하지 않은 것이 이유일 수 있다.

5. 다르게 해보라. 바로 시작하라

어중간한 상황에서 벗어나기 위한 이 조언은 즉석 공연과 디자인 사고, 심리학을 섞어서 만든 것이다. 즉석 공연에서는 대본 없이 무대에 올라 무엇이든 시작해본다. 디자인 사고에서는 '행동 편향'이라는 개념이 있는데, 일단 한번 해보고 다음 상황을 판단하는 것이다. 과거에 하던 패턴을 반복하는 것보다는 나을 수 있다.

심리치료사들은 지금까지 해왔던 것과 다르게 해보기를 권한다. "불평만 하지 말고 지금까지와는 다르게 한번 해보세요. 상대방이 왜 마음에 들지 않는지 앞으로 또 10년 동안 고민하지 말고, 내 화법을 바꾸세요. 안전지대를 벗어나 능동적인 사람이 되기가 쉽진 않아요. 하지만 어중간한 상황에서 벗어나려면 그렇게 되어야 해요."

로리는 일단 계획을 세워보라고 말한다. 그 계획이 완벽하지 않아도 어딘가로 이끌어는 줄 것이다. 행동하지 않고 고민만 하면 아무 일도 일어나지 않는다. 홀트그리브 교수는 이렇게 말한다. "중요한 것은 '뭐가 맞지?'가 아니라 '나에게 뭐가 맞을까?'이고, 더 중요한 것은 '지금 나에게 뭐가 맞을까?'입니다." 때로는 범위를 좁혀보는 것이 답이다.

6. 문제가 생겼을 때 바로 달아나지 마라

로리는 직장에서나 연인관계에 문제가 있어 찾아오는 내담자를 만나면 먼저 이렇게 물어본다. "좋아요. 그 사람과 문제가 생겼군요. 그 문제를 어떻게 생각하시나요?" 하지만 보통 내담자들은 상담을 받으러 오기 전에 친구들을 찾는다. 친구들도 사실은 당사자만큼 무지하지만 이렇게 이야기한다. "상사가 쓰레기야. 퇴사해." 혹은 "헤어지고 더 나은 사람 만나."

친구들의 반응은 이해한다. 사랑하는 친구를 위로해주고 싶은 마음일 것이다. 하지만 좀 더 경험 많은 사람은 이렇게 말한다. "그 사람과 한번 이야기해보지 그래? 무슨 이유가 있지 않을까?"

사람들과 의견 충돌이 있을 때 곧장 달아나는 사람은 문제를 깊이 들여다보는 연습이 부족한 사람이다. 각자의 논리에 모순이 없는지 생각해보고, 타협안을 찾고, 경계를 정하고, 양해를 구하고, 어려운 결정이라도 필요하면 내려야 한다. 이는 인간이 모든 일에서 앞으로 나아가는 유일한 방법이다.

이 말은 앞에서 한 조언들과는 차이가 있다. 언제 변화를 시도해야 하고, 언제는 달아나면 안 되는지 의아한 사람이 있을 것이다. 그것 역시 자신에게 질문해야 한다. 시간이 지나고 여러 상황을 경험하면 어떻게 접근하면 좋은지 판단하는 직관이 발달한다.

7. 내가 선택할 수 있는 옵션들을 검토하라

선택지를 열어두고만 있으면 불안해진다. 그런 상황에 있다면 자신에게 질문해보자. 내게 주어진 옵션이 무엇인가? 최종 선택을 언제까지 내릴 것인가? 제일 나은 선택이 무엇인지는 누가 결정하는가? 다른 가능성이 사라지면 어떨까? 무엇을 선택하든 성공이 보장된다면 무엇이 좋을까?

이때 다른 사람들이 생각하는 '완벽한 직업', '완벽한 사람'에 대한 정의를 고려하지 않도록 하라. 들어본 적도 없고, 생각해보지도 않는 일을 하면서 행복감을 느끼는 사람들도 있고, 보통 사람들은 이해하지 못할 사람과 관계를 맺으면서 만족하는 경우도 있다. 원래 옳거나 그른 것은 없다. 자신의 인생은 자신이 사는 것이다. 시작하자, 당장!

8. 자신만의 생각을 키워나가라

『디자인 유어 라이프』의 공동 저자인 빌 버넷Bill Burnett과 데이브 에번스Dave Evans는 지금은 자신만의 세계관과 직업관을 길러야 할 때라고 말한다. 나에게 무엇이 중요하고 중요하지 않은지에 대한 생각을 빨리 정립할수록 어떤 아이디어나 옵션을 선택할지 더 빨리, 더 명확하게 알 수 있다는 것이다. 따라서 다음과 같은 말에 익숙해지도록 자기 생각을 정리해보라.

'나에게 가장 중요한 것은 … 를 하는 것이다.' '나는 … 를 중심으로 내 인생을 세우고 싶다.' '나는 …한 방향으로 성장하고 싶다.' '나는 … 를 할 때 가장 생산적으로 느껴진다.' '나는 … 를 할 때 정말 즐겁다.' '나는 … 한 세상에 살고 싶다.' 처음에는 어색할 수도 있지만 핵심을 놓치지 말라.

9. 나를 믿어주는 사람과 생각을 공유하라

개인 문제나 일 문제에서 큰 결단을 내릴 때 나를 지지해주는 사람이 있으면 크게 도움이 된다. 그럴 때는 어떤 상황에서도 나를 지지하고 믿어주는 사람들과 먼저 이야기하자.

내 계획을 설명할 때는 짧고 굵게 효과적으로 말할 방법을 생각해두는 것이 좋다. 예상되는 질문에 어떻게 답할지도 생각해보라. 사람들의 불안을 잠재우는 데 효과가 있을 것이다. 예를 들면 다음과 같다.

- **단호한 목소리로 힘 있게 말하기**: "…하기로 마음을 정했어."
- **가치관 전달하기**: "…를 꼭 해보고 싶었어." "…에 대한 믿음이 있어." "항상 나 자신이 …한 사람이라고 생각해왔어."
- **다음 계획을 명확히 하기**: "앞으로 1년 반 동안 자격증을 딸 거야." "…로 옮겨서 …를 할 거야."
- **때로는 강하게**: "네 생각과 다르겠지만 나는 …를 해야겠어."

- **격려와 응원 부탁하기**: "내 결정을 응원해주면 좋겠어." "나를 믿어주면 좋겠어."

좋지 못한 결과가 생기더라도 나를 응원해줄 만한 사람을 찾아두자. 그 사람은 나 대신 다른 사람들을 설득해줄 수도 있다. 그것도 아주 즐거운 마음으로.

10. 부모님과의 관계에서 진짜 어른이 되어라

부모와의 관계에서 진짜 어른이 되어야 자신의 인생에서 진정으로 성장하게 된다. 간단하게 부모님이 어른으로 대해주면 좋겠지만, 사실은 '여러분이 어떻게 행동하는가'가 중요하다. 다른 사람을 변하게 할 수는 없다. 따라서 여러분이 다르게 행동하지 않는 한 부모님의 행동도 달라지지 않을 것이다.

좋은 방법은 어른다운 모습을 보여주는 것이다. 먼저 부모님과 어른 대 어른으로 대화를 시작해보자. 부모님이 갑자기 변하지 않을 수는 있지만 여러분의 달라진 모습은 인식하게 될 것이다.

어쩌면 내가 어린아이 같은 모습을 벗어나지 못하는 것은 부모님이 내 일을 대신 처리하도록 두기 때문일지도 모른다. 이럴 땐 진지하게 대화를 나눠보기를 바란다. '지금까지 나를 물심양면 도와주셔서 정말 감사하다.' '이제 내 일은 내가 알아서 해보겠다.' '나는 이제부터 이러이러한 방식으로 해보고 싶다' 등의 이야기를 시작해보라.

과거의 일로 부모를 원망하며 아이처럼 굴 수도 있다. 내가 새로운 일을 잘 시작하지 못하는 것은 어렸을 때 어떤 것을 해보지 못해서,

혹은 너무 많이 해서라고 부모에게 불만을 가질 수도 있다. 하지만 이런 모습은 미성숙한 것이다.

'아빠가 휴학을 허락하지 않을 거야.' 혹은 '엄마가 시켜서 그 대학에 갔어.' 이런 생각은 부모에 반항하는 아이의 모습이다. 부모들이 과거로 돌아가서 그들의 양육 방식을 바꿀 수는 없지만, 자녀가 성인이 되고도 여전히 많은 것을 줄 수 있다. 지나간 일로 부모와 싸우는 것은 과거에 갇혀있는 행위다.

어른이 된다는 것은 다른 사람을 신경 쓰지 않고 자기가 하고 싶은 일을 하는 것이다. 본질적으로 내가 사랑하는 사람들이 나에게 실망할 확률이 높다. 부모님을 실망시킬 수 있다는 사실을 받아들여야 한다. 이는 내가 이 책에서 전하고자 하는 메시지의 핵심이기도 하다.

나는 자신이 옳다고 생각하는 것을 하는 것이 어른이 되었다는 첫 번째 증거라고 생각한다. 그 선택으로 누군가와의 관계가 변한다고 해도 말이다. 자신에게 다음과 같이 질문해보길 바란다. 누구의 판단이 가장 두려운가? 그 사람들이 실망한다면 나는 무엇을 할 것인가? 그들이 나를 응원하지 않아도 내가 원하는 것을 하면 어떤 기분이 들까?

11. 실패하고 다시 도전하라

인생은 성공 또는 실패가 아니다. 실패했다고 인생이 끝나는 것도 아니다. 새로운 기회는 다시 주어진다. 그 과정에서 자신이 어떤 사람인지 발견하고 새로운 것들을 시도해야 한다. 인생에는 정답이 없다. 새로운 것을 깨닫는 과정을 반복하면서 목표를 향해 계속 노력하는 것이다.

스테파니아는 40세에 사업을 시작해서 큰 성공을 거두었다. 돈도 사업과 관련한 학위도 없었다. 그런 그녀가 어떻게 그런 큰 성공을 거두었을까?

"너무 많이 실패했어요. 전공을 살려서 취업도 못 하고, 돈 관리에도 실패했죠. 연봉 협상도 엉망이고, 사랑하는 사람에게 솔직하지 못해서 결혼생활도 실패했어요. 심지어 다이어트도 망했죠. 그래서 마흔의 나이에 일어섰어요. 온갖 실패를 다 겪으니 창업할 때 두려울 게 없었어요.

하지만 이렇게 회사가 대박이 났죠. 나와 공동창업자의 생각이 옳았던 거에요. 예전엔 20대가 되면 뭐든 해낼 줄 알았어요. 최소한 30대가 되면 확실히 그럴 거라 믿었죠. 전혀요. 그렇지 않았어요. 하지만 실패는 저에게 다시 일어서서 다음 기회를 생각하는 힘을 길러주었어요."

스테파니아는 주어진 기회를 모두 이용했다. "전 어떤 불편한 상황을 만나도 물러서지 않고 다가갔어요. 그러자 좋은 일이 일어났죠. 제 아이들은 실패가 얼마나 중요한지 저보다 빨리 깨달았으면 해요. 결혼생활에 실패했지만, 남녀관계에서 제가 원하는 것이 무엇인지 알아내고, 자신을 믿는 법을 배워서 몸무게를 36킬로그램이나 뺐죠.

10년 뒤에는 제 손으로 엄청난 기업을 일궈냈어요. 20대 때 누가 저에게 뭐든 시도해보고 두려워하지 말라고 말해주었더라면 좋았을 걸. 그래야만 자신이 갈 길을 알아낼 수 있으니까요."

12. 모든 일이 내 뜻대로 되지 않음을 인정하라

인생은 꼭 계획대로 되지 않는다. 운과 인연, 다른 사람의 결정에 영향을 받는다. 우리 힘으로 통제할 수 없는 것들에 부딪히면서도 자기 길을 가야 한다. 어떨 때는 충격에 쓰러져서 다른 길을 찾기도 하고, 더 강하고 단단한 사람이 되어 돌아올 수도 있다. 혹은 생각지도 못한 새로운 길이 열릴 수도 있다.

인생이 뜻대로 되지 않는다는 사실을 인정하고 어떤 상황에서도 앞으로 나아갈 힘이 자신에게 있다고 믿어라. 어른들은 복잡한 시스템 안에서 살아간다는 것을 알고 자기 삶에서 노력하는 존재다.

13. 활기차게 생활하라

생각을 행동에 옮겨야 한다는 의미다. 스탠퍼드대학을 졸업한 32세의 렉시 버틀러Lexi Butler는 네트앱, 에어비앤비, 페이스북, 트위터의 홍보, 규정 준수 및 개인 정보 보호 분야에서 일한다. 관리자들에게는 더 공정하게 업무에 임하게 하고 직원들에게는 경험을 활용하는 법을 지도한다.

그녀는 활기차게 생활하라고 조언한다. "제 경력은 여러 분야에 걸쳐있지만, 바탕이 되는 능력은 같아요. 일할 땐 최선을 다하고, 끝낼 땐 최대한 원만하게 하려고 노력하죠. 용기와 인내심을 가져야 해요. 정보 수집 인터뷰도 하고, 상담도 받아보고, 친구들도 만나서 이야기해보고, 자신의 강점에 대해 생각해보세요. 실행하지 않으면 아무 일도 일어나지 않아요. 자유는 공짜로 주어지는 것이 아니니까요."

14. 자신이 어떤 사람인지 끊임없이 깊이 통찰하라

나는 아들 소여의 고등학교 친구들을 '코끼리들'이라고 부른다. 이 녀석들은 목소리도 크고 몸집도 커서 2층에서 돌아다니면 집이 울릴 정도다. 그중 하나가 내게 물었다. "저는 활동적인 일을 하고 싶은데 뭘 하면 좋을까요? 운동선수는 못 될 거예요. 아무것도 못 하고 그냥 늙어버릴 거 같아요." 그러자 다른 친구가 이렇게 말했다. "외적인 건 언제든 사라질 수 있잖아. 의미를 찾아야지."

나는 두 아이에게 흔들리지 않는 자신만의 계획을 세우는 것이 중요하다고 말했다. 자신이 어떤 사람인지는 자신이 가장 잘 안다. 나는 사람들과 어울리기를 좋아하는 사람이다. 그래서 변호사가 되었고, 대학에서 상담 일을 했고, 사회 운동을 하고, 지금은 글을 쓰고 있다.

한편으로 나는 내 소리로 사람들에게 감동을 주는 가수나 방송 기자, 정치인도 되고 싶었다. 실제로 그렇게 되지는 못했지만, 마음속에는 사람들에게 감동을 주고 싶다는 꿈을 간직하고 있다. 어떤 상황에서도 진정한 자기 자신을 잃지 않는다면 어떤 일을 하든 잘 될 것이다.

언제나 중요한 것은
당신의 의지다

삶은 능동적이고 계획적이며 무엇보다 즐거워야 한다. 여러분은 그럴 자격이 있다. 그러니 운전석에 앉아 자기의 삶에 시동을 걸어야 한다. 사람들이 말하는 성공 대신 자신의 길을 찾은 짐처럼 말이다.

짐의 부모는 한국에서 미국으로 건너와 세인트루이스에서 그를 키웠다. 미국에서 시작된 짐의 삶은 순조로웠다. 한 해 일찍 고등학교를 졸업한 그는 존스홉킨스대학교에서 공중보건학을 전공하고 하버드 치과대학원에 입학했다. 모든 것이 계획대로 흘러갔다.

하지만 2학년 과정이 끝날 무렵, 그는 회의감이 들기 시작했다. "그 공부는 가고 싶지 않은 방향으로 저를 당기는 것 같았어요. 아무 것도 하지 않으면 계속 끌려갈 것 같았죠."

그는 대학 졸업 당시 무엇을 할지를 생각하자 처음으로 불편함을 느꼈다고 한다. "경험이 없었고, 어떤 선택권이 있는지도 찾아보지 않았어요. 대학원 진학을 생각해본 적은 있어요. 과학 분야로 석사를 준비할까 고민한 적은 있었죠. 솔직히 말하면 안정적인 직업, 삶의 질, 그런 게 중요했어요. 그래서 치과 의사가 좋아 보였습니다."

일단 결정을 내렸더니 마음이 편해졌다. "진로가 정해지니 더 고민할 필요가 없어 안도감이 들었어요. 정해진 과정을 따라가기만 하면 되니까요. 게다가 대학원에 합격해버렸죠. 그러니 제가 갈 길이 더 확실해졌어요. 하버드를 거부할 사람은 없으니까요."

1학년 과정은 재미있었다. 2학년 겨울 학기부터 치과 진료의 실제 모습을 맛보았다. 그런데 실습에서 어떤 감흥도 느끼지 못했다. 즐겁고 흥분되는 기분이 전혀 없었다. 지금도 이 일이 즐겁게 느껴지지 않는데 1년, 5년, 혹은 10년 뒤에는 어떤 기분일지 상상조차 하기 싫었다. 그동안 부모님이 쓴 돈과 그가 쏟아부은 시간과 노력, 다른 사람들의 시선을 생각하자니 어찌할 바를 몰랐다. 하지만 2학년이 끝날 무렵부터는 더는 견딜 수가 없어졌다.

"저를 짓눌렀던 그때를 떠올리면 지금도 배에 구멍이 뚫린 듯한 기분이 느껴집니다. 평생 그 느낌으로 살 순 없었어요. 전 자신에게 어려운 질문을 해야 했죠. '치과 의사가 정말 나에게 맞는 길인가?' 하지만 용기가 없었어요. 그래서 처음엔 쉬운 길을 택했습니다. 제가 답할 수 있고, 가족과 친구들이 이해할만한 질문을 했어요.

'너무 지쳐서 그런 게 아닐까? 그냥 쉬어볼까?' 하지만 주변 사람들은 제가 예상되는 길만 걸어왔기 때문에 좀 쉬고 싶다는 말만으로도 당황해했죠. 가까운 동기는 '그게 대체 무슨 말이야?'라고 했고, 어머니는 '쉬다니? 빨리 졸업하고 일을 시작해야지' 하셨어요. 저를 이해하는 사람은 아무도 없었죠. 제 탓이 컸어요. 솔직하지 않았으니까요. 사람들이 어떻게 반응할지 걱정스러웠어요. 심지어 뭘 하고 싶은지도 몰랐으니까요. 시간을 가지고 알아보고 싶었어요."

가장 설득하기 어려운 사람은 역시나 어머니였다. 아버지는 대학때 돌아가셨다. "전 어머니와 늘 사이가 좋았어요. 지금도 그래요. 정말 마음 깊이 사랑하고 존경해요. 어머니의 말씀을 듣지 않은 건 그때가 거의 처음이자 마지막이었던 것 같네요."

그는 죄책감, 배신감, 두려움을 느꼈다. "그땐 어머니와 돌아가신 아버지를 생각하면 죄송하기만 했어요. 저에게 너무나 많은 것들을 해주셨으니까요. 하겠다고 했던 일을 스스로 깨버렸으니 두렵기도 했습니다. 치과 의사가 되는 길은 어머니와 함께 정한 거라 위험 부담도 나눌 수 있었는데 그 길을 벗어나면 모든 것이 제 책임이 되어버리니까요. 결과가 좋지 않으면 사람들이 얼마나 저를 비웃을지 겁났습니다. 말이 될지는 모르겠지만 대학을 그만둔 것은 제가 확신하면서도 확신할 수 없었던 결단이었어요."

짐은 처음에는 어머니를 설득하려고 노력하다가 나중에는 어머니가 허락하지 않아도 자신의 생각을 말하기로 했다. "처음부터 솔직하게 말할 수 있었다면 그렇게 했을 겁니다. 제게 그런 기술이 있었다면 그렇게 멀리 돌아가지도 않았겠죠."

짐은 그동안 정해진 길을 걷느라 해보지 못한 것들이 무엇인지 알고 싶었다. 한 해 동안 닥치는 대로 경험했다. 켄터키의 태권도 대회에 나가 금메달을 따고, 뉴질랜드에서 배낭여행을 하고, 학생들에게 공부를 가르치고, 앤 해서웨이가 주연한 영화에 엑스트라로 출연했다.

학교를 휴학한 지 1년이 지나자 긴장감은 줄어들었지만, 앞으로 어떤 일을 하고 싶은지는 정하지 못했다. 그는 휴학계를 한 해 더 내려고 학생처장을 찾아갔다. 그런데 그곳에서 입학처에서 일을 해보면 어떻겠냐는 제의를 받았다. "학교로 돌아가니 정말 좋았습니다. 캠퍼스에는 에너지가 있어요. 지적인 성장이 있죠. 불꽃 같은 것이 느껴졌어요. 그런 점이 저를 자극했습니다."

짐이 그의 모교 존스홉킨스대학 입학처에서 일할 때 9·11테러가 일어났다. 9·11테러는 우리에게 중요한 것이 무엇인지 각성하게 했다는 점에서 코로나 대유행과 묘하게 닮아있다. 짐은 9·11사태로 공동체를 세우는 일을 하고 싶다는 것을 알게 되었다. 결국 그는 학교에 남아 학생들에게 도움을 주는 일을 해보기로 결정했다. 가족과 친구들이 말도 안 되는 결정이라고 했지만, 하버드에서 교육 석사 학위를 딴 후 보든칼리지에서 신입생 학생과장 보좌 일을 시작했다.

그 후 스탠퍼드대학에서 몇 년간 상담 과장으로 일했던 여자가, 그러니까 내가 구인 광고를 냈고, 짐이 그 기회를 잡았다. 그래서 나는 그를 알게 되었다. 그가 살아온 과정을 보고 학생들을 자극할 적임자라고 느꼈던 것이다. 그는 3년간 우리와 멋진 시간을 함께한 후 MBA 과정을 밟으러 떠났다.

지금 돌이켜보면 그가 했던 모든 행동은 이해가 된다. 하지만 스무 살의 짐에게 앞으로 당신은 대학원을 중도에 그만두고 태권도 시합에서 메달을 따고 영화에 출연하고 대학 입학처에서 일하다가 MBA를 취득하고 교사들의 역량을 강화하는 회사를 이끌게 된다고 말한다면 그는 말도 안 된다며 코웃음쳤을 것이다.

이제 그는 어머니가 자식의 안정을 바라고, 계획 없이 좋은 기회를 날릴까 걱정했다는 것을 안다. "어머니가 힘드셨을 거란 건 이해합니다. 하지만 그때 어머니의 반응은 제게 필요했던 것이 아니었어요." 가족이 언젠가 자신을 응원할 것을 알면서도, 그 순간 지지를 필요로 하는 때가 있다. 어중간한 상태에서 벗어나려면 이 진실을 머리에 새겨야 한다.

6장

낮선 사람과
이야기를 시작하라

인간은 인간을
필요로 한다

"낯선 사람과는 이야기하지 마."

-모든 사람

우리는 모두 진정한 관계에 목말라 있다

1981년, 아담 월쉬Adam Walsh라는 6세 아이가 미국 플로리다의 쇼핑몰에서 유괴되어 살해당했다. 이 끔찍한 사건은 1983년에 영화로 제작되어 TV에 방영되었는데, 미국 역사상 두 번째로 가장 높은 시청률을 보였다. 다시 말해 1983년 10월 미국의 대다수 가정이 TV 앞에서 이 영화를 보며 공포에 떨었다는 것이다. 그 후 미국에서는 '낯선 사람은 위험하다'는 의식이 자리잡았다. 성별, 인종, 종교, 정치 성향에 관계 없이 모든 미국인이 40년간 동의한 것이 '낯선 사람은 위험하다'는 생각이 아닐까 싶다.

그래서 밀레니얼 세대와 Z세대 아이들은 '낯선 사람과 이야기를 나누지 않도록' 배웠다. 말도 하지 말고 따라가지도 말라고 교육받은 아이들은 낯선 사람이라는 개념을 무서워하게 되었고, 어떻게 교류해야 하는지도 모르고 자랐다. 결과적으로 아이들은 모르는 사람이 보내는 사회적 신호, 즉 사회생활에서 발생하는 언어적, 비언어적 암시를 다루는 법을 배우지 못했다. 그러다가 아이들이 커서 고등학교와 대학교를 졸업하고 사회로 나갔을 때 갑자기 수많은 '낯선 사람'과 맞닥뜨리게 되었다.

내가 지금 말하려는 것은 '우리 모두 처음에는 서로 낯선 사람'이라는 것이다. 그 중 몇몇 사람과 아는 사이가 되고, 그 아는 사람이 이웃이 되고, 친구가 되고, 동료가 되고, 멘토가 되고, 연인이 되고, 가족이 된다.

진화 생물학, 인류학, 사회 심리학의 연구 결과들을 보면 인간은 매우 사회적인 동물임을 확신할 수 있다. 정서적으로 건강한 삶을 유지하기 위해 반드시 서로 도와 가며 상호작용을 해야 한다. 심지어 한번 보는 사람과도 인사를 나누는 것이 정신 건강에 긍정적인 영향을 미친다. 요약하자면 낯선 사람과 이야기를 나누어도 괜찮고, 나누어야 한다.

나는 공항을 이용할 일이 많다. 출국장이나 도착장 앞에서 오가는 사람들의 모습을 종종 지켜본다. 사람들은 어깨에 손을 올리거나 이마를 맞대거나 껴안는다. 두 팔을 벌리고 뛰어와 키스를 나눈다. 헤어지기 싫어 상대의 팔을 꼭 붙들고 있다. 사람들이 서로에게 자신의 감정을 쏟아내는 모습을 보고 있으면 나도 모르게 눈시울이 붉어져 고개를 돌려야 할 때도 있다.

인간의 감정은 생존을 보장하는 동물적 본능이다. 내가 공항에서 목격하는 이런 모습은 우리에게 사람들과의 관계가 얼마나 중요한 문제인지, 인간이라는 미미한 존재가 얼마나 신성하게 느껴질 수 있는지 깨닫게 한다.

그러나 현대 사회는 심각한 단절의 위기에 놓여있다. 현대 사회의 단절 위기는 2000년에 나온 로버트 퍼트넘Robert Putnam의 『나 홀로 볼링: 사회적 커뮤니티의 붕괴와 소생』에서 명백하게 증명되었고, 21세기에 들어서는 완전히 새로운 단계로 접어들었다. 신기하지 않은가? 우리는 기술 발전 덕분에 그 어느 때보다 사람들과 가까워졌다. 친구나 지인의 안부가 궁금하면 일상을 바로 확인할 수 있고, 전 세계 사람들의 의견과 관점, 데이터를 확인할 수 있는 웹사이트와 블로그, 앱이 있다.

그런데도 우리는 여전히 사람들과의 관계를 갈망한다. 몇 가지 예외를 제외하고 기술로 이루어지는 관계는, 대면 관계처럼 우리의 영혼을 충족시켜주지 못한다. 직접 접촉을 기계와 기술이 대신하면서 문제를 악화시켜왔다.

우리의 삶은 남들에게 어떻게 보이는가가 더 중요해졌다. 우리는 어떤 일을 해냈을 때마다 SNS에 달려가 세상 사람들에게 그 사실을 알리며 뿌듯해한다. 마치 세상을 향해 이렇게 외치는 것 같다. '나 좀 봐요! 얼마나 멋진 일을 했는지!' 수많은 '좋아요'와 댓글은 우리에게 행복과 안정감, 달콤한 기분을 선사한다. SNS 덕분에 우리는 서로를 훨씬 더 많이 안다고 생각한다. 어떤 면에서는 실제로 그렇지만, 고등학교 친구의 결혼 사진을 보고, 전 직장 동료의 휴가 사진을 보는 것이 실제 그들과 통화를 하고 안부를 묻는 것만큼 친밀감을 쌓지는 못한다.

한편 현대 사회의 부모-자녀 관계도 단절의 위기를 맞고 있다. 물론 부모들은 항상 그 자리에 있다. 자녀들에게 무슨 일이 있는지 주시하고 모든 것을 파악하고 있다. 학교 과제, 시험, 프로젝트, 놀이 약속, 게임, 연습, 리허설, 발표회, 연주회, 진로, 데이트 그 모든 것을 부모들은 주시하고 관여하지만 자녀의 모든 것을 안다고 해서 자녀들이 반드시 지지받는다고 느끼는 것은 아니다.

로리 고틀립은 진료실에서 20대와 30대 초반의 수많은 젊은이를 만난다. 그녀는 그들의 문제가 무엇이든지 먼저 관계를 살펴본다고 말한다. "사람들이 나를 어떻게 인식하고, 내가 다른 사람들에게 어떤 영향을 주는지 이해하지 못하는 건 눈을 가린 채 걸어 다니는 것과 같아. 그렇지 않으면 다람쥐 쳇바퀴 돌 듯 계속해서 같은 문제에 부딪힐 수 있어. 그래서 상사가 왜 나에게 그런 말을 하는지 모르고, 자신이 왜 우울한지도 알아차리지 못하지"

과학 저널리스트 리디아 덴워스Lydia Denworth는 『우정의 과학』에서 아이들이 다른 아이들과의 교류를 통해 협동, 상호작용, 의리, 신뢰에 관한 것들을 어떻게 습득하는지 보여주었다. 하지만 요즘은 어른들의 지나친 관여로 아이들이 관계에서 이런 것들을 배우지 못한 채 자라는 경우가 많다. 로리는 지금의 젊은 세대가 이전과는 다르게 친구들과 잡담하거나 빈둥거리지 않는다는 점도 지적한다.

나는 현대 사회의 단절과 외로움 문제를 많은 사람에게 알리려고 노력한다. 그래서 책을 쓰지 않을 때는 여러 도시를 돌면서 부모들에게 과잉보호의 위험을 주제로 강연한다. 부모들이 자녀의 인생에 개입하는 것은 심리적으로 좋은 관계를 발전시키는 태도가 아니다. "아이들은 성적이나 성취 때문이 아니라 존재만으로도 부모에게 사랑받을 수 있는 존재인지 알고 싶어 합니다. 우리도 마찬가지예요. 우리도 직업이나 재산, 지위, 인스타그램에 올린 멋진 게시물 때문이 아니라 존재만으로 소중하다고 인정받고 싶으니까요. 우리는 모두 누군가에 중요한 사람이 되고 싶어해요."

이런 이야기를 하면 객석에 앉은 사람들은 눈시울이 붉어진다. 어느 지역, 어느 도시에 가도 그렇다. 서로에게 약한 모습을 보여줄 수 있는 그런 순간도 일종의 관계가 형성되는 순간이다. 나만 그렇게 느끼는 것이 아니라는 것을 알게 되면 어느 정도 안심이 되기도 한다.

상황은 점점 심각해지고 있다. 전 영국 총리 테리사 메이Theresa May는 '외로움은 현대인의 슬픈 현실'이라고 말하며 세계 최초로 '외로

움 전담 장관'을 임명했다. 일본에서는 여성 노인들이 일부러 경범죄
를 저지르고 감옥에 들어간다. 거기서 사람들을 만나고 돌봄도 받을
수 있어서다.

2017년 미국 공중보건국장 비벡 머피Vivek Murthy는 외로움이 '전염
병처럼 번지고 있다'고 했다. 미국 대학 보건협회는 대학생들의 건
강을 조사하는 연구에서 2019년에 남학생 59.4%와 여학생 70.1%가
외로움을 느꼈다고 보고했다. 이 수치는 2009년 이후 20% 가까이 증
가한 것이다. 2018년 보험회사 시그나CIGNA는 미국 성인을 대상으로
외로움을 느끼는 정도를 조사했다. 결과를 요약하면 다음과 같다.

- 미국인의 절반이 가끔 혹은 항상 외로움을 느낀다.
- 미국인 4명 중 1명은 자신을 제대로 이해하는 사람이 거의 없
거나 아예 없다고 느낀다.
- 미국인 5명 중 2명은 연인관계가 가끔 혹은 항상 의미 없고,
타인들로부터 고립되어 있다고 느낀다.
- 미국인 5명 중 1명은 사람들에게 친밀감을 거의 혹은 전혀 느
끼지 못하며, 대화를 나눌 사람이 없다고 생각한다.
- 미국인의 절반 정도만 친구와 장시간 대화를 나누거나 매일
가족들과 좋은 시간을 보내는 등 의미 있는 사회적 상호작용을
한다.
- Z세대가 가장 외로움을 많이 느끼며 윗세대보다 건강이 좋지
않다고 생각한다.
- 소셜 미디어 이용 여부는 외로움에 영향을 미치는 변수가 아

니다. 이용도가 매우 높은 응답자의 외로움 지수는 이용하지 않
는다는 응답자의 외로움 지수와 큰 차이가 없다.

외로움은 실제로 우리 건강에 아주 심각한 영향을 미친다.『우정
의 과학』이라는 책에서 외로움은 담배를 피우는 것만큼 치명적이라
고 말한다. 외로움은 말 그대로 대단히 심각한 문제인 것이다.

이번 장은 사람들과의 관계 문제를 풀어나가는 법을 제공하고자
노력했다. 거리에서 만나는 낯선 사람과부터, 내 옆에 누워있는 연인
과의 관계까지 적용할 수 있다. 우리는 우리를 구할 능력이 있다.

낯선 사람들과 어떻게 관계를 맺을까?

가장 쉬운 관계부터 시작해보자. 자, 집을 나와 길을 나선다. 가장
먼저 만나게 되는 사람이 누굴까? 그렇다. 길에서 만나는 모르는 사
람이다. 연구 결과를 보면 짧은 눈 맞춤도 우리의 기분을 좋게 한다.
미소가 곁들여지면 더 좋다. 말까지 걸면 금상첨화다.

어린 시절 들었던 말의 반대로 행동하라. 연구 결과가 이를 증명한
다. 이 장에서는 과학적인 연구 결과를 자주 인용할 것이다. 관계 문
제가 정말로 중요하다는 것을 확실히 보여주기 위해서다. 20대에는
일과 성공이 우선이라는 사람들이 있다. 그런 말은 무시하라. 우리가
기차선로 위에 있는 기차라면, 일은 기차를 나아가게 하는 레일 중
하나이며, 관계가 나머지 레일이다. 레일 두 줄을 세우지 못하면 기
차는 목적지에 제대로 도착할 수 없다.

독일에는 'wie Luft behandeln'라는 말이 있다. '공기 취급' 정도로 해석할 수 있는데 누군가 나와 눈이 마주쳤는데도 전혀 개의치 않고 눈을 돌릴 때 적합한 표현이다. 뉴욕 사람들은 남에게 관심을 두지 않기로 유명하고, 그런 모습을 자랑스럽게 여긴다. 연구 결과에 따르면 그런 모습은 여러 가지로 문제가 많다. 뉴욕 사람들에게는 미안하지만, 사실이 그렇다.

퍼듀대학교 키플링 윌리엄스Kipling Williams 교수는 젊은 여성이 지나가는 사람에게 눈 맞춤을 하거나, 눈 맞춤하면서 미소를 건네거나, 완전히 무시하는 행동 중 하나를 보이는 실험을 했다. 여성과 잠깐이라도 눈이 마주쳤던 사람은 소속감을 더 많이 느꼈다. 윌리엄스 교수는 "여성이 미소를 보이든 보이지 않았든 잠깐의 눈길만으로도 사람들은 사회적 유대감을 느꼈다"라고 말한다. 완전히 무시당한 사람들은 그 여성을 아예 보지 못한 통제 집단보다 단절감을 느꼈다.

영국의 외로움 전담 장관은 모르는 사람과의 교류를 홍보하는 일을 했다. bemoreus.org.uk에서 그들이 만든 귀여운 홍보영상을 확인해도 좋겠다. 아이들이 커피숍에 혼자 앉아있는 사람들에게 다가가 말을 걸거나 코미디언 앤디 파슨스Andy Parsons가 쇼핑몰에서 지나가는 사람들과 이야기를 나누는 영상들을 보면 입가에 미소가 번질 것이다. 그들은 '사람들의 존재를 인식하라', '조금만 수고하라', '매일 조금씩 관계를 맺으라'고 조언한다.

낯선 사람과 교류하는 것이 힘들다는 말도 전적으로 이해한다. 불안 장애나 힘든 경험이 있어 집단에서 본능적으로 고개를 숙이는 사람이 있을 수 있다. 자폐 스펙트럼 환자는 낯선 사람과 눈을 맞추는 것이 어렵다. 피부색, 종교 등의 이유로 차별을 받은 경험도, 문화적으로 상대의 눈을 보는 것이 예의가 아닌 경우도 존재한다.

자신에게 편한 장소에서 옅은 미소와 가벼운 눈 맞춤부터 시도해보길 권한다. 하다 보면 점점 익숙해질 것이고, 사람들의 답례를 받게 되면 어느 순간 더 자연스럽게 인사를 나눌 수 있을 것이다. 무엇보다 정말 기분이 좋아진다.

이 조언은 실제로 잘 알지 못하지만 정기적으로 만나는 이웃에게도 적용될 수 있다. 자주 가는 카페의 직원, 회사 경비원, 지하철 역무원, 택배 기사, 사무실 청소부, 편의점 아르바이트생, 헬스클럽 직원 등 누구라도 좋다. 멀린다 블라우Melinda Blau와 캐런 핑거맨Karen Fingerman은 그들의 공동 저서인 『가끔 보는 그가 친구보다 더 중요한 이유: 세상을 지배하는 사소한 관계』에서 이런 이웃들을 '중요한 이방인'이라고 부르고, 그 관계를 '약한 유대 관계'라고 말한다. 가족이 우리에게 안식처를 제공한다면, 중요한 이방인은 우리를 세상에 뿌리내리게 한다는 것이다.

이제 그런 사람들과 인사를 나눈다고 해보자. 어떻게 시작하면 좋을까? "안녕하세요. 오늘 어떠신가요?" 하고 말을 건네 보라. 인사를 받은 사람은 웃으며 답례를 해올 것이다. 가볍게 인사만 건네도 긍정적인 기분이 들고 활기가 느껴질 것이다. 만약 상대 쪽에서도 안부를 물어준다면 상호작용의 가치가 더 높아진다. 약한 유대 관계와 중요한 이방인은 스무디에 들어가는 단백질 파우더와 같다. 한번 시도해보라. 그가 명찰을 달고 있지 않다면 용기 내어 이름을 물어보고 잘 기억해두자.

항상 어색한 순간이 존재하는 공개 모임이나 사교 행사, 회식 자리도 있다. 모든 사람에게는 스마트폰이라는 동반자가 있다 보니, 다가가 인사를 건네기가 훨씬 어려워졌다. 내가 스마트폰보다 더 재미있는 사람이라는 것을 증명해야 하기 때문이다. 내가 어떤 모임을 주최한다면 모임에 참석한 사람들이 자리에 온전히 관심을 쏟도록 휴대전화를 사용하지 않는 규칙을 정하는 것도 좋을 것이다. 처음에는 사람들이 무슨 말을 할지, 어떻게 행동해야 할지 몰라 난처할 수도 있다. 하지만 10~20분만 지나 보면 안다. 기계보다 사람과 소통하는 것이 낫다는 것을.

직장 동료들의 경우는 어떨까? 같이 상사의 욕도 하고 불평도 한다. 같이 점심을 먹고 프로젝트도 하고 회의에도 참석한다. 일부 직장은 친목을 다지기 좋은 환경을 제공하지만 대다수는 그렇지 않다.

직장에서 여러분은 "점심 드셨어요?", "네, 언제 커피 한잔 할까요?" 같은 대화를 얼마나 자주 하는가? 궁금해서 하는 질문도 아니고, 대답하는 사람도 진심을 담지는 않는다. 두 사람 다 상대의 말을 듣고 있지 않을 수 있다. 심하게 표현하면 아무 의미 없는 말이다.

이런 의미 없는 대화를 그만둘 힘은 우리 안에 있다. 이렇게 한번 해보자. "그러지 말고, 지금 약속을 잡을까?" 이렇게 말한 뒤 실제로 약속을 잡으면 꼭 지키기 바란다. 앉아서 차 한잔을 나누며 대화하라. 직접 만나는 것이 제일 좋지만 가상 공간에서라도 만나는 것이 낫다. 나에게는 코로나로 사람들을 만나지 못할 때 줌으로 동료 작가들을 만난 것이 외로움을 견디는 힘이 되었다.

같이 일하는 사람들과 친분을 맺는 것은 중요하다. 수면 시간을 제외하고 가장 많은 시간을 일하는 곳에서 보내기 때문이다. 따라서 의미 있는 인간관계를 맺을 확률도 가장 높다. 실제적인 의미에서도 그 사람들은 인적 네트워크의 큰 부분을 차지한다. 새로운 일을 찾으려 할 때도 그들이 필요하다. 평소에 관심을 보이면 필요한 상황에서 도움을 구하기가 더 쉽다.

『우정의 과학』에 소개된 연구 결과에 따르면, 그냥 아는 사이에서 조금 친한 사이가 되기까지는 40~60시간, 거기서 더 친한 사이가 되기까지는 80~100시간이 필요하며, 가장 친한 친구라고 부를 사이가 되려면 200시간 이상이 필요하다. 커피 약속은 그 시간을 얻는 좋은 수단이 될 것이다!

소속될 공동체가 있다는 것

연구자들은 현대인들이 외로움을 느끼게 된 이유 중 하나로 과거 대비 관계에 사용되는 장치들이 사라졌다는 것을 들고 있다. 갤럽 여론 조사에 따르면 2018년 미국에서 종교 예배를 드리는 인구는 사상 최저를 기록했다. 미국인 2명 중 1명이 교회나 유대교 회당, 회교 사원에 다녔는데, 이는 1999년보다 20% 감소한 수치다. 지역 단체나 클럽에서 활동하는 사람들도 점차 줄어들고 있다.

종교 조직을 포함한 이런 모임이나 단체는 특정 성별이나 계층, 인종, 민족으로 구성되기도 한다. 나는 우리가 너무 엄격한 기준을 들이대는 바람에 더 소중한 것을 잃게 된 것이 아닌가 생각한다. 공통의 관심사를 나누고자 일주일이나 한 달에 한 번 사람들을 만나는 일은 예전만큼 흔한 모습이 아니다. 주기적으로 공동체에 속할 방법을 찾지 못하는 것은 건강에도 위협이 될 수 있다. 시간이 없다고? 이유가 분명하다면 어떻게서든 시간을 내야 하지 않을까?

이웃과의 관계도 과거보다 축소되었다. 과거 여성들은 집안일을 전담하며 지역 공동체에서 이웃과의 교류를 촉진하는 역할을 맡았다. 그렇다고 그 시절로 돌아가야 한다는 말은 아니다. 여성들이 직장에서 설 자리를 찾게 되고, 맞벌이 부부가 늘어나면서 우리는 이웃과의 교류를 주도한 여성 리더들을 잃었다. 이제 낮에는 집에 사람이 없다. 길거리나 공원, 놀이터, 동네 상점도 과거보다 쓸쓸해졌다.

우리는 사람들을 만날 방법을 찾아야 한다. 노래를 좋아하면 합창단을 찾아보고, 독서를 좋아하면 독서 모임을 찾아보자. 글쓰기를 좋아한다면 작문 강좌를 들어보자. 개를 기른다면 공원에 더 자주 산책을 하자. 동창회도 좋다. 공통 관심사가 있는 사람들과 만나면 더 빨리 친해질 수 있다.

신체접촉도 더 필요하다. 가볍게 서로 안아주거나 등을 토닥여주는 그런 행동 말이다. 물론 성적인 접촉도 중요하지만, 그것을 제외해도 의미 있는 육체적 교감을 이룰 수 있다. 인간은 신체접촉이 필요하다. 누군가 주기적으로 안아주는 사람이 없다면 실제로 매우 불행하게 느낄 수 있다. 어떤 사람들은 하루에 네 번은 포옹해야 건강에 좋다고 말한다.

내 친구 마르시아 바친스키Marcia Baczynski는 '포옹 파티Cuddle Parties'라는 이벤트를 만들어서 포옹 서비스를 제공한다는 아이디어를 냈다. 이 서비스는 큰 인기를 끌었고 17년이 지난 지금은 19개국에서 활발하게 활동하며 훈련받은 전문가도 100명 이상 보유하고 있다.

어떤 사람들은 타인에게 의지하면 강해질 수 없다고 주장한다. 그 주장을 여기서 반박하지는 않겠지만, 사람들과 교류하는 것은 개인주의, 자립심, 자율성 같은 가치를 포기하지 않고도 우리를 강해지게 한다는 증거들이 있다.

여기서 잠깐 내 이웃에 대한 이야기를 들려줘야겠다. 나는 거의 10년간 동네에서 친하게 지내는 이웃이 없었다. 지금까지 내가 외향적인 사람이라고 말해왔으니 의아하게 들릴 것이다. 우리 가족은 2002년에 지금 집으로 이사를 왔다. 집 상태가 좋지 않아서 거의 1년 동안 보수공사를 했다. 집터 한쪽이 꺼져서 앞문에서 뒷문까지 15센티미터나 되는 경사가 있었다.

몇몇 이웃이 공사에 불만을 제기하며 탄원서를 냈고 어떤 사람은 설계를 바꾸라는 중재 신청도 했다. 나는 중재 기관에 가서 이렇게 말했다. "저희는 시에서 승인을 받았기 때문에 설계를 바꿀 필요는 없지만, 이웃들이 꼭 그러길 원한다면 그분들을 위해 바꾸겠어요."

그런 일이 있고 나자 주변 이웃들이 단체로 우리와는 이야기를 나누지 않았다. 내가 먼저 손을 들어 인사하면 손을 들어 인사를 받아주기는 했지만, 깊은 대화는커녕 콩 한 쪽도 나눠 먹은 적이 없었다. 우리 집은 골목길 한쪽 끝에 있는데, 차를 몰고 집으로 돌아올 때면 차고 앞까지 이웃집들의 따가운 시선이 느껴지는 것 같았다.

우리 동네 이웃들은 대부분 나이 많은 노인들이다. 1960년대 말 동네가 처음 생겼을 때부터 산 사람들도 꽤 있다. 우리보다 조금 앞서 이사한 중국계 가족을 제외하면 모두 백인이다. 옆집에는 낸시라는 노부인이 살았는데, 우리가 마당이나 집에서 뭔가를 하고 있으면 가끔 전화를 걸어 무슨 일인지 물어보았다. 어느 날 구급차가 그 집 앞에 섰고 나는 며칠 뒤 그녀가 사망했다는 이야기를 들었다. 내가 너무 무심했다는 생각에 스스로에게 화가 났다.

나는 이웃들이 나를 먼저 반겨주기를 기다렸던 것 같다. 문득 나부터 노력이 필요하다는 생각이 들었다. 사실 에바라는 노부인은 공사 기간에 우리에게 꽤 친절했다. 우리 집 차고 앞에 사람들이 모여 불만을 토로하면, 에바 부인은 "이러는 건 기독교인답지 않아 보여요"라고 우리 편을 들어주었다.

그래서 나는 에바 부인과 친해지기로 했다. 그녀와 남편 고든은 팔짱을 끼고 종종 동네를 산책했다. 어느 날 나는 차를 몰고 가다가 멈추고 그들에게 인사를 건넸다. 지난번에 사람들 앞에서 우리 편을 들어주어서 감사하다는 말도 덧붙였다. 내가 몇몇 동네 사람이 우리를 보고 여전히 아는 체도 하지 않는다고 했더니 에바는 나를 위로해주었고 고든도 동의했다. 그 뒤로 나는 산책하는 둘을 보면 인사를 나누었다.

롭과 리타 바니 부부도 종종 산책을 나왔다. 90대인 남편은 휠체어에 타고 80대 부인이 그 휠체어를 밀었다. 10월의 어느 날 내가 차를 세우고 인사를 건네자 리타 부인이 이렇게 말했다. "핼러윈에 댁네 아이들을 보려고 우리가 요즘 늦게까지 깨어있으려 해요. 그날 아이들이 언제쯤 오나요?" 나는 눈물이 날 것 같았다. 그 동네에서 우리 아이들을 기다리고 있는 이웃이 있었다니!

소여와 애버리가 일곱 살, 네 살일 때 핼러윈에 한 집에 방문한 적이 있다. 평소에도 인사를 나누지 않았던 그 집 사람들은 아이들에게 웃어주지도 않았다. 그런데 그 집 바로 옆에서 우리 아이들을 기다리고 있는 사람들이 있었다는 것이다. 나는 그날 집에 가서 핼러윈 방문 순서를 바꾸자고 말했다. "바니 씨 부부가 너희를 기다리고 계셔!"

에바와 고든 부부는 언젠가부터 얼굴을 보기 힘들었다. 전만큼 자주 산책을 나오지 않았다. 나는 가끔 그들의 집에 들러 안부를 물었다. 나중에 보니 고든의 인지력이 떨어져서 자식들이 그를 요양소에 모시기로 결정했다는 것이었다. 그가 요양소로 가기 전 다행히 작별 인사를 할 수 있었다.

나는 이따금 에바 부인의 상태를 살폈다. 하루는 집으로 초대를 받았다. 그녀가 거실 의자에 앉고 나는 친할머니를 대하듯 책상다리로 바닥에 앉았다. 나는 에바 부인에게 고든과 어떻게 만나게 되었는지 물었다.

그녀는 40대 때 첫 결혼생활에 종지부를 찍고는 충동적으로 몸에 문신도 새겼다고 했다. 내가 깜짝 놀라자 그녀가 왼쪽 어깨에 새겨진 작은 나비를 보여주었다. 이후에 고든을 만나 사랑에 빠졌고 남은 생을 함께했다는 것이다. 이 이야기를 들었을 때 내 나이가 40대였다. 나는 이제 에바 부인이 여느 할머니들처럼 느껴지지 않았다. 한때 내 나이였던, 인생의 시련을 헤쳐나간 한 인간으로 보였다.

에바 부인은 남편이 곁을 떠나자 집 밖을 나오려 하지 않았다. 은 둔자처럼 집에서만 생활했다. 어느 날 동네에서 리타 부인과 딸 나탈리를 만났다. 당시 나는 상담 일을 그만두고 문예 창작 석사 과정을 공부하고 있었는데, 글쓰기 모임을 만들어보면 어떨까를 고민하고 있었다.

한 달에 한 번 글쓰기 모임을 만들면 에바 부인에게도 도움이 되고 동네 사람들 간의 소통 창구도 될 것 같았다. 이때쯤 나는 협력의 가치를 알았기 때문에 내 생각을 밀어붙이지 않고 동네에서 가장 입김이 센 리타 부인에게 먼저 접근했다. 나탈리는 좋은 생각이라고 반겼지만, 리타 부인은 회의적이었다. 내가 에바 부인 이야기를 강조했더니 모임이 생기면 참석은 하겠다고 했다.

그렇게 7년 전 시작한 '메이벨가 작가 모임'은 코로나 대유행이 있기 전까지 한 달에 한 번씩 빠짐없이 열렸다. 참석자는 40대에서 90대를 아울렀고 아쉽게도 에바 부인은 참석한 적이 없지만 리타 부인은 한 번도 빠진 적이 없다. 나중에 리타 부인이 쇠약해진 후로는 나탈리나 우리 엄마가 글을 받아 써주기도 했다.

어린 시절 해군과 함께했던 경험, 사랑하는 남편 롭과 보낸 결혼생활, 롭이 냉전 시기 유명한 물리학자였던 것, 그녀의 집에 있었던 흑인 가정부에 관한 이야기가 우리의 넋을 빼놓았다. 그녀가 몇 년 전 하늘나라로 떠났을 때 추도식이 열린 자리에서 나탈리는 그녀의 어머니가 작가 모임에 대해 써두었던 글을 대신 읽어주었다.

"줄리가 처음 그 이야기를 꺼냈을 땐 정말 얼빠진 말이라고 생각했는데…," 그 대목에서 추도식에 참석한 사람들이 모두 웃음을 터뜨렸다. 그녀의 표정을 상상할 수 있었다. 평소 그녀가 불만이 있을 때 말투가 귓가에 생생하게 들리는 것 같았다. 가장 크게 웃은 사람은 나였다. 내 생각이 얼빠졌다고 생각했었다니, 그 말을 듣고 나니

한 번도 빠지지 않고 매달 모임에 참석했던 그녀가 훨씬 더 사랑스럽게 느껴졌다.

여러분의 앞길에 불을 밝혀주는 사람이 있는가?

멘토는 주변 사람 중에서 우리가 깊은 관계를 맺고 싶은 사람들이다. 보통 경험이 많으며 우리의 길을 응원한다. 어린 시절 좋은 추억이 있는 친척 어른, 나를 믿고 응원한 선생님, 생각하면 웃음이 번지는 대학 선배, 추천서가 필요할 때 떠오르는 사람들, 그런 사람들이 멘토라고 할 수 있다. 나를 좋아하고, 나에게 관심을 보이는 사람들이다.

나는 멘토로 몇 명의 얼굴을 떠올릴 수 있다. 짐 스테이어Jim Steyer 교수는 수업 시간에 나를 처음으로 주목해준 분이다. 질문이 있어도 사람들 앞에서 말하기가 겁나 가만히 있을 때 내 표정을 읽고 용기를 주었고, 내가 어떤 답을 하면 다른 학생들 앞에서 힘차게 고개를 끄덕여주었다. 케넬 잭슨Kennell Jackson교수는 내가 3년 동안 살았던 기숙사의 사감 교수였는데, 처음에는 가까이하기가 겁났지만 20년간 내게 멘토가 되어주었던 분이다. 돌아가시고 나서야 나는 그분이 나를 얼마나 아끼셨는지 깨달을 수 있었다. 처음에는 비난으로 들렸던 그분의 지혜가 지금까지 내 마음에 남아있다.

내가 법률회사를 그만두고 필사적으로 일자리를 찾고 있을 때, 대학교의 입학처장으로 있던 짐 몬토야Jim Montoya가 나를 알아봐 준 덕분에 나는 10년간 스탠퍼드대학의 상담 과장으로 일할 수 있었고, 교육 관련 책도 쓸 수 있었다.

내게 정신적으로 큰 깨우침을 준 메리 엘렌Mary ellen도 있다. 불교 신자이자 유도 사부였던 그녀는 내가 스탠퍼드에 있을 때 운영진 코칭을 담당했다. 그녀는 누구보다 나를 잘 안 사람이었다. 만약 내가 죽기 전 다섯 사람을 떠올린다면 그녀가 그중 한 명일 것이다.

이제 50대가 된 나는 가능하면 다른 사람들의 멘토가 되어주려고 노력한다. 지금은 특히 젊은 작가들에게 시간을 내 주려고 한다. 마약 소지로 복역 중이던 젊은 백인 남성이 자신의 이야기를 수감자들과 나누고 싶다고 해서 도와준 적도 있고, 학교에서 퇴학당한 고등학생에게도 멘토가 되어 주었다. 그 외 직장에서나 개인 생활에 불만을 느끼고 다른 길을 찾고 싶어 하는 많은 사람들과도 만났다.

내가 했던 여러 일 중 멘토 역할이 가장 즐거웠던 것 같다. 멘토는 사람들이 자기 자신을 믿지 못할 때도 믿어주는 사람이다. 실제 부모는 아니지만, 부모의 마음과 다를 바 없다. 아무리 힘든 환경에서 자란 사람도 진심으로 보살펴주는 단 한 사람만 있으면 인생에 큰 문제가 없었다는 연구 결과도 있다. 인간관계의 핵심은 이것이다. 심지어 여러분에게 믿고 따를 만한 그런 존재가 없어도 누군가에게 여러분이 멘토가 되어줌으로써 스스로 상처를 극복할 수 있을 것이다.

우정을 다지는 법

리타 바니 부인은 완전히 모르는 사람이었지만 인사하는 이웃이 되었고 나중에는 존경하는 어른이 되었다. 내 삶은 그런 사람들로 더 풍요로워졌다. 실제 친구는 서로 애정과 관심을 가지고 도움을 주는 관계다. 내가 어떤 사람에 대해 아는 것과 그 사람이 나에 대해 아는 것이 심하게 차이가 난다면, 그것은 친구가 아니다. 섹스처럼 두 사람 간의 동등한 상호작용이 필요한 것이다.

물론 고된 하루를 보내고 나서 스마트폰을 스크롤 하는 것 외에는 아무것도 하고 싶지 않을 수 있다. 하지만 관계를 맺는 일은 우리의 육체적, 정신적 건강에 너무나 중요하기 때문에 의도적이라도 시간을 만들어야 한다. 문자보다 좋은 것은 동시에 접속하는 플랫폼을 이용하는 것이다.

페이스타임이나 스카이프로 영상통화를 하거나 포트나이트, 배틀그라운드 같은 배틀 로얄 게임, 월드오브워크래프트 등의 대규모 온라인 롤플레잉 게임, 잭박스 온라인 파티 게임도 친구들을 만나는 좋은 방법이 될 수 있다. 쌍방향 소통은 관계 형성을 더 원활하게 할 수 있다

물론 동시간으로 이루어지는 가장 좋은 교류는 사람들과 실제로 만나는 것이다. 함께 웃을 수 있는 무언가가 있으면 된다. 다만 사람들과 함께 있을 때, 특히 누군가와 일대일로 있는 자리에서 휴대전화만 바라보고 있는 그런 사람이 되어서는 안 된다. 이는 상대에게 매우 무례하고 기분 나쁜 행동이다. 내게도 늘 그러는 친구가 한 명 있어서 언젠가는 이렇게 한마디를 해주려 한다. "미안한데 폰 좀 안 보면 안 될까? 나와 이야기하는 것보다 거기에 더 관심이 있는 것처럼 느껴져."

급한 상황이라면 상대에게 양해를 구하고 필요할 때만 확인해야

한다. 사람들과 같이 있을 때 상대에게 집중하지 않는 모습을 보여주면 신뢰를 잃는다. 비밀을 털어놓을 만한 가까운 친구가 없다는 생각이 든다면 자신을 한번 돌아보라. 상대에게 믿을 수 있는 친구가 되는가가 중요하다. 약속한 것들은 일관되게 지키기로 하자.

관계를 만들 기회는 우리 주변 어디에나 있다

어떤 사람들은 늘 같이 다니는 친구들 무리나 모임이 있다. 솔직히 말해서 나는 그런 모임에 들어 본 적이 없다. 정기적으로 만나 우정을 나누는 모임이 있는 사람들을 보면 부럽다. 실제로 내 주변에는 30년간 그런 모임을 이어온 사람들도 있다. 그런 모습을 보면 정말 멋지다는 생각이 든다.

그러다가 2016년 대통령 선거일에 특별한 경험을 했다. 그날 나는 미국에서 첫 번째 여자 대통령이 탄생하리라 생각해 동네 슈퍼마켓에서 샴페인과 안주를 카트에 가득 담았다. 그때 한 여자가 내 카트를 보더니 '오늘 저녁에 파티하시나 봐요?'라고 물었다. 나는 그렇다고 했다. 우리는 그 자리에 서서 여자 대통령이 당선되면 얼마나 기쁠지, 샴페인을 몇 병이나 사야 할지 수다를 떨었다. 그러다가 그녀가 슬쩍 '이 근처에 사세요?'라고 물었다. 나는 팔로 알토에 산다고 답하자 그녀는 옆 동네인 로스앨터스에 있다며 "가끔 연락해도 될까요? 이 동네엔 우리 같은 흑인이 별로 없어서요"라고 했다.

카네샤도 흑인이다. 그녀 말대로 실리콘밸리에는 흑인이 많이 살지 않는다. 그녀가 흑인 워킹맘들의 모임을 만들었는데 나도 초대한 것이다. 우리는 마음 내킬 때 언제든 만난다. 누군가의 집에서 볼 때도 있고, 미술관이나 레스토랑에서도 만나고, 코로나가 유행하는 동안에는 페이스북 메신저로도 만났다.

주로 직장, 아이들 문제같이 일상 이야기가 오간다. 브런치 모임이 너무 재밌어서 네 시간 반이나 이어진 적도 있다. 카네샤가 첫째 아들이 18개월 동안 경찰에 17번 검문을 당했다고 말했을 때 아무도 "아들이 뭘 하고 있었길래요?"라고 묻지 않았다. 사람들은 말하지 않아도 그 상황을 알았고, 그녀의 마음을 이해했다. 그 모임을 안 지는 몇 년 되지 않았지만 나는 이 관계가 아주 특별하게 느껴진다.

그 이후로 나는 사람들과 관계를 만들 기회가 주변에 늘 있다는 사실을 인정하게 되었다. 사실 미국 전역을 돌며 강연을 다니던 초기에는 사람들과 잘 어울릴 줄 몰랐다. 강연 후에 누군가가 같이 커피 한 잔할 수 있냐고 물어보면 대체로 시간이 안 된다고 답했다.

그때는 잘 모르는 사람과 만나는 것이 일처럼 느껴졌다. 강연회에서도 질문에 답하고 책에 사인해주는 것이 전부였다. 보통 강연장에 가면 많게는 몇백 명의 사람들이 있는데, 둘러싸여 있어도 나는 외로웠다. 일방적인 관계라는 생각이 들었기 때문이다.

그 사람들은 내 책을 읽었거나 알고 있고, 나를 알고 좋게 생각해주었지만 나는 아니었다. 고맙기는 했지만, 1시간 남짓 이야기한다고 알 수 있는 게 얼마나 되겠냐고 생각한 것이다.

하지만 이제는 관계를 맺는 것이 얼마나 소중하고 가치 있는 일인지 잘 안다. 그래서 더 적극적으로 사람들과 어울리려고 노력한다. 사람들이 커피든 저녁이든 같이하고 싶다고 하면 반갑게 그러자고 한다. 그리고 그런 사람들과 함께 있을 때는 한 개인으로서 그들에게 호기심을 가지고 알아가려고 한다. 그리고 대화를 독점하지 않으려고 노력한다. 내가 소중하게 생각하는 가치를 위해서.

사람들 앞에서 자기 자신이 되는 연습하기

캐리 콜리-머치슨Carrie Kholi-Murchison 박사는 30대 중반의 흑인 여성이다. 건강 및 웰빙 회사인 홀30Whole30에서 문화부서 이사직을 맡고 있다. 콜리는 깊이 있는 상호작용의 가치를 잘 안다. 물론 직장에서도 상호작용이 중요하기 때문에 극단적 투명성이라는 개념으로 동료들 간의 갈등 해결에 도움을 준다. '극단적 투명성'은 누구나 배울 수 있다.

극단적 투명성을 발휘하려면 자신의 감정을 잘 아는 것이 중요하다. 어떤 감정 변화가 생겼을 때 그 감정이 무엇이고, 왜 그런 감정이 생겼는지 알아채는 작업이 필요하다. 뒤에서 자세히 이야기하고 간단히 개념만 소개하겠다.

콜리는 극단적 투명성을 보이려면 남들에게 약한 모습을 보일 필요가 있다고 말한다. "우리는 남들 앞에서 강한 모습을 보여야 한다고 배워요. '두렵다', '모른다', '도움이 필요하다' 같은 말을 하라고 가르치지 않아요. 하지만 진정한 대화를 하려면 이런 말이 필요해요." 그녀는 자신이 동성애자라는 사실을 인식하면서 공감과 통찰력을 얻었다. "동성애자들은 어릴 때부터 자신에게 문제가 있다고 배워요. 우리의 욕구뿐 아니라 존재 자체를 부정당하죠. 우리를 모르는 사람이 아니라 의지하고 사랑하고 함께하고 싶은 사람들로부터 배척당해요."

그녀는 일기를 통해 자기 감정의 본질을 파악해보라고 한다. '오늘 있었던 일 중에서 좋았던 것 3가지', '힘들었던 것 3가지'와 그 감정을 몸 어디에서 느꼈는지를 기록해보는 것이다. 그 다음 시간을 두고 어떤 패턴이 나타나는지 분석해보라고 말한다. 일기가 힘들면 간단한 메모나 음성 기록도 좋다. 중요한 것은 감정을 몸 밖으로 꺼내는 것이다. 그럼 내가 어떤 문제를 해결해야 하는지, 누구의 도움이 필요한지 알게 된다.

콜리는 팀에서 쓰기 훈련을 마치고 나면 팀원들에게 자신의 감정에 초점을 두고 설명해보도록 한다. "상대의 행동에 초점을 두어 말하면, 상대는 여러분의 감정이 어땠는지 알지 못해요." 상대방이 나를 대하는 방식에 변화를 주려면 그 행동이 나에게 어떤 영향을 미쳤는지 알게 해야 한다.

극단적 투명성에는 연습이 필요하다. 나이를 먹었다고 어느 날 갑자기 인간관계에 능숙한 사람이 되지는 않는다. 특히 사람들과 함께 있는 것이 불편하게 느껴지고 실제로 대화를 나누기가 힘든 사람이라면 그런 패턴을 깨기 위해 더욱 연습해야 한다.

친구는 나의 삶을 떠받치는 존재다

인간관계 중 가장 좋은 관계는 즐거운 가족과 가까운 친구들일 것이다. 내가 말하는 '가깝다'의 기준은 안 좋은 모습을 보고 실망스러운 점도 많이 알지만, 그 모습을 인정하고 사랑하는 관계다. 이는 힘들 때 서로의 곁을 지켜주었다는 의미다. 벗, 동무, 단짝, 불알친구 어떤 이름으로 불리든지 우리에게 정말 중요한 사람들이다.

11월 초 월요일 오후 1시 45분에 전화벨이 울렸다. 내 모든 시간을 이 책을 쓰는 데 바치리라 마음먹고 있을 때였다. 나는 마감 기한을 넘긴 상태였고 강연 계획과 휴가도 앞두고 있었다. 정말이지 그 어떤 방해도 받고 싶지 않았다. 하지만 전화를 건 사람은 앤디였다.

여러 번 말했지만 나는 외향적인 사람이다. 내가 18개월 때 우리 가족은 나이지리아 라고스에를 떠나 뉴욕 맨해튼의 고층 아파트에서 살게 되었다. 나는 나이지리아의 친구들이 보고 싶어서 엄마의 앞치마를 끌어당기며 혀짧은 목소리로 "칭구, 칭구!"라고 했다.

엄마는 그 큰 건물에 다른 아이들도 살겠지 싶어서 나를 데리고 1층 로비로 내려갔다. 우리는 복도 맞은편 소파에 한동안 앉아있었다. 20분쯤 지나자 엘리베이터 문이 열리며 나만 한 꼬마와 그 꼬마의 엄마가 나왔다. 나는 양팔을 앞으로 뻗고 달려가며 "칭~구~!" 하고 외쳤다. 엄마는 긴장하면서도 그 꼬마가 내 반응에 화답해주기를 기도했다. 그날 가브리엘은 내 친구가 되었고 페이와 티나라는 다른 친구도 소개해주었다.

그 후 50년 동안 나는 여러 지역을 옮겨 다녔지만 감사하게도 좋은 친구를 많이 만났다. 나는 어릴 때 그 모습처럼 여전히 팔을 뻗고 달려가는 타입이지만 세월이 흐르면서 내 삶이 너무 바빠졌다. 가까운 친구라고 부를 만한 친구는 이제 양손으로 꼽을 정도다. 이렇게 말하니 오랫동안 좋은 관계였던 친구들에게 미안한 마음이 든다. 우정은 계속 돌보지 않으면 시든다. 솔직히 나는 돌보지 않은 우정이 많았다.

앤디는 워싱턴 D.C.에 살고 나는 캘리포니아에 살아서 우리는 거의 얼굴을 보지 못한다. 사는 게 바빠서 이야기도 1년에 겨우 한두 번 나눈다. 우리는 한창 열정 넘치던 스물한 살에 만났고, 조바심을 내며 미국을 정의로운 사회로 만들고자 했다. 낙천주의자였던 앤디는 발바닥에 용수철이 달린 듯 여기저기 열심히 돌아다녔다. 눈빛은 항상 지성으로 반짝였고 얼굴에는 미소가 가득했다. 그가 재밌는 이야기를 하면 다들 눈물을 흘리며 숨이 넘어가도록 웃었다. 백인 유대인이자 공화당을 지지하는 그는 나와 많은 면에서 전혀 달랐지만 정말 멋진 남자였다.

2017년 내가 인종차별에 대한 회고록을 출간했을 때 그는 축하 인사를 전해주었다. 그는 부모들이 자녀에게 하듯이 내가 자랑스럽다고 했다. 그는 우리가 대학에 있을 때, 내가 네 살 때 경험한 인종차별을 토대로 대학 신문에 논평을 썼던 것이 기억난다고 했다.

나는 그의 이야기를 가만히 듣고만 있었다. 내가 그런 논평을 썼는지 잊고 있었던 것이다. 공식적인 신문에 대고 인종차별에 대해 떠들 만큼 내가 배짱 있는 사람이었는지도 기억나지 않았다. 그래서 그가 나를 칭찬할 때 속으로는 그 용감했던 내 모습은 다 어디로 갔는지, 인종차별에 대한 책을 내는 데 왜 30년이나 걸렸는지, 앤디는 어떻게 그런 걸 다 기억하고 있는지 신기하기만 했다.

그는 그때나 지금이나 내 힘든 경험을 읽으면 슬퍼진다고 했다. 누군가를 그렇게 오랫동안 바라보고 생각해주는 것이 진짜 애정이 아닐까? 그래서 나는 그가 전화를 걸어오면 무슨 일이 있어도 재깍 받는다.

그는 워싱턴에서 중요한 일을 맡고 있으면서도 항상 겸손한 자세를 잃지 않는다. 내게 전화한 그는 먼저 내 시간이 괜찮은지 물었다. 나는 잠시 망설였다. 모니터 안에서 끝나지 않은 내 책이 말 그대로 나를 노려보고 있었다. 하지만 상대는 앤디가 아닌가. 우리는 45분 동안 아이들, 배우자, 일 이야기를 하며 못 나눈 소식을 주고받았다.

그의 목소리에서 머뭇거림이 느껴져 무슨 일이 없는지, 무엇보다 건강한지 물었다. 그는 웃으며 썩 건강하지 못하다고 했다. 신경써야 하는 걸 알지만 사는 게 너무 바쁘다면서. 나는 속으로 내가 온갖 핑계를 대며 병원 진료를 미뤄왔던 것이 생각났다. 앤디에게 그런 말까지 꺼낼 수는 없어서 나도 같은 처지라고만 하며 병원에 가라고 잔소리하는 친구가 되고 싶지는 않다고 했다.

"나도 알아. 힘들지. 하지만 우리는 스스로를 챙겨야 해. 우리가 다른 사람들을 챙겨야 하니까." 나 자신에게도 하는 말이었다. "너도 그래야 해. 우리 부모님도 이제 80대에 접어드니 몸이 점점 안 좋아지셔. 언젠가는 그분들도 돌아가실 거고, 다음은 우리 차례겠지." 나는 그런 말을 듣기 싫었다. 죽음은 아직 생각하고 싶지 않았다.

그렇지만 진실을 외면하기보다는 정면으로 부딪치는 게 낫다. 나는 말했다. "넌 나한테 참 중요한 사람이야, 우리는 이야기도 많이 못 나누지만 넌 정말 나한테 소중하다는 걸 알아줬으면 좋겠어." 그러자 그가 말했다. "너도 나한테 너무 중요한 사람이야, 줄리. 다 보여주지 못할 만큼." 그때쯤 되자 우리 목소리는 가늘게 떨렸다. 대학 때 만나 이제 51세가 된 우리가 전화선 너머로 서로를 꼭 붙들었다.

내 인생에 앤디가 있어서 더 행복하고 즐겁게 살 거라 믿는다. 연구 결과가 없어도 그것만큼은 확실하다.

사랑은 어떤 모습일까?

아, 물론 내 인생에는 남편 댄도 있다.

댄과 나는 결혼생활 28년, 연애 시절까지 33년을 함께했다. 나는 그것이 자랑스럽다. 30년 넘게 함께 산다는 것이 쉽지는 않았다. 늘 즐겁지만도 않았다. 룸메이트 관계처럼 살았던 우울한 시기도 있었다. 몇 년간 사이가 너무 나빠져서 관계를 회복하느라 노력했던 때도 있다.

아이가 태어나기 전까지 11년간은 행복했지만 대다수가 그렇듯 출산 뒤에는 상황이 많이 달라졌다. 우리는 아이를 간절히 원했지만 꽤 시간이 걸렸다. 다행히 건강하고 키우기 쉬운 아기들이 찾아와주었다. 아이를 함께 키워줄 엄마가 계셔서 다른 부부들보다는 여유 시간이 많았던 것이 사실이다.

하지만 아이들이 태어나자 우리가 누렸던 생활 리듬이 무너졌다. 그전까지 우리의 생활은 여유 있고 감각적이고 즐거웠다. 하지만 아이들이 태어난 후로는 하루가 너무 짧았다. 모든 생활이 아이들의 수면, 식사, 배변, 놀이 시간 위주로 돌아갔다. 우리는 조금씩 지쳐갔고 작은 일에도 짜증을 냈다. 자신에게도, 서로에게도.

아이들은 너무나 예쁘고 소중하고 사랑스러웠다. 하지만 나는 인생의 소중하고 사랑스러운 남자 '댄'이 그리웠다. 심지어 둘만의 시간을 보낼 때도 우리는 그다지 즐기지 못했다. 우리는 6개월마다 2박 3일간 부부 여행을 떠났는데, 처음 1~2년은 정말 좋았지만 3년쯤 지나니 그마저도 즐겁지 않았다. 그때 사진을 보면, 행복해 보이려고 필사적으로 노력하는 모습이 담겨있다.

결혼 10주년이었던 2002년, 우리는 뒷마당에서 파티를 열고 다른 부부 네 쌍을 초대했다. 우리와 비슷한 나이대였고, 아이들을 키웠다. 오빠 조지와 엄마도 초대했다. 당시 세 살, 한 살이었던 소여와 애버리는 베이비시터가 돌보았다.

우리는 출장요리사를 불러 근사한 저녁과 술을 준비했다. 긴 테이블에 테이블보를 깔고 멋진 조명도 설치했다. 손님들은 긴 모서리를 따라 앉고 댄과 나는 양쪽 끝에 앉았다. 말수가 많은 내가 먼저 일어나 샴페인을 들고 말했다.

"작년 한 해는 우리에게 앞으로 축하할 만한 일이 있을까 생각하기도 했어요." 그 말을 듣고 손님들이 접시를 내려보거나 먼 산을 쳐다보았다. 갑작스럽게 꺼낸 말이지만 사람들의 눈빛을 보고 그들도 무슨 뜻인지 이해한다는 것을 알 수 있었다. 그들 역시 어린아이들을 키우느라 힘든 시간을 보내고 있었다.

테이블 반대편에 앉아있던 '댄'은 미소 가득한 얼굴로 일어나 한 손을 가슴 위에 올려놓으며 이렇게 말했다. "당신만 괜찮다면 난 언제까지나 당신을 기다릴 거야."

그 장면은 거의 20년이 넘었지만 지금 생각해도 가슴이 먹먹해진다. 조용하지만 강한 남편 덕분에 모든 게 다 괜찮아졌다. 그는 나와 친구들에게 단지 지금이 힘들 뿐 다 지나갈 것이라고 말했다. 내가 어떻게 답했는지는 정확히 기억나지 않는다. 대충 눈물 범벅된 얼굴로 고개를 끄덕이며 감탄사를 내뱉었던 것 같다. 그 말을 다 믿었던 것은 아니지만, 그가 옳기를 간절히 바랐다.

그는 내가 마침내 임신에 성공했을 때 나에게 목걸이를 선물하며 "이건 아이가 태어나기 전 우리의 모습을 기억하기 위한 거야"라고 했던 남자였다.

그의 말은 옳았다. 우리가 안정을 찾고 예전의 관계를 회복하기까지는 꽤 오랜 시간이 걸렸다. 하지만 아이들은 점점 손이 덜 갔다. 어느 순간 기저귀를 떼고 밥도 잘 먹고 잠도 잘 잤다. 큰아이가 여덟 살, 작은아이가 여섯 살이 되었을 때 댄은 인터넷에서 새로운 아이디어를 찾았다.

첫째, 유리 액자와 보드 마커를 준비한다.
둘째, 상대를 사랑하는 이유를 적을 빈칸을 만든다.
셋째, 서로 자유롭게 번갈아 빈칸을 채워 넣는다.

댄은 우리를 위한 작은 액자를 만들었다. 수천 번 넘게 빈칸을 채웠고, 보드 마커는 스무 개쯤 갈아치운 것 같다. 빈칸에 적었던 내용들은 대략 다음과 같다.

토요일 아침 때문에
그 티셔츠와 청바지를 입은 모습 때문에

몸에 이상한 것이 있어도 싫은 내색하지 않아서

고민거리를 내게 이야기해줘서

우리 엄마를 도와줘서

당신이 카우보이모자를 써서

당신이 우리를 많이 믿어주기 때문에

당신이 나를 달과 우주비행사처럼 느끼게 해주어서

내가 성장하는 모습을 지켜보기를 좋아해서

자다가 깨서 나를 간절하게 찾아서

내가 집에 오고 싶은 이유이기 때문에

당신이 알아서 모든 걸 해결한다고 말해서, 그리고 그게 진심이라서

나에게 쉬는 시간을 주려고 어제 일찍 집에 와주어서

당신이 사람들을 웃기고 울려서

내가 잠들 때 나를 사랑하는 당신의 마음이 느껴져서

옳은 일이 뭔지 알고 그 일을 해서

잘못했다는 것을 바로 알아서

누구도 당신처럼 사랑하지 않아서

상황이 좋지 않을 때도 당신은 내 인생에서 가장 아름다운 존재여서

내가 나로부터 숨어 있을 때 나를 데리러 와주어서

당신에게 사랑을 표현하는 말이 다 떨어져서

당신이 샤워기 고치는 법을 알아서

당신이 나를 만나러 나와서

당신이 사람들 있는 데서 나를 그리워하는 눈빛으로 쳐다보아서

당신이 가능한 한 빨리 집에 와서

행복한 삶의 비결

인간을 대상으로 한 가장 오랜 추적 조사인 하버드 그랜트 연구 Harvard Grant Study는 20대 초반의 연구 대상자를 선정하여 70년 이상 그들의 삶을 살펴보았다. 그들은 지난 수십 년간 무수히 많은 새로운 사실을 발견했는데, 그중 가장 위대하면서도 보편적이고, 중요한 사실은 한 문장으로 압축될 수 있다. '행복은 사랑이다. 이상 끝!'

현재 이 연구를 지휘하고 있는 로버트 월딩거Robert Waldinger는 '행복한 삶의 비결은 무엇인가?'라는 제목의 TED 강연에서 다음과 같이 말했다.

"밀레니얼 세대를 대상으로 한 최근 조사에서 많은 응답자가 행복한 삶을 위해 필요한 것이 무엇인가라는 질문에 명예와 부, 사회적 성공을 꼽았습니다.

하지만 우리가 장장 75년에 걸쳐 연구해본 결과, 가장 행복한 사람들은 가족과 친구, 공동체와의 관계를 중요하게 생각했던 사람들이었습니다. 우리가 얻은 메시지는 분명합니다. 좋은 관계는 행복은 물론 신체 건강에도 좋은 영향을 줍니다. 아주 오래된 지혜입니다.

그런데 이를 따르기가 왜 이렇게 어려울까요? 왜 쉽게 잊을까요? 그건 우리가 인간이기 때문입니다. 우리는 빠른 것을 좋아합니다. 행복을 빨리 얻고 싶어 하죠. 관계 문제는 골치가 아파요. 복잡합니다. 가족과 친구들을 돌보는 일은 힘듭니다. 흥분되지도 매력적이지도 않아요. 게다가 평생 해야 하죠. 끝이 없어요."

하지만 우리는 그것을 해내야 한다. 그랜트 연구에서 건강한 80대를 조사했을 때 콜레스테롤 수치는 아무 관련이 없었다. 80대에 가장 건강했던 사람들은 50대에 관계에 대한 만족도가 가장 높았던 사람들이었다. 나는 비교적 최근 그 시점을 넘겼다. 여러분도 해내기를 바란다.

삶의 본질은
관계다

우리의 생존에 인간관계는 기본적인 요소다. 직장과 가정에서 사람들과 풍요로운 관계를 맺을 수 있다면 삶이 훨씬 더 즐거울 것이다. 소극적인 성격을 극복하고 적극적으로 인간관계를 넓혀간 애슐리의 이야기가 여러분에게 용기를 줄 수 있을 것이다.

애슐리는 얼마 전 커밍아웃을 한 34세의 흑인 여성으로 매사추세추주 보스턴에 산다. 등산과 암벽등반을 좋아하는 그녀는 석사 학위를 따고 대학과 비영리단체에서 사회 정의와 관련된 일을 해왔다. 몇년 전 내가 인터넷으로 어른이 되는 것에 관해 설문 조사를 했을 때 응해서 인연을 맺게 되었다.

그녀의 삶을 들여다보면 적극적으로 관계를 맺고 모순되는 정체성을 조화롭게 만들기 위해 엄청난 노력을 기울였다는 것을 알 수 있다. 애슐리를 이해하기 위해서는 먼저 그녀의 배경을 조금 알 필요가 있다.

애슐리는 버지니아주 햄프턴 외곽에서 개신교 교단의 하나인 남침례회 교도로 자랐다. 홀로 그녀를 키운 어머니는 근근이 생계를 꾸려나갔지만, 딸이 어머니를 필요로 하는 순간에는 언제나 곁에 있었다. 딸이 초등학교 3학년 때 한 친구에게 괴롭힘을 당하자 차로 동네를 돌면서 결국 그 친구를 찾아내 호되게 야단을 쳤을 정도였다.

애슐리는 집에서 꽤 먼 플로리다대학교에 입학해 영어학을 전공했다. 그녀가 4학년 때 어머니가 평활근육종이라는 일종의 연부조직 암을 진단받았다. 어머니의 병세가 그리 나쁘지 않아서 애슐리는 필라델피아로 가서 사회봉사단체 아메리코AmeriCorps에 들어갔다. 거기서는 빈곤 퇴치와 관련된 봉사 활동을 하고 2년이 지나 활동을 마무리할 때쯤 어머니가 넘어져 엉덩이뼈를 다쳤다. 병원에서 검사를 받으니 암이 온몸에 퍼져있었다. 애슐리는 그 길로 돌아와 어머니의 병간호를 맡았다. 어머니는 몇 달 뒤에 돌아가셨다. 친척들이 있었지만 애슐리는 갑자기 세상에 혼자 남겨진 것 같았다.

애슐리는 스물네 살이 되었다. 그녀는 이제 '야생의 시기'를 맞았다. 어머니가 암으로 세상을 떠나 말 그대로 세상에 혼자 남겨져서 선택의 여지가 없었다. 막 독립을 시작한 야생의 어린 동물처럼 그녀는 혼돈의 시기를 겪을 수도 있었다. 하지만 그런 일이 생기기 전에 사회단체가 먼저 그녀에게 도움의 손길을 내밀었다. 나 역시 스물일곱에 아버지를 잃은 경험이 있었다.

'디너 파티Dinner Party'는 사랑하는 사람을 잃은 20~30대를 위한 단체다. 미국 전역에 지부가 있는데, 애슐리의 어머니가 돌아가시자 아메리코 회원으로 같이 활동했던 친구가 가입을 권유했다. 디너 파티에서 하는 일은 단순하다. 지역의 회원들과 한 달에 한 번씩 모여 같이 저녁을 먹으면서 가족을 잃은 슬픔에 관해 이야기를 나눈다. 애슐리는 이 모임에서 큰 위로를 받았다. 부모님이 세상을 떠난 다른 친구에게도 회원 가입을 권유했다. 어머니가 돌아가신 지 10년이 지났지만, 애슐리는 부모님을 잃은 사람들과 더 쉽게 친해진다고 말한다.

그녀의 멘토들은 대부분 교육 분야에 몸담은 사람들이었다. 애슐리도 진로를 고민하다가 그들과 같은 길을 가기로 마음을 정했다. 빈곤 퇴치와 반인종주의 활동을 통해 학생들에게 도움을 주는 일을 하기로 했다. 그녀는 고향을 떠나 버몬트주 벌링턴으로 가 고등교육과 학생 발달 분야를 전공했다. 사회 정의를 실현하는 임무가 그녀와 잘 어울렸다.

처음 버몬트에는 디너 파티 지부가 없었다. 그래서 그녀가 직접 지부를 세우고 이끌었다. 몇 년에 걸쳐 회원 수가 점점 늘었다. 그들은 모임을 함께하며 특별한 교류를 이어갔다. "그들은 제가 힘든 시간을 극복하는 데 도움이 되어주었어요. 우리는 휴일을 함께 보냈고 우리만의 어두운 농담을 즐겼지요."

그녀는 어머니가 돌아가신 후로 사물을 바라보는 관점이 달라졌다고 말한다. "예선에는 누군가 부모님을 잃고 힘들어하는 마음을 이해하지 못했어요. 듣고 싶지 않았죠. 그저 그런 일이 저에게 생기지 않기만 바랐어요." 그녀는 이제 친구들이 부모님의 존재를 당연시하는 것이 안타깝다. "제 나이대 친구들은 부모님과 부딪히는 경우가 많아요. 한 친구는 사귀는 사람 문제로 부모님과 다툼이 있었죠. 그 친구에게 '그만해, 난 그런 엄마도 안 계셔' 같은 말은 하지 않아요. 대신 '부모님은 너를 정말 사랑해서 그러시는 게 아닐까?'라는 식으로 돌려 말하려고 하죠."

버몬트대학에서 석사 과정을 마친 그녀는 입학처에 취업해서 학업 역량이 뛰어난 이민 1세대 저소득층 학생들을 선발하는 일을 맡았다. 그녀 역시 혜택을 받은 사람으로서 다른 사람들이 기회를 누리게 도움을 주었다. 3년쯤 지나고 잦은 출장으로 몸이 힘들어지자 그녀는 브릿지스팬 그룹Bridgespan Group에 들어갔다. 보스턴에 본사를 둔 글로벌 컨설팅 회사였고 비영리단체와 자선단체에 경영 컨설팅을 제공했다.

"제가 칼리지를 막 졸업했을 때 신용카드 한도를 초과해서 썼던 적이 있어요. 그때 엄마에게 전화해서 도움을 청했던 기억이 나네요. 이제 어떤 힘든 일이 있을 때 전화할 사람이 없어요. 그래서 처음 보스턴에 갔을 때도 모든 일을 철저하게 제가 챙겨야 했죠. 기댈 데가 없으니까요.

그녀는 어떻게든 사람들을 만나야 했다. 보스턴은 사람들을 비교적 쉽게 사귈 수 있는 대학 캠퍼스와 달랐다. 고독감이 그녀를 죄어 왔다. 가장 먼저 디너 파티의 지부를 찾았지만, 대기자 명단이 길어지자 무작정 기다리는 대신 전에 했듯이 직접 새로운 지부를 세웠다. 외로움을 나눌 친구들을 만나려고 적극적으로 나선 것이다.

다음으로 룸메이트를 찾는 문제가 남아있었다. 마음 맞는 룸메이트를 찾기는 때때로 쉽지 않다. 애슐리는 어머니의 양육 방식이 지금은 오히려 문제가 될 수도 있다는 생각을 하게 되었다. "어머니는 정말 따뜻하고 강한 분이셨어요. 전 부끄럼을 많이 타고 소심한 아이였어요. 어머니는 딸이 힘든 일을 겪지 않기를 바라셨죠."

그녀가 어려움을 겪을 때마다 어머니는 두 팔 걷고 문제를 해결해주었다. 결과적으로 그녀는 사람들과 갈등이 생겼을 때 해결하는 힘을 기르지 못했다. 사람들을 만나다 보면 갈등이 생길 수밖에 없다. 당연한 일이지만 그녀는 그때마다 회피를 택했다.

"룸메이트와 갈등이 생기면 전 그냥 집을 옮겼어요. 그 방법 말고는 제가 할 수 있는 게 없었어요." 그녀는 보스턴에 있는 몇 년 동안 룸메이트들과 문제가 생길 때마다 집을 옮기는 것은 좋은 선택이 아니라는 것을 깨달았다.

그녀가 룸메이트 다섯 명과 함께 살게 되었을 때, 그 집에서 가장 오래 지낸 사람이 대표를 맡았다. 여섯 명은 각자 담당 청소 구역이 있었고, 정해진 시간 내에 끝내놓지 않으면 나머지 다섯에게 20달러 씩 총 100달러의 벌금을 내야 했다. 애슐리는 주방 청소를 맡은 2주째에 그 일을 깜빡 잊고 말았다. 다음 날 아침 부랴부랴 주방을 치웠지만 이미 늦어버렸다.

대표는 누가 청소를 깜빡 잊든, 그냥 안 했든 완강하게 돈을 받았다. "규칙을 어긴 건 어긴 거야." 룸메이트들은 일부러 청소하지 않고 돈을 내기도 했지만, 애슐리는 그런 돈을 내야 한다는 것이 마음에 들지 않았다. 갈등이 있을 때마다 그랬듯이 이번에도 그녀는 집을 나오고 싶었다.

"전 그런 문제를 해결할 능력이 없는 것 같았죠. 당시에는 너무 버거웠어요. 그냥 다른 집을 찾을 수도 없었어요 그 집에 들어간 지 한 달도 되지 않았거든요." 그녀는 자신이 어떻게 행동하면 좋을지 조언을 구해보고 싶었다. "다른 룸메이트를 찾아가서 어떻게 하면 좋겠냐고 물어보았죠. 그들과 이야기를 나눠보니 상황을 좀 더 이해하게 되었어요.

그들의 관점에서는 저를 포함해서 새로운 사람이 올 때마다 이런 문제가 있었어요. 다른 룸메이트들이 저보고 대표와 이야기를 해보라고 했죠. 그래서 대화를 나누면서 방법을 찾아보았어요. 저는 책임감을 느낄 시스템이 필요하다고 했고, 대표는 사람들이 동의하는 벌칙이 있어야 한다고 했어요. 그래서 우리는 새로운 규칙을 정했어요. 그 주에 자기가 맡은 일을 해놓지 않으면 다음 주에 다른 사람들의 일까지 하기로 말이죠. 그러면 모두에게 이익이 되니까요."

솔직히 나는 그 방법이 좋지 않아 보였다. 자기 일을 잊고 안 한 사람이 다음 주에도 계속 그럴 수 있으니 말이다. 어쨌든 그들에게는 통했다니 다행이다.

"간단히 대화로 상황을 해결했던 걸 생각하면 지금도 심장이 두근거려요. 이제 우리는 잘 지내고 있어요. 믿기지 않아요. 엄마가 저 대신 문제를 해결해주기보다는 '네 기분은 어떠니?', '넌 어떻게 했으면 좋겠니?' 하고 질문해주셨으면 좋지 않았을까 하는 생각이 들어요.

애슐리에게는 다른 문제도 있었다. 모두가 그렇듯 그녀도 친구가 필요했다. "학교에 있을 땐 사람들을 만나기가 쉬웠어요. 억지로 사람들을 사귈 필요가 없었죠. 하지만 보스턴에 오니 아는 사람도 없었고 사람들을 어떻게 만나야 할지도 몰랐죠. 전 이렇다 할 취미도 없었거든요."

그녀는 친구 찾기 앱을 이용해보았다. "오랜 우정을 이어갈 친구를 찾는다는 마음보단 사람들을 만나는 수단으로 생각했어요. 같이 여러 활동을 하면서 혼자만의 세계에서 조금 벗어나고 싶었죠." 나는 앱이 어떤 식으로 도움이 되는지 물었다. "회원이 되면 먼저 개인 프로필을 작성해요. 좋아하는 활동이나 어떤 친구를 찾고 싶은지 관심사를 작성하죠.

적당한 사람을 찾으면 대화를 시도할 수 있어요. 가령 '전 스피닝

을 좋아하는데, 같이 수업 듣고 점심 먹을래요?'라고 물어볼 수 있어
요. 그래서 마음이 잘 맞으면 계속 만나는 거예요. 같은 경험을 공유
하면서 자연스럽게 친구를 사귈 수 있다는 장점이 있어요."

앱을 통해 친구를 사귀는 것은 장단점이 있었다. "데이트를 전제
로 만나는 사람은 마음에 들지 않을 때 그만 만나는 것이 어렵지 않
은데, 친구 관계로 만나는 사람과는 그게 쉽지 않아요. 암벽등반을
처음 시작했을 때 같은 취미를 가진 사람을 앱을 통해 만났어요. 하
지만 그걸 제외하니 대화거리가 전혀 없었죠."

몇 달간 소셜 미디어로 사람들을 만나려 했지만 실망만 쌓였다.
"SNS를 보면 더 울적해졌어요. '좋아요'를 누르면 마치 그들과 의미
있는 상호작용을 한 것 같지만, 사실은 그렇지 않죠. SNS를 하게 되
면 수동적으로 정보를 소비하게 돼요. 물론 사람들은 가장 좋은 모습
만 올리죠. 현실은 어떤지 아무도 몰라요. 그래서 전 페이스북을 삭
제했어요. 처음엔 페이스북 없이 사람들과 어떻게 연락을 유지할지
도 몰랐어요. 한동안 심각하게 포모 증후군을 겪었어요."

애슐리는 옛날 방식대로 사람들을 직접 만나보기로 했다. "제 인
생 처음으로 암벽등반 체육관에 갔어요. 거기서 사람들을 만났고, 그
사람들을 통해 또 새로운 사람들을 만났어요. 전 바깥 활동을 해본
적이 없어서 정말 신선했고 사람들과 어울리는 것도 즐거웠어요.

얼마 지나니 진짜 친구들이 생겼어요. 모두 여자들이고, 야외활동
을 좋아하죠. 같이 등산도 다녔어요. 요즘은 제가 직접 모임을 만들
고 있어요. 페이스북을 삭제하고부터 친구들의 삶을 더 깊이 들여다
볼 수 있었죠. 사람들과 직접 만나 깊은 대화를 나누다 보니 진정한

친밀감이 느껴져요. 온라인상에는 사람이 넘쳐나니 제 계정 하나쯤 사라지면 사람들의 소통에 더 좋지 않을까요?"

코로나가 유행하던 시기 친구들은 자신을 지켜주는 동아줄 같았다. "집에만 갇혀 생활하다 보니 공동체 의식이 정말 중요하다는 걸 알았어요. 좋아하는 것들을 토대로 쌓인 우정은 오랜 시간 만나지 못해도 저를 지탱해주었죠." 애슐리는 코로나가 유행하면서 다시 페이스북을 개설했지만 친척들과 교류하는 용도로만 사용하고 있다.

나는 오프라인에서 처음 만나 가까워진 친구가 있는지 물었다. "시에라가 그런 친구인 거 같아요. 우린 암벽등반을 정말 좋아해요. SNS에서 봤다면 친구가 될 수 있다고 생각하지 못했을 거 같아요. 우선 시에라는 너무 멋진 사람이에요. 그냥 분위기부터요. 앱에 적힌 프로필로는 그걸 몰랐을 거예요.

우리는 암벽등반을 하러 가면서 많은 이야기를 나누었어요. 그러면서 둘 다 아주 종교적인 환경에서 자랐다는 것을 포함해 여러 공통점이 있는 것을 알았어요. 그런 얘기를 프로필에선 잘 하지 않잖아요. 가볍게 만난 자리에서도 그런 얘기는 잘 못 해요. 하지만 우리는 깊은 얘기를 나누면서 정말 가까워질 수 있었죠."

나가서 사람들을 만나고 적극적으로 교류하라는 말은 너무 진부한 말 같다. 하지만 어쩌겠는가. 인류가 살아온 방식이 그런 것을. 어떤 사람들에게는 온라인으로 사람들과 관계를 맺는 것이 더 좋을 수 있다. 그것을 나쁘다고 말하는 것은 아니다. 하지만 대부분 사람에게는 온라인만으로는 충분하지 않다. 우리가 코로나 시대를 겪으면서 그 사실이 더 분명해졌다고 생각한다. 그런 의미에서 애슐리는 얼리

어답터다!

애슐리의 인생을 보면 인간관계는 언제나 의식적인 노력이 중요하다는 것이 느껴진다. "전 유치원 때, 혹은 누군가의 생일 파티에서 속으로 이런 생각을 했던 게 기억나요. '아, 얼른 커서 내 마음대로 할 수 있으면 좋겠어. 그러면 이런 곳에 있을 필요가 없잖아.' 이제 성인이고 이렇게 독립해서 살고 있으니 저 자신에게, 그리고 다른 사람들에게 책임의식을 느껴요.

최근에는 안정감에 대해 많이 생각해요. 어렸을 때는 어른이 되면 다 안정감을 느낀다고 생각했어요. 지금도 모든 걸 이루면 안전할 수 있다고 착각이 들 때도 있어요. 사람들은 이런 생각을 자주 하죠. '와, 저 사람은 원하는 모든 걸 이뤘으니 이제 걱정이 없겠어.'

하지만 꼭 그렇지는 않아요. 언제든 상황은 변할 수 있죠. 친구들을 보면 오래 만난 사람과도 헤어지더군요. 그들이 생각했던 미래는 오지 않았죠. 비욘세처럼 대단한 사람도 힘든 일들을 겪었어요. 아무리 큰 성공을 이룬 사람이라도 어른이 되는 과정은 힘들어요."

애슐리의 삶은 이제 꽤 어른다워 보인다. 200명 이상의 이민 1세대 대학생을 위해 멘토 팀을 운영하고, 지금의 파트너도 만났다. 두 사람은 서로에게 호감을 보이다가 코로나 유행이 시작되기 직전에 공식적인 관계가 되었다. 나는 그녀가 과거에 룸메이트들과 불편했던 관계를 떠올리며 파트너와는 어떤 경계를 정해놓았는지 물었다.

"물론이죠. 그래서 지금 서로를 알아가는 중이에요. 누구와 함께 사는 건 어려운 일이죠. 하지만 우리는 방법을 찾아가고 있어요. 성인으로서 인생은 결국 어떻게 사람들과 관계를 맺고 살 것인가라는

관한 거예요. 이게 우리 모두의 과제인 것 같아요." 나도 애슐리의 말
에 동의한다. 사람들과 어떻게 관계를 맺는가가 가장 중요한 문제다.

7장

돈이 나를 위해
일하게 하라

아무래도 돈은
중요하니까

"반나절 결혼식으로 2만 5천 달러를 쓰느니
그 돈을 그냥 너한테 주마."

- 내 결혼식을 앞둔 아버지

마시멜로의 딜레마

결혼식을 앞두고 아버지에게 이런 말을 듣게 될 줄은 몰랐다. 롤러코스터를 탔을 때처럼 등골이 오싹했고, 화가 난다기보다는 혼란스러웠다. 결혼식에 돈을 들이지 말라니, 대체 무슨 뜻이었을까?

결혼생활을 28년째 유지 중인 나는 아버지의 말이 무슨 의미인지 이제는 안다. 아버지는 복리의 마법을 말하고 싶었던 것이다. 일반적으로 돈을 주식에 투자하면 8년마다 원금의 두 배씩 증가한다. 내가 만약 2만 5천 달러라는 거금을 케이크 등에 쓰지 않았다면 그 돈은 아마 지금쯤 20만 달러 이상이 되어있을 것이다.

물론 결혼식 비용으로 케이크만 사는 것은 아니다. 결혼식은 일생에 한 번뿐인 특별한 행사다. 우리는 이 행사를 통해 가족과 친구들 앞에서 배우자가 될 사람과 결혼 서약을 나눈다. 오랫동안 꿈꿔왔던 멋진 모습을 보여주고, 완벽한 기념사진을 남기고 싶다. 그래야 평생 간직할 추억도 생기고, 기회가 있을 때마다 사람들에게 자랑할 수 있지 않겠는가? 그렇다 해도 2만 5천 달러는 큰돈이다. 말하자면 그 돈을 쓰면 우리는 마시멜로를 하나만 가질 수 있고, 두 개를 가질 수는 없다. 뭐든 하나보다는 두 개가 좋지 않은가?

지금은 잘 알려진 마시멜로 실험은 1972년, 스탠퍼드대학의 부설 시설인 '빙 유치원Bing Nursery School'에서 이루어졌다. 스탠퍼드대학의 심리학 교수 월터 미셸은 유치원 아이들에게 마시멜로를 하나씩 주고, 15분간 먹지 않고 기다리면 마시멜로를 하나 더 준다고 했다. 어떤 아이들은 마시멜로를 받자마자 먹었고, 어떤 아이들은 기다렸다가 나중에 마시멜로를 한 개 더 받았다. 그 아이들을 10여 년 이상 관찰한 결과, 마시멜로를 곧바로 먹지 않고 참은 아이들은 학교나 사회에서 더 높은 성취도를 보였다.

이 실험의 결론은 현재의 만족감을 지연하는 능력이 클수록 나중에 더 큰 보상을 누린다는 것이다. 만족 지연능력은 후천적으로 학습될 수 있다는 점도 밝혀졌다. 즉 인내심을 기르면 더 나은 결과를 얻을 수 있다는 셈이다.

물론 간과할 수 없는 부분도 있다. 최근에 이루어진 실험 결과에서, 만족 지연능력은 아이의 의지력보다 가정형편의 영향을 더 많이 받는다는 사실이 밝혀졌다. 가정형편이 좋은 집 아이들은 먹을 것이 풍족하고 부모가 약속을 잘 지키는 환경에서 자랄 가능성이 크기 때문에 유혹을 참는 것이 어려운 일이 아니다. 반대로, 가난한 집 아이들에게는 마시멜로를 바로 먹는 것이 더 현명한 선택일 수도 있다.

어쨌든 마시멜로 실험과 소비 지출 간에는 유사점이 있다. 현재 가진 돈을 다 써버리지 않고 투자하면 나중에 더 큰돈이 돌아올 수 있으니 말이다. 돈이 인생의 전부는 아니지만 돈이 있으면 원하는 삶을 살 수 있고, 내가 사랑하는 사람들을 돌볼 수 있다. 그렇다고 현재를 포기하고 미래를 위해 저축과 투자만 하고 살 수는 없다. 우리에게는 현재의 삶도 중요하지 않은가.

한 친구의 표현을 빌리자면 '평생 일만 하다 죽고 싶은 사람은 없다'라고 하겠다. 20~30대의 자신에게도 책임감 있고, 60~70세의 자신에게도 책임감 있는 사람이 될 방법은 없을까? 이는 어른이 되는 과정에서 만나는 큰 과제 중 하나로, 여러 가지 요구 사이에서 균형을 찾아야 하는 복잡한 문제다. 이제 그 균형에 관해 이야기해보려 한다.

돈은 때때로 우리를 시험에 들게 한다

아이가 처음 돈을 인식하는 일은 주 양육자의 행동과 태도에서 이루어진다. 즉, 그들이 식비나 의료비, 주거비 같은 기본적인 생활비를 어떻게 지출하는지, 소비관은 지르는 쪽인지 억제하는 쪽인지, 돈을 쓸 때 부모 중 한 사람이 다른 사람의 허락을 받아야 했는지, 돈 때문에 자주 다툼이 있었는지 등의 기억이 돈에 대한 기본적인 인식을 형성한다. 그 다음은 우리의 태도와 선택에 달렸다.

나는 돈을 써야 할 곳에 제대로 쓰고 있는가?

그 결정은 누가 하는가?

신용카드 빚이 있는가? 내가 쓴 돈을 보면 어떤 생각이 드는가?

학자금 대출로 학비를 충당했는가? 학비가 아깝지는 않은가?

카드 청구서가 공개되어도 괜찮은가? 혹은 불편한가?

현재 직업을 잘 선택했다고 생각하는가?

돈을 쓰고 저축하고 투자하는 방법에 대해 알고 싶은가?

돈에 관해 배우자나 애인의 결정을 신뢰하는가?

내 가치를 증명하는 수단으로 돈을 이용하는가?

나는 마케팅에 잘 넘어가는 사람인가?

누군가와 어떤 비용을 나눠서 부담하고 있다면 그 상황에 문제가 없는가?

경제적으로 독립했는가? 아니면 누군가에 의존해서 사는가?

나를 위해 좋은 것을 살 때 죄책감이 드는가?

사실 나는 돈 때문에 눈물 흘린 적이 여러 번 있다. 주로 내가 너무 무책임하고 무지했다는 사실을 깨달았을 때다. 내가 신용카드를 처음 발급받은 것은 대학생 때다. 학생회관 복도에는 돈을 물 쓰듯 할 어리고 순진한 고객을 찾는 카드회사 직원들이 줄을 서 있었다. 그들을 탓하는 것은 아니다. 어쨌거나 비싼 레스토랑과 상점에서 카드를 긁은 사람은 나니까 말이다.

나는 내가 능력이 있는 사람이라는 것을 보여주고 싶었다. 그럴 능력이 있는 흑인이라는 것을 증명하려 했다. 이제는 안다. 나는 완전히 피해의식에 절어 살았다. 복잡한 트라우마가 있었지만 돈을 펑펑 쓴 책임은 결국 나에게 있다.

솔직히 나는 신용카드를 어떻게 써야 하는지 몰랐다. 내가 돈을 얼마나 쓰고 다니는지 기록하지도 않았고, 그 방법이 좋지 못하다는 것도 나중에야 알았다. 매달 카드 청구서가 오면 깜짝 놀랄 때가 많았다. 그 놀라움은 점차 당혹감으로 변했는데, 내가 실제로 지출한 금액 외에도 이자가 포함되어 있었기 때문이다. 이자만으로도 적은 돈이 아니었다.

얼마 못 가 나는 최소 결제 금액만 갚기 시작했다. 그것이 카드회사가 고객들을 영원히 묶어두는 전략이라는 것을 그때는 몰랐다. 최소 대금만 갚으면 카드 대금을 완전히 상환하지 못한다. 결국에는 원래 쓴 돈보다 훨씬 많은 이자 비용을 내게 된다. 그것이 카드회사가 돈을 버는 전략이다. 대학을 졸업할 무렵 나는 신용카드 두 개와 약 3천 달러(현재 가치로 약 6,219달러)에 달하는 카드빚을 지고 있었다.

첫 직장의 연봉은 세전 2만 달러였는데, 집세로만 매달 500달러를 썼다. 그렇다. 나는 그때까지도 사치스러운 소비 패턴을 버리지 못한 것이다. 나는 그 카드빚을 어떻게 갚았을까? 모래 속에 머리를 파묻고 빚이 없어지기만 기다렸다. 물론 빚은 사라지지 않았다.

2년 뒤 나는 로스쿨 입학을 앞두고 잠시 동부의 부모님 집에서 살았다. 그때 나는 약혼했고 다음 해 결혼식을 앞둔 상태였다. 우편물은 모두 부모님 집으로 발송되게 해두었는데 거기에는 카드 청구서도 섞여 있었다.

어느 날 저녁 부모님이 나를 불렀다. 표정이 심상치 않았다. 어머니가 "우리는 네가 결혼생활을 빚 없이 시작했으면 좋겠구나."라고 했고, 아버지가 내가 갚아야 할 카드값 총액인 3,985달러 수표를 건네주었다. 갑자기 심장이 미친 듯 뛰고 눈물이 흘러내렸다. 나는 조용히 수표를 받아들었다. 그것은 일종의 특권이었다.

그로부터 15년 뒤 대학에서 일하며 많은 학생을 만났다. 내가 만난 학생들은 값비싼 교육을 받을 수 있는 혜택 받은 계층에 속했다. 그들은 많은 돈을 들여서 대학에 다니는 만큼 전공이나 직업 선택에 고민이 많았다. 나는 그런 학생들을 만나면 이렇게 이야기했다.

'물론 경제적으로 훌륭한 선택을 내리는 것도 중요하다. 하지만 한 번뿐인 인생을 살고 있으니 자신이 어떤 사람이고, 무엇을 잘하고, 중요하게 생각하는지 파악해야 한다. 그것과 관련된 일을 찾는 것이 더 중요하다.' 돈에 관한 내용에서 이런 말을 하는 것이 이상해 보일 수 있다. 하지만 돈에 관한 문제에서도 즐거움과 균형에 관한 가치가 작동한다고 믿는다.

한 여학생은 대학과 대학원을 다니는 동안 5만 달러에 달하는 학자금 대출과 카드빚을 졌다. 결국 혼자 힘으로 그 돈을 모두 갚았다. 그녀는 나보다 빚이 훨씬 많았고, 대신 갚아줄 부모님도 없었다.

그녀는 처음에 빚을 청산하기로 마음먹고 그 계획을 페이스북에 공개했다. 식비, 생활비, 집세 등 지출을 줄이는 방법을 공유했고, 그러면서도 뉴욕에서 20대만이 누릴 수 있는 즐거움을 놓치지 않았다. 그녀의 게시물은 수많은 '좋아요'를 얻었지만, 이상하게도 댓글이 달리지 않았다.

얼마 안 가 개인 메시지로 질문이 쏟아졌다. "저도 같은 상황이에요!" "비법 좀 알려주세요!" "제게 조언 좀 해주실래요?" 사람들이 예민하게 생각하는 문제를 정면으로 건드렸기에 나온 반응이다. 그들은 자신도 돈 관리를 잘하지 못했다는 댓글을 달기가 부끄러웠던 것이다. 그녀는 자신의 상황도 해결하고 나중에는 친구들에게 도움을 주었다. 이 이야기는 뒷부분에서 더 자세히 소개하겠다.

나는 여러분이 돈에 대해 부끄러워하거나 걱정하는 대신, 돈이 여러분을 위해 일하게 하는 법을 찾았으면 한다. 돈은 좌뇌가 아닌 우뇌의 영역과 관련되어 있음을 깨닫기 바란다. 돈은 이번 생애에서 자신에게 던질 가장 핵심적인 질문들에 이르게 한다.

돈을 벌거나 쓰는 올바른 방법은 한 가지만 있는 것이 아니다. 돈 때문에 눈물 흘리지 않으려면 어떤 선택을 내릴 때 그 이유를 알아야 한다. 나에게 가장 중요하고 값진 일들에 돈을 써야 한다. 내가 내린 선택이 가치가 있다는 것을 알게 되면 거기에 도달하느라 희생한 자신이 자랑스러울 것이다.

우리가 처해 있는 경제적 맥락

돈을 벌고 쓰고 저축하는 방법을 알아보기 전에 우리가 처한 경제적 맥락을 알 필요가 있다. 요약하자면 이렇다. 한 쪽이 '소득', 반대편이 '집세, 대출, 식비, 공공요금'으로 이루어진 저울이 있다면 오늘날 많은 사회, 많은 사람들이 균형을 벗어났다. 나이 많은 사람들은 종종 이런 말을 한다. "요즘 애들은 너무 게을러. 우리 때는 훨씬 열심히 살았는데…." 하지만 그들의 생각은 완전히 잘못된 것이다. 왜일까?

과거 미국 사회에는 '사회적 계층 상승'이라는 개념이 존재했다. 간단히 말해 아이들은 부모보다 좋은 교육을 받고, 부모가 가지 못한 대학에 가서, 부모보다 좋은 직장을 얻고, 더 많은 수입을 얻고 더 좋은 집에서 살 수 있었다. 일부 계층은 집을 사고 주택 담보 대출을 받을 때 더 많은 특혜를 누렸다. 즉 20세기 전반에 걸쳐 대부분 미국 시민의 자식들은 인종, 민족, 사회경제적 배경과 관계없이 부모보다 형편이 좋아졌다. 이를 '아메리칸 드림'으로 부르기도 한다.

불행하게도 지금 우리가 사는 미국은 우리의 부모 세대, 조부모 세대가 살았던 미국과는 다르다. 내가 태어난 해인 1967년에는 아이들이 자랐을 때 부모보다 높은 소득을 올릴 확률이 90%에 달했지만 2017년에는 그 비율이 50%로 떨어졌다. 대신 학자금 대출은 급증했다. 따라서 지금의 젊은 세대는 부모 세대보다 소득이 줄었을 뿐 아니라 매달 대출금 상환이라는 엄청난 부담을 안게 되었다. 이 두 가지만 고려해도 아메리칸 드림은 옛말이라고 할 수 있다. 하필이면 여러분이 성인기에 진입하는 시기에 맞추어서. 게다가 팬데믹까지.

최저임금제도는 사람들이 기댈 수 있는 사회장치였다. 하지만 오늘날은 그렇지 않다. 1938년 대공황에 루스벨트 대통령이 이 제도를 처음 도입했을 때는 최저임금만 받아도 사람들이 어느 정도 기본 생활을 할 수 있었다. 최저임금을 받는 노동자는 기본적으로 3인 가족을 부양할 정도의 돈을 벌었다. 하지만 80년이 지난 지금 최저임금으로 3인 가족을 부양하기는 어림도 없다. 미국 대부분의 자치주에서 정규직으로 일해도 한 칸짜리 방의 월세도 감당하기 힘들다.

그렇다면 적정한 최저임금은 얼마가 되어야 할까? 재무설계사들의 계산에 따르면 주거비는 수입의 3분의 1을 넘지 않아야 한다. 그래야 식비와 공공요금 같은 다른 기본 생활비를 감당할 수 있다. 내가 사는 샌프란시스코 베이 지역은 최저임금이 시급 15달러로 오른 곳이 많다. 다른 지역은 최저임금이 시급 8달러 정도인 곳도 있으니 15달러가 높다고 느끼는 사람도 있을 것이다.

시급 15달러면 주당 40시간씩 일했을 때 월급이 2,400달러다. 베이 지역의 평균 원룸 월세는 2,700달러다. 월급 2,400달러로 무엇을 할 수 있겠는가? 분명한 것은 정치인들이 아메리칸 드림과 현실 간의 괴리에 관심을 가져야 한다는 것이다. 최저임금이 오르든지, 주거비 부담이 줄든지 둘 중 하나는 이루어져야 한다. 아니면 둘 다 이루어지든지. 하지만 먼저 우리는 우리의 삶을 살아야 한다. 때로는 자신이 살던 곳을 떠나 생활비를 감당할 수 있는 지역을 찾아야 할 수도 있다.

물가 상승을 따라가지 못하는 임금과 높은 학자금 대출 못지않게 심각한 변화도 일어나고 있다. 한때 고용계약은 고용주와 피고용자

간에 이루어지는 든든한 약속으로 여겨졌다. 한번 직장에 들어가면 정년 때까지 장기 고용을 보장받았다.

하지만 이제 '평생 직업'이라는 개념은 존재하지 않는 것 같다. 어떤 면에서는 그것도 나쁘지 않다. 직업 선택이 더 자유롭고 유연해졌기 때문이다. 나 역시 현재 세 번째 직업에 몸담고 있고, 바꿀 때마다 새로운 환경에서 출발하는 즐거움을 누렸다. 하지만 다른 면에서 개인이 느끼는 경제적 안정감이 떨어졌다. 이제는 한 회사에서 5년간 근무하기가 쉽지 않다. 그 회사가 5년 뒤까지 존재한다고 확신하기도 힘들다. 그렇다면 이제 우리는 무엇을 확신할 수 있을까?

지난 십여 년간 노동법이 약화되면서 '무급 인턴 제도'라는 개념이 생겼다. 고용주는 임금을 지급하지 않고도 노동력을 얻을 수 있고, 이력서에 한 줄이라도 더 채워야 하는 사회 초년생은 무임금 노동력을 제공하는 대신 경력을 얻는다. 하지만 그런 인턴직에라도 지원하려면 어느 정도 환경이 뒷받침되어야 한다. 즉 부모님이든 누구든 최소한의 생활비를 지원해주어야 가능한 것이다.

사회경제적으로 이미 혜택받은 사람들은 무보수 인턴직에라도 지원해서 이력서를 돋보이게 할 수 있고, 그렇지 못한 사람들은 기회조차 얻지 못한다. 가족의 지원을 받기 힘든 노동자 계층, 빈곤층, 상대적으로 부유층에 속하기 힘든 유색인종, 성 소수자에게 이런 인턴 제도는 더 불리하게 작용한다.

2008년 금융위기 이후 등장한 '긱 이코노미gig economy'도 노동자의 부담을 가중하는 요소다. 긱 이코노미는 독립적인 계약자나 프리랜서로 일회성 수입이나 시급을 버는 경제활동이다. 긱 노동자는 일하는 시간을 스스로 정하고 하고 싶은 일을 자유롭게 선택할 수 있다는 장점도 있지만, 전통적으로 회사에서 급여 외에 받던 의료보험이나 퇴직금 같은 혜택을 누리지 못한다. 젊고 건강하고 부양할 가족이 없을 때는 그런 혜택이 없어도 괜찮을 수 있지만, 나이가 들어 건강에 문제가 생기고 부양할 가족이 늘면 이야기가 달라진다.

정규직에 종사하면서 부업을 찾는 사람들도 늘고 있다. 내가 사는 지역에는 공립 교사가 부업으로 리프트 택시를 모는 사람들이 많다. 교사 월급으로 생활비를 충당하기가 어려워서다. 우리 지역의 푸드 뱅크 관리자는 고객 중 은퇴한 교사들이 상당수라고 말한다. 이는 앞으로 우리가 개선해야 할 사회 문제라고 할 수 있을 것이다.

우선 '수입'에 대해 좀 더 이야기해보자. 그래도 너무 절망할 필요는 없다. 우리는 선택할 수 있다. 어디에서 살고, 어떤 일을 하고, 돈을 어떻게 쓸지. 우리의 삶이 경제적 균형을 이루려면 힘들지만 그만한 가치가 있는 선택을 내려야 한다. 이제부터 그 방법을 알아보기로 하자.

마지막에 대한 생각

먼저 죽음에 관해 이야기해보겠다. 갑자기 무슨 소리냐고? 돈과 관련된 미래를 계획하려면 우리의 삶이 언젠가 끝난다는 진실부터 마주해야 한다. 별로 생각하고 싶지 않은 주제라는 것을 알지만 꼭 필요한 일이다.

최근 나는 친한 대학 동창을 두 사람이나 잃었다. 둘의 갑작스러운 죽음은 거의 1년을 두고 연이어 일어났다. 갑자기 내가 70, 80은커녕 60까지도 살 수 있을까 생각이 들었다. 10대나 20대에는 삶이 영원할 것처럼 느껴지지만 살다 보면 그게 그렇지 않다는 것을 느끼는 시점이 온다.

죽음에 대해 생각한다는 것은 자신을 돌보지 못하는 때가 온다는 사실을 마주한다는 뜻이기도 하다. 인생의 마지막 순간에 혼자 죽고 싶은 사람은 없을 것이다. 다행히 돌봐주는 가족이 있다 해도 우리가 세상을 떠나면 남겨진 가족이 큰 상실감을 겪어야 한다. 이런 일들을 외면하면 엄청난 대가를 치르게 된다.

또한 죽기 전에 우리는 은퇴하는 시기를 맞이한다. 수십 년간 열심히 일하다가 여유롭게 휴식을 맞는 시기다. 보통 일은 줄이고 여행을 많이 다니기도 한다. 젊은 세대는 이 부분을 건너뛰고 싶을 수 있겠지만, 죽음과 마찬가지로 은퇴에 관한 이야기도 꼭 생각해볼 문제다. 현재의 내가 계획을 세우면 미래의 내게 이득이 된다.

거액의 유산을 상속받는 일부 사람들을 제외하면 대부분 사람은 돈 걱정 없이 살 만큼 많은 돈을 물려받지 못한다. 따라서 우리는 은퇴 후의 삶을 위해 돈을 어떤 식으로 저축하고 투자할지 고민할 필요가 있다.

정부 측면에서는 결론부터 말하면 기대할 수 있는 것이 많지 않다. '사회보장제도'라는 말을 들어본 적이 있을 것이다. 프랭클린 루스벨트 대통령이 대공황 이후에 만든 사회장치다. 노년기에 소득이 감소했을 때를 대비하여 정부 차원에서 마련한 대책이다. 매달 근로자의 월급에서 일정 금액을 원천징수해서 기금에 예치하고, 65세 이후 근로자가 직장을 그만두면 연금 형태로 돈을 지급한다.

문제는 이 퇴직연금제도라는 것이 개인의 월급에서 원천징수한 돈을 은행 계좌에 모아두었다가 그 사람에게 그대로 돌려주는 방식이 아니라는 점이다. 한 개인에게서 나온 돈은 현재의 은퇴자들에게 연금으로 지급된다. 그래서 퇴직연금은 세대 간에 이루어지는 사회적 협의이자 사회적 부양이라 할 수 있다.

그런데 1946~1964년에 태어난 베이비붐 세대는 미국 역사상 가장 큰 세대 그룹이 되었고, 그 전 세대보다 더 오래 살고 있으며, 그들의 뒤를 잇는 1970년대생인 X세대는 인구가 훨씬 적다. 바로 거기서 문제가 발생한다. 단순하게 계산해도 베이비 붐 세대의 사회적 부양 비용을 감당할 만큼 X세대의 인구가 많지 않다. 그래서 사회보장연금이 고갈되고 있다는 이야기가 계속 나오는 것이다.

지금처럼 현세대의 근로자들이 사회보장연금에 돈을 계속 낸다면 사회보장연금이 완전히 고갈될 일은 없을 것이다. 하지만 연금 수령액이 과거보다 적을 가능성이 크다. 따라서 정부는 젊은 근로자들이 기성세대가 받은 연금에 상응하는 혜택을 받을 수 있도록 법을 개정하는 데 머리를 모아야 한다.

2020년 미국에서 개인에게 지급된 월평균 연금 지급액은 1,503달러다. 지금 20대~30대가 은퇴하는 시점이 되면 조금 더 높아진다 하더라도, 생활비가 적게 드는 지역에 살거나 매우 검소하게 살지 않는 한 은퇴 이후의 삶을 대비할만한 충분한 돈은 되지 않을 것이다.

고용주 측면에서도 과거보다 퇴직연금 혜택이 줄어들고 있다. 노동조합에 가입되어있는 근로자와 일부 공기업 직원, 공무원을 빼면,

사기업 노동자는 오늘날 약 17%만 고용주로부터 퇴직연금을 받는다. 그래서 퇴직 후에 고용주가 지급하는 연금에 의지할 수 있는 사람은 많지 않다.

결론부터 말하면 은퇴 이후의 삶을 어떻게 살지는 우리에게 달렸다. 은퇴 후의 삶을 위해 돈을 저축할 책임은 여러분, 자신에게 있다. 정리 전문가인 곤도 마리에의 말처럼 설레임을 주는 물건에만 돈을 쓸 수도 있다. 소박하게 살면서 은퇴 후의 삶을 즐길 수도 있다. 어쩌면 돈을 많이 모아서 자녀나 손주들에게 유산을 남겨줄 수도 있을 것이다. 지금부터 그것을 목표로 삼아보는 것은 어떨까?

요즘은 일찍 은퇴해서 여행 다니는 삶을 로망으로 묘사하는 책들이 많다. 하지만 내가 진정 원하는 것이 무엇인지 알아내고, 그것을 이루기 위해 노력하는 삶이라면 일하는 것이 더 즐겁지 않을까? 사람들은 직업 전선에서 완전히 물러나면 더 소심해지고 위축되는 경향이 있다.

따라서 나는 육체적으로나 정신적으로 큰 문제가 없다면 일을 완전히 그만둘 필요는 없다고 생각한다. 물론 미래를 위해 당장 즐거움을 가져다주는 직업을 선택하지 못할 수도 있다. 그래서 30년 후에나 요트를 몰며 낚시를 즐기는 삶을 꿈꿀 수도 있다. 중요한 것은 먼 미래의 일이라 생각하지 말고 지금부터 은퇴에 대해 생각해보아야 한다는 것이다.

수입, 지출, 대출, 저축 사이에서 균형 잡기

지출의 스펙트럼이 있다고 가정해보자. 한쪽 끝은 식비, 거주비, 의료비 같은 일상생활에 꼭 필요한 지출이고, 다른 한쪽은 미래를 위한 투자다. 가장 기본적인 지출을 해결할 수 있게 되면 돈을 어떻게 벌고 쓰고 저축할지에 대한 선택권이 커진다. 그런 선택을 내릴 때 사람들이 옳다고 말하는 방식은 유용한 기준이 아닐 때가 많다.

돈을 어디에 어떻게 쓸지는 개인적인 문제다. 한 사람의 우선순위는 그 사람이 처한 인생의 단계마다 크게 달라진다. 젊을 때는 넷플릭스와 저렴한 와인만 있어도 행복하다. 어느 정도 나이가 들면 라이브 콘서트가 인생의 큰 기쁨이 될 수 있다. 나처럼 자신이 좋아하는 밴드의 마지막 라이브 공연을 위해 비행기 표를 사고 호텔비를 낼 수도 있다.

자동차가 우선순위에 오를 수도 있다. 기존의 중고차 대신 다음 차를 사야 할 때도 올 것이다. 친구의 선물로 큰돈을 쓸 수도 있고, 그 친구가 나를 위해 큰돈을 빌려주는 날이 올 수도 있다. 학자금 대출 상환이 인생의 우선순위가 될 수도 있으며, 시간이 지나면 자녀들의 대학 학자금이 필요하기도 하다. 더 나이가 들면 주택 자금을 마련할 수도 있다.

건강 문제가 중요해지는 시기도 온다. 모두가 바보 같은 짓이라고 손가락질해도 열정을 추구하기 위해 다시 대학원에 들어가는 사람도 있을 수 있다. 이런 일이 생겼을 때 돈을 어떻게 쓸지는 결국 내가 결정할 몫이다. 내 가족과 주변 친구들은 나와 다른 선택을 내릴 수도 있다. 하지만 나는 하나뿐인 소중한 삶을 사는 존재다. 그러므로 결국 그 선택은 '내'가 해야 한다.

어떤 사람은 늦은 나이에 화가가 되기를 꿈꾸며 미대에 들어갈 수도 있을 것이고, 어떤 사람은 사회복지사가 되고 싶어서 새로운 공부를 시작할 수도 있을 것이다. 주변 사람들이 말려도 들을 필요는 없다. 돈을 많이 버는 직업을 갖지 못할 가능성이 크다. 하지만 마음이 시킨다면 해야 한다. 대신 수입과 지출의 균형을 위해 부업을 하거나, 생활비가 적게 드는 지역으로 이사를 하더라도 만족할 수 있어야 한다.

나 역시 기업 변호사로 밥벌이를 하다가 대학교 직원이 되었고, 작가라는 꿈을 이루기 위해 40대에 다시 대학원에 들어갔다. 새로운 직업에 발을 들여놓을 때마다 처음에는 전 직업보다 수입이 적었다. 하지만 그런 변화 자체가 나를 훨씬 행복하게 했다. 단지 돈을 더 벌기 위해, 다른 사람들이 '성공'이라고 생각하는 직업을 선택하는 우를 범하지는 말자.

나는 로스쿨에 다닐 때 학자금 대출로 7만 9,500달러를 받아서 학비와 기숙사비로 썼다. 요즘 가치로 치면 13만 7,841달러에 달한다. 변호사 1년 차 때 받은 월급이 7만 7,000달러였는데, 재무설계사들의 계산에 따르면 학자금 대출은 적절한 투자였다.

어떤 직업에 있든 돈은 벌 것이다. 중요한 것은 소득이 얼마가 됐든 그 돈을 다 쓰면 안 된다는 것이다. 긴급상황이나 목돈이 필요할 때를 대비해, 혹은 은퇴를 대비해 얼마간의 돈을 꼭 저축해야 한다.

나는 결혼생활을 시작하고 돈을 저축해본 적이 없다. 시간이 흘러 남편과 나는 경력이 쌓이고, 돈도 더 많이 벌었다. 댄은 유명 벤처기업에서, 나는 대학교에서 일한 지 십수 년이 되었을 때, 어느 날 문득 이런 생각이 들었다. '아니, 이때까지 번 돈이 다 어디로 갔을까?' 문제는 그동안 우리가 돈을 제대로 모은 적이 없었다는 것이다. 은퇴 자금을 제외하고는 버는 족족 써버렸다. 그 방면에서 우리는 정말 바보였다. 여러분은 부디 같은 실수를 저지르지 않았으면 좋겠다.

댄과 나의 소비 패턴을 설명하면 좀 더 이해가 쉬울 것 같다. 우리에게는 암묵적인 지출 상한선이 있었다. 우리는 동거를 시작할 때부터 수입을 한 계좌에 모아 공동 지출을 같이 부담하는 식으로 돈을 관리했다. 우리가 처음 사귈 때 지출 상한선이 약 100달러였고, 내가 로스쿨을 졸업하고 결혼한 후로는 250달러로 올라갔다.

나는 특히 옷에 돈을 많이 썼다. 옷을 정말 좋아해서라기보다는 내 성인기의 대부분을 플러스 사이즈로 살아왔기 때문이다. 내 몸에 맞으면서 좋아하는 스타일인 옷을 찾기가 정말 힘들어서, 나는 옷을 살 때만큼은 이성적이지 못했다.

댄과 내가 돈을 더 벌기 시작하면서 우리의 지출 상한선은 500달러까지 올랐다. 나는 옷을 사기만 하면 항상 상한선만큼의 돈을 썼다. 큰돈을 쓰고 나면 남편에게 미안한 마음에 눈물도 조금 났다. 고맙게도 댄은 쇼핑에 관해서 늘 내 편이었지만 그렇게 눈물이 났다는 것은 지출 상한선에 도달할 만큼 돈을 쓰는 것이 나도 불편하다는 증거였다.

우리의 지출 상한선은 의류비, 외식비, 가구, 기부금, 여행, 아이들 교육비, 아마존에서 사는 잡다한 물건이 늘면서 계속 올라갔다. 그리고 어느 시점부터 아예 생각 없이 돈을 써댔다. 현재 내 수입의 대부분은 강연에서 나온다. 그래서 여름에는 수입이 줄어든다. 객관적으로 우리는 돈을 충분히 벌고 있었지만, 여름이 두 번 지난 어느 해에 우리는 청구서를 다 내지 못할 상태가 되었다. 예전보다 수입이 많아졌는데 돈이 없다는 것은 정말이지 말이 안 되는 일이었다.

댄과 나는 그 문제를 진지하게 의논했다. 우리는 수입이 적을 때를 대비해, 그리고 해변에 별장을 갖는 평생의 꿈을 이루기 위해, 매달 수입의 5%, 혹은 10% 정도를 저축하기로 했다. 하지만 이를 위해서는 지출 상한선을 90%까지 줄여야 했다.

예를 들어 예전에는 유명 브랜드의 리클라이너 소파를 사느라 1,000달러를 썼다면 그때부터는 100달러를 넘지 않는 중고 제품을 샀다. 우리에게는 엄청난 변화라고 할 수 있다. 더 싼 가구점을 찾아 발이 닳도록 돌아다녔다. 힘은 들었지만 정말 100달러짜리 리클라이너를 찾았기 때문에 그만한 가치가 있었다. 요즘 우리 집에 온 손님들이 가장 먼저 찾는 곳이 그 중고 소파다.

우리의 재무 구조를 급격하게 변화시킨 또 다른 계기는 한 가정을 보고 나서였다. 그들은 수입이 많지 않은데도 자녀들의 대학 자금과 은퇴 자금을 마련하려고 열심히 돈을 저축했다. 급여를 받으면 '학비'와 '은퇴 자금'이라고 쓴 봉투 두 개에 급여의 10%를 떼 두었다. 생활비는 남은 돈으로만 썼다. 봉투에 모아둔 돈은 한 달에 한 번은행에 저축해 이자도 챙겼다.

돈에 관한 격언으로 '돈이 생기면 자신에게 먼저 지불하라'라는 말이 있다. 카드 값을 갚고 남은 돈을 저축하기보다, 저축을 가장 중요하게 생각하고 우선 처리하라는 말이다. 댄과 나는 그 말을 실천에 옮기기 위해 은행 계좌 두 개를 새로 만들었다. 하나는 수입이 줄어드는 여름을 대비한 돈이고, 하나는 해변 별장을 위한 돈이다. 이제 수입이 생기면 그 계좌에 먼저 넣는다. 이렇게 해보니 다른 지출을 무조건 줄일 수밖에 없다. 과거에는 돈이 생기면 쓰고 싶은 곳에 다 써버려서 나중에 필요한 지출이나 꿈을 이루기 위해 쓸 돈이 모자랐다.

앞에서 고백했듯이 나는 20대 초반에 내 힘으로 온전히 감당할 수 없는 것들을 사느라 신용카드를 마구 긁었다. 나처럼 갚지도 못할 만큼 카드를 마구 쓰면 나중에는 빠져나올 수 없어진다. 갚아야 할 돈이 무섭게 늘어나기도 하지만, 신용이 나빠져서 나중에 정말로 큰돈이 필요할 때 돈을 빌리기 힘들어지기 때문이다.

금융기관에서는 돈을 빌려줄 때 그 사람의 신용도를 평가한다. 신용점수가 높으면 낮은 금리로 돈을 빌릴 수 있지만, 그렇지 않으면 비싼 이자를 감당해야 한다. 신용도를 평가하는 기관마다 점수를 부여하는 방식에 조금씩 차이가 있다. 하지만 카드 대금을 제때 내는지, 신용카드 한도를 얼마나 쓰고 있는지 살펴보는 것은 동일하다.

가령 카드 한도가 1만 달러라고 꽉 채워서 쓰면 안 된다. 카드 한도는 말 그대로 정말 한도이며 긴급한 상황을 대비하는 용도다. 신용점수를 잘 관리하려면 신용카드 및 담보 대출, 학자금 대출 등을 포함한 모든 할부가 내 신용 한도의 20%를 넘지 않아야 한다.

기본적으로 댄과 나는 소비에 대한 사고방식을 완전히 바꾸어야 했다. 어느 정도 돈을 벌어 여유가 있어도, 소비는 학생 수준으로 하는 것이 좋다. 대신 돈이 불어나는 재미를 느낄 수 있을 것이다.

돈을 굴리는 법: 복리의 마법

돈을 굴리는 법에 관한 조언은 내 친구 크리스 앤드류스Chris Andrews 의 도움을 받았다. 밀레니얼 세대인 그는 보험상품과 재무설계 자문 서비스를 제공하는 자산관리사로 일한다. 그는 무엇보다 시간의 중 요성을 강조한다. "사회 초년생이 가진 가장 큰 장점은 시간이다. 시 간은 복리의 마법을 발휘하게 하는 원동력이다." 그가 말하는 마법 은 복리의 힘에 관한 것이다.

예를 들어 연평균 7%의 수익을 얻는 세금유예 투자상품이 있다고 할 때, 65세까지 1년에 1천달러씩 이 상품에 투자한다면 22세부터 투자한 사람은 만기 때 약 28만 3천달러의 수익을 올리지만, 32세부 터 투자한 사람은 만기 때 약 13만 6천달러의 수익을 올린다.

매년 1천달러씩 10년을 더 투자하면 1만 달러와 이자를 합한 돈만 큼 차이가 날 것 같지만, 복리의 마법 덕분에 그 차이가 훨씬 크다. 22 세에 돈을 저축하기 시작한 사람은 32세에 돈을 저축한 사람보다 65 세에 이르러서 14만 7천달러 이상을 더 버는 셈이다!

이미 32세가 지나서 망했다고 생각하는 사람이 있다면 그럴 필요 가 없다. 중요한 것은 지금부터라도 시작하는 것이다. 바로 시작해야 한다! 그래도 42세에 시작한 사람보다는 낫다. 42세부터 65세까지 1 년에 1천달러씩 같은 투자 상품에 투자하면 만기 때 6만 2천달러만 받는다.

1년에 1천달러면 한 달에 약 85달러, 하루로 치면 약 3달러로 커피 한 잔 값이다. 커피 한 잔 대신 목돈을 만든다고 생각하면 3달러가 아 니라 10달러도 저축할 수 있지 않을까?

앞에서 말한 상품에서 42세부터 하루 10달러씩 저축한 사람은 만기 때 22만 5천달러 이상을 벌 수 있다. 하루 커피 한 잔만큼만 모은 사람보다는 큰돈이다. 32세부터 같은 상품에 하루 10달러씩 저축하면 49만 8천달러 이상을 번다. 역시 앞에서 말한 13만 6천달러보다 훨씬 큰 금액이다.

놀라지 마시라. 22세부터 하루 10달러씩 저축을 시작한 사람은 무려 103만 4천달러 이상의 수익을 올린다. 하루 10달러를 모으는 것이 말처럼 쉬운 일은 아니지만 복리의 마법을 알게 되면 시도해보고 싶은 생각이 들 것이다. 하루 10달러씩 저축하지 못한다고 해도 너무 자책할 필요는 없다. 얼마라도 좋으니 일단 시작하자. 여러분은 할 수 있다.

돈이 나를 위해
일하도록 만들어라

돈이 나를 위해 움직이게 하는 방법을 알면 꿈에 한 발짝 다가갈수 있다. 행복하고 균형 잡힌 삶을 살기 위해 자신이 어떤 사람인지, 아는 것도 중요하지만, 돈에 끌려다닌다면 그럴 여유도 만들기 어려울 것이다.

데네 역시 그랬다. 목표를 정하고 빚에서 벗어나기 전까지는 말이다. 그녀는 앞서 소개했듯이 내가 대학교에서 일하며 알게 된 학생이다. 데네는 세계에서 가장 크고, 가장 돈이 많이 드는 도시인 뉴욕에살면서 5만 달러에 달하는 학자금 대출과 카드빚을 졌지만 현명하게빠져나왔다. 이후에는 국가공인 재무설계사가 되어 그녀처럼 힘든시기를 겪는 사람들에게 희망을 전하고 있다.

데네는 텍사스주 포트워스의 흑인 노동자 가정에서 자랐다. 가족중에서 대학에 들어간 사람은 그녀가 처음이다. 내가 그녀를 인터뷰한 것은 33살의 그녀가 학자금 대출과 카드빚에서 막 벗어났을 때였다. 그녀는 2006년에 스탠퍼드에서 연극학과 학사 학위를 받고, 2010년에 플로리다주립에서 공연 및 안무 전공 석사 학위를 받았다. 뉴욕으로 가서 전문 무용수의 꿈을 키우며 세계적인 안무가들과 작업했고, 국제무대를 돌며 독창적인 작품들을 선보였다.

하지만 그녀는 대학과 대학원을 마치는 사이 학자금 대출과 카드빚으로 3만 2천달러를 떠안았다. 뉴욕에서 전문 무용수가 받는 평균 연봉은 2만 2천달러였다. "보통 신인들은 경력을 쌓으려고 보수가 낮은 프로젝트나 무급 인턴직에서 일해요. 하지만 전 빚 때문에 그런 일을 해서는 생활비를 감당할 수 없었죠. 결단이 필요했어요." 그녀는 무용수로 생활하면서 3년 만에 빚을 모두 갚았다. 데네는 독자들을 위해 그녀가 빚을 갚게 된 과정을 공개했다.

"뉴욕은 식비가 정말 많이 드는 도시예요. 돈을 아끼기로 마음먹은 후로는 일주일에 한 번만 장을 보았어요. 정말 힘들 때가 많았어요. 좋아하는 식당을 피하려고 몇 블록씩 돌아서 가곤 했으니까요. 스냅챗으로 '오늘은 쉐이크쉑 버거를 참아야지!' 동영상을 찍기도 했죠."

그녀가 빚을 지게 된 과정을 잠깐 보자. 대학에 다닐 때 정부의 학비와 학교 장학금으로 학비와 기숙사비는 충당했지만, 생활비까지는 도저히 감당할 수 없었다. 아버지는 그녀에게 신용카드를 발급받게 했고, 데네는 카드로 텍사스에서 집까지 가는 비행기 표와 책, 옷가지를 샀다. 그녀가 학교에 다니는 동안에는 아버지가 최소 결제 금액을 매달 내주었다. 갚지 못한 잔액은 그녀의 졸업과 동시에 고스란히 넘겨졌다.

대학원에 다닐 때는 연구 장학금이 나왔다. 하지만 학비, 방세, 식비를 감당하기에는 턱없이 부족했다. 이번에도 학자금 대출을 받았고 생활비를 해결하기 위해 신용카드를 썼다. 대학과 대학원까지 졸업하고 보니 결국 원금으로만 3만 2천달러, 이자까지 총 5만 달러의 빚을 안게 되었다.

말했듯이 나 역시 대학 시절에는 신용카드를 어떻게 사용해야 하는지 몰랐다. 그때는 반짝거리는 그 네모난 플라스틱이 좋았다. 카드를 들고 있으면 동네의 고급 쇼핑몰을 느긋하게 돌아다니는 부자들과 같은 그룹에 속한 것 같았다.

하지만 대학을 졸업할 때쯤 되자 돈을 어떻게 갚아야 할지 몰라서 앞이 막막했다. 남자친구를 포함한 그 누구에게도 그 사실을 말하지 못했다. 내 모습이 그 빚으로 평가될까 두려웠던 것이다. 그러나 나는 데네와 달리 부모님이라는 든든한 안전망이 있었다. 트램펄린 위에서 점프하는 것처럼 나는 올라올 수 있었다. 우리 부모님은 내 카드빚을 모두 갚아주셨으니까. 하지만 데네는 나와 달랐다!

데네는 같은 세대에 있는 대다수가 그렇듯, 연봉에 비해 너무 많은 학자금 대출을 안게 되었다. 직업이 무용수이기 때문만은 아니다. 2008년 금융위기 전후로 성인이 된 사람들은 정규직이 되기 어려웠고 급여도 적었다. 경제 전문가들은 이 그룹에 속한 사람들은 계속해서 금융위기의 영향을 받게 될 것으로 예측한다.

어쨌든 버는 돈보다 갚아야 할 빚이 많을 때 우리는 두 가지 선택을 할 수 있다. 하나는 자포자기해서 될 대로 되라는 식으로 사는 것이다. 물론 이렇게 되면 점점 빚의 늪에 빠질 수밖에 없다. 다른 하나는 대책을 세우는 것이다. 데네는 후자를 택했다.

"수입은 적고 빚이 많다는 문제 말고도 돈이 많이 드는 도시에 산다는 문제도 있었어요. 하지만 전 현대 무용을 하는 사람이고, 그 중심은 뉴욕이라 어쩔 수가 없었어요. 3년 전에 단체 오디션을 본 적이 있는데, 두 사람을 뽑는 자리에 500명쯤 지원했더군요.

전 옆에 있는 무용수에게 학자금 대출을 갚아야 해서 이번에 뽑히지 못하면 다른 데 또 오디션을 보러 가야 한다고 했어요. 오디션에서 뽑히진 못했지만 그때부터 빚을 청산하기로 마음먹고 계획을 세우기 시작했죠.

"한 책을 읽었는데, 부채에서 벗어날 날짜를 정해두고 그 과정을 사람들에게 공개하라는 말이 인상적이었어요. 그때 다짐했죠. '좋아. 그럼 난 3년 뒤인 32살 때까지 빚을 모두 갚겠어.' 그리고 페이스북에 그렇게 글을 올렸어요. 어떻게 해야 할지 방법은 몰랐지만 일단 페이스북에 공개했으니 목표가 정해진 셈이었어요.

"학자금 대출과 카드빚이 3만 2천 달러였는데, 최소 금액만 갚으면 10년 동안 거의 5만 달러를 갚아야 했어요. 그래서 다른 임시직 자리를 열심히 찾아 꼭 필요한 것 말고는 지출하지 않았어요. 돈이 생길 때마다 빚을 갚았죠. 액세서리만 바꾸고 옷 한두 벌로 한 계절을 버텼어요. 그래도 제가 무슨 옷을 입고 있는지 신경 쓰는 사람은 아무도 없더라고요."

빚을 갚아가는 그녀의 이야기를 듣는 동안 머릿속으로 숫자를 계산했다. 그녀의 절제력이 대단하다는 생각이 들었다. 아직 식비와 방세 이야기는 나오지도 않았는데 더 묻기가 겁이 날 정도였다.

"일주일 식비는 장보는 용도로 40달러, 꼭 필요한 경우를 대비한 외식비로 10달러를 정해두었어요. 우리 집 근처에 식품 할인매장과 고급 식품점이 있었는데, 저는 할인매장만 갔어요. 하루에 8시간씩 춤을 춰야 해서 잘 먹어야 하거든요. 일주일 식사를 미리 한 번에 준비했는데, 포만감이 느껴지도록 섬유질과 지방, 단백질을 적절히 섞어서 준비했어요.

주로 잎채소와 콩, 고구마, 병아리콩, 바스마티 쌀, 검은콩, 아보카도를 먹었고, 리허설 중간에 허기지다고 음식을 사 먹지 않으려고 간식도 들고 다녔죠. 한번은 동료가 제게 묻지도 않고 냉장고에 있던 과일을 먹어서 쪽지를 남겨두기도 했어요. '이건 제 도시락입니다. 손대지 말아주세요. 학자금 대출을 갚는 중입니다.'

"적당한 비용에 괜찮은 집을 찾은 것이 큰 도움이 되었어요. 제가 사는 곳은 예술가들을 위한 공동주택인데 이건 뉴욕에서는 주택복권에 당첨된 거나 다름없거든요. 이곳에 들어오려면 예술계에 종사한다는 증명이 필요하고 소득 요건도 충족해야 해요. 대기자 명단도 엄청나게 길어요. 매달 전화해서 제 대기 번호를 확인하다가 열 달 만에 이 원룸을 받았어요. 5.5평 크기인데 한 달 방세가 630~950달러 정도에요. 수도, 전기, 인터넷, TV, 연습실 이용료를 합한 금액이에요. 여기 와서 돈을 많이 아낄 수 있었어요. 뉴욕에서는 연습실 대여료만 시간당 20달러 정도 하거든요. 방은 작지만 그래도 이 정도면 정말 괜찮아요.

교통수단은 주로 지하철을 이용하죠. 하지만 비상시를 대비해서 택시비도 따로 떼 두었어요. 우버나 리프트 선불권을 사서 한도를 정해두었죠. 써야 할 돈의 한도를 정해두고 쓰는 것이 얼마 이상 쓰지 않으려고 애쓰는 것보다 더 효과가 좋아요.

친구들과 어울리는 데 드는 비용도 예산을 맞추기 힘든 부분이었어요. 뉴욕에 사는 돈 많은 친구들이 고급 술집이나 행사에 저를 부르면 거절하기가 힘들었죠. 그래서 어떨 땐 돈 때문에 힘들다고 솔직하게 말했어요. 그러면 친구들도 이해해주더라고요. 돈이 많이 드는 공연을 보러 가자고 하면 잠깐 얼굴만 비추고 돌아왔어요.

사실 무용수 친구들은 저보다 돈을 더 아껴요. 우리끼리는 서로 무료 초대권이 생기면 나눠주고 각자 간식을 준비해서 나눠 먹죠. 뉴욕에서는 공짜로 할 수 있는 것들이 많아요. 한 친구는 '무료 행사 달력'도 만들었어요. 파티에 가기 전에는 친구들과 집에서 술을 좀 마시고 가요. 그러면 10달러도 안 되는 돈으로 아주 즐겁게 시간을 보내고 올 수 있어요."

그녀가 빚을 갚기 위해 노력한 과정을 들으니 나는 창피한 생각마저 들었다. 그녀보다 훨씬 나이가 많은 나는 그런 절제력도 없고 희생정신도 없었다. 그래서 어느 순간 그녀의 말을 열심히 받아적었다. 그녀의 주변도 마찬가지였다. 그녀가 빚을 청산하기로 마음먹고 페이스북에 당당하게 올렸더니 친구들이 큰 관심을 보인 것이다.

"예술가들은 저처럼 수입이 불규칙할 때가 많아요. 그런 현실에 맞춰서 예산을 짜는 법도 터득해야 했죠. 2년짜리 프로젝트에 캐스팅되어 분기별로 수입이 들어올 때도 있고, 〈오렌지 이즈 더 뉴 블랙 Orange Is the New Black〉 같은 드라마에 단역 배우로 출연할 때도 있어요. 트리니다드토바고에 가서 3주짜리 프로젝트를 하고, 심야 토크쇼에서 비욘세의 '레모네이드' 패러디 영상에 출연해서 반나절 동안 춤을 추기도 해요. 그래서 돈이 들어오는 시기가 제각각이랍니다. 대출 상환금이나 정기적으로 나가는 돈을 따로 떼 놓는 법을 정해놓아야 했어요."

그래서 3년 안에 빚을 갚겠다는 계획은 어떻게 되었을까? 물론 달성했다. 사실은 계획보다 조금 더 빨리 달성했다.

"빚 청산 기념으로 브루클린에서 파티를 열었어요. 그렇게 많은 사람이 올 줄은 몰랐어요. 다들 빚을 어떻게 갚았는지 알려달라고 하더군요. 신기했어요. 처음에 페이스북에 글을 올렸을 때만 해도 별 반응이 없었거든요.

그런데 DM으로는 글을 참 많이 받았어요. 직업이나 소득, 계층을 불문하고 많은 사람이 빚 문제를 안고 있더라고요. 학교에서 돈 관리를 가르치지 않아서 안타깝다고 하는 사람, 학자금 대출에 대해 궁금해하는 사람, 저처럼 카드빚을 갚았다고 하는 사람, 다양한 사람들에게서 메시지가 왔어요. 제가 의도하지는 않았지만, 그동안 했던 일 중 가장 강렬한 인상을 남겼던 것 같아요."

나는 데네를 처음 인터뷰한 지 3년 만에 다시 그녀를 만났다. 이제 빚으로 힘들어하는 다른 사람들에게 도움이 되려고 재무상담사와 국제공인 재무설계사 자격증을 준비하고 있었고, 비영리단체에서 금융 상담가로 일하면서 그녀만의 금융 플랫폼을 개발하는 중이었다.

2020년은 그녀에게도 힘든 해였다. 코로나로 가까운 친척, 친구, 동료, 이웃을 잃었다. 그녀가 일하는 곳은 시에서 운영하는 금융 상담 기관이라 '필수 산업'으로 분류되었는데, 매일 전철로 출퇴근해야 한다는 사실이 부담스러워 일을 그만두게 되었다. 코로나 여파로 그녀의 친구들은 대부분 직장을 잃고 집을 교외로 옮겼다. 공연장이 문을 닫아 설 수 있는 무대가 없었고 인종차별 항의 시위가 곳곳에서 벌어졌다. 그해 여름 그녀는 브루클린 거리를 행진하는 수천 명의 인파와 함께했다.

"정신적으로나 육체적으로 힘들 때가 있어요. 하지만 제가 지금 걱정하지 않는 부분이 뭔지 아세요? 돈이에요. 빚도 갚았고, 비상시를 대비해서 돈을 저축해두었거든요. 2020년에 모두가 힘들어했지만, 전 괜찮았어요. 2019년에 갑자기 다쳐서 공연을 전부 취소하는 바람에 수입이 없었어요. 그래도 빚이 없고 생활비가 적게 들어서 크게 걱정할 필요는 없었죠. 무용을 못 할 경우를 대비해서 재무 상담 방면을 공부해 두어서 쉽게 다음 직업을 찾을 수 있었어요."

그녀는 이 책의 독자들을 위해 조언한다. "미래의 나는 지금의 내가 재정 관리를 잘해둔 것에 감사할 거예요. 저는 세계적으로 전염병이 유행할 줄은 몰랐지만, 경제적인 위기에 대비해서 계획은 세워두고 있었죠." 그렇다면 미래의 나를 위해 지금은 무엇을 할 수 있을까? 그녀는 이렇게 정리한다.

-수입의 10%를 저축하라. 저축은 습관이다. 이 습관은 돈과 관련된 인생의 여정에서 우리를 지켜주는 수단이 될 것이다.
-돈을 빌려야 한다면 최대한 이자를 적게 내야 한다. 대출 이자가 10%가 넘는다면 최대한 빨리 갚아야 한다. 내가 내는 이자는 부유한 사람에게 흘러 들어간다. 부자에게 재산을 바치는 사람이 되지 말자.
-돈은 부의 한 종류일 뿐이다. 모든 종류의 부를 활용해서 자신만의 기준에 따른 삶을 만들어가라.

"빚을 갚을 때는 여유가 없을 때도 스트레스를 받지 않았어요. 결국엔 다 갚았죠. 빚이 없다는 사실이 너무 좋아요. 이젠 돈을 모을 방법을 고민한다는 것도 즐겁네요. 금융 상담가로 일하고 있지만, 사람들에게 꼭 저처럼 빚을 다 갚아야 한다고 권하지는 않아요. 각자 처한 상황이 다르니까요. 각자 자신에게 맞는 방법을 찾아야 해요. 신뢰할 만한 정보를 찾아서 자신에게 맞는 전략을 찾는 것이 가장 좋아요."

그녀는 3년 전 처음 나와 이야기를 나눈 후로 깨달은 사실이 있다. "대학을 졸업할 때 아버지가 제게 넘겨주신 빚은 사실 선물이었어요. 아버지가 4년 동안 최소 결제 금액을 꼬박꼬박 내주신 덕분에 제 신용 기록이 좋았으니까요. 아버지가 돈을 내주신 것이 제게 도움이 되었다는 것을 나중에서야 깨달았어요."

8장

내가 아니면
누가 나를 돌봐주겠어

온전한 몸과
마음을 위해

"모든 사람은 각자 자기만의 문제가 있어.
우리는 그냥 사람들을 있는 그대로 사랑해야 해.
그들도 우리에게 그래 주기를 바라면서."

- 미국 드라마 〈굿닥터〉 중에서

모두가 특별한 존재

여러분은 젊다. 그래서 영원히 젊고 건강하게 살 수 있을 것 같은 생각이 들 수 있다. 혹은 그와 반대로 아프거나 두렵거나 혼자 감당하기 힘든 상태에 놓여있을 수도 있다.

나는 53세다. 의료계의 신체 질량지수에 따르면 비만이다. 그렇게 생각하지 않지만 사회적인 기준으로는 말이다. 몇 년 전에는 가벼운 천식도 진단받았고 당뇨 초기인데 심각해지지 않기를 바라고 있다. 또한 스트레스를 많이 받는 완벽주의자다. 전부 사실이지만, 그나마 다행히 충치는 없다!

굳이 이런 이야기를 늘어놓는 이유는 내가 외모나 건강 상태로 여러분을 판단하지 않는다는 사실을 알려주고 싶기 때문이다. 한편으로는 여러분이 얼마나 힘든 상황에 있는지, 얼마나 고통받는지 가늠할 수 없다는 것도 잘 안다. 하지만 그런 것들을 모두 고려하더라도 우리의 몸과 마음은 자전거에 달린 두 바퀴와 같아서 잘 돌보아야 한다고 말하고 싶다.

지금 여러분의 얼굴은 태양보다 환하게 빛나고 있지만 언젠가는 여러분도 나와 같은 나이가 될 것이고, 지금보다 약해지고 활력도 줄어들 것이다. 그래서 더 오래도록 행복한 삶을 누리기 위해서는 현재의 자신을 잘 돌보는 것이 중요하다는 것을 꼭 기억했으면 좋겠다.

모든 사람은 독특하고 특별한 존재다. 그래서 이번 장은 특히 쓰기가 힘들었다. 개개인에 집중하면서도 모든 사람이 공감할 만한 공통분모를 찾기가 쉽지 않았기 때문이다. 이번 장에서 제시되는 사례가 개인에 따라 공감을 얻지 못할 수도 있지만, 노력했다는 점은 알아주기를 바란다. 끝까지 읽어보면 분명 도움 되는 부분이 있을 것이다.

이 장에서 사용되는 '상황'이라는 단어는 신체 질환과 정신 질환, 학습 장애를 모두 포괄하는 의미로 쓰인다. 더 행복한 삶을 살기 위해서 자신이 어떤 상태이며, 무엇 때문에 힘들고, 어떻게 나아질 수 있는지 알아내는 데 최선을 다하라. 한 가지 더 보태자면 세상이 아무리 다른 잣대와 기준을 갖다 대도 자신을 있는 그대로 사랑하라.

이번 장에서는 특정 그룹의 사람들을 지칭하면서, 그 그룹에 속한 사람들이 선호하는 이름을 사용하려고 노력했다. 그런 호칭들은 시간이 지남에 따라 변해왔다. 예를 들면 인종에 관해 이야기할 때 '흑인Black'이나 '아프리카계 미국인African American'이라는 단어가 보편적으로 사용되기 전에는 '검둥이Negro'라는 단어가 쓰였고, 여전히 일부 사람들은 '유색인Colored'이라고 부른다. 물론 우리는 그 표현을 좋아하지 않는다.

영어권에서는 아시아인을 가리켜 과거에 '오리엔탈Oriental'이라는 말을 썼으나 모욕적인 의미를 담고 있다고 하여 이제는 쓰지 않는다. 장애인을 표현하는 용어로 과거에는 'handicapped'라는 표현을 썼지만 '불리한 조건에 처해 있다'는 의미가 담겨있어 이제는 쓰지 않는다.

한때 퀴어Queer라는 표현은 좋지 않은 의미였지만, 지금은 선호되는 칭호다. 정신분열증이라는 표현 대신 '조현병'이라는 말을 쓰는 것과 비슷하다. 나는 나를 퀴어라고 말하는데, 양성애자보다 그 표현이 더 좋다. 즉 생물학적 성과 다른 모든 사람을 포괄하는 의미로 쓰여서 나를 가장 잘 표현하는 말처럼 느껴진다.

남성도 여성도 아닌 제3의 성인 젠더퀴어들은 성 중립적인 단어들을 만들어 사용하고 있다. 예전에는 '시스cis'라는 단어를 모르는 사람도 많았다. '시스'는 출생 시 지정되는 생물학적 성과 일치하는 사람들을 말하고, '트랜스trans'는 그렇지 않은 사람들을 말한다.

정신과 관련해서 보면, 어떤 사람들은 '정신건강 문제mental health challenges'라는 표현을, 어떤 사람은 '정신질환mental illness'이라는 표현을 더 선호한다. 또한 인지 장애가 있는 사람들을 가리켜 이제는 '신경 다양성neurodiverse'이라고 표현해, 뇌 신경의 차이로 인해 발생하는 자폐 스펙트럼, ADHD, 성격 스펙트럼 등에 포괄적으로 사용한다.

여기서 다 언급하지는 못했지만 내가 모르는 표현이 더 많이 있을 것으로 생각한다. 개인은 자신에게 가장 의미 있는 단어를 쓸 권리가 있다. 많은 사람이 공감할 수 있는 책을 쓰려고 했지만 이 부분은 민감할 수 있는 주제이므로, 특정 집단의 사람들에게 불쾌감이 들지 않도록 최대한 노력하겠다.

정신건강과 학습 차이를 바라보는 사회 인식의 변화

내가 이 책을 쓰는 지금, 18세 성인의 절반은 정신건강 진단을 받는다. 이전 세대와는 많이 달라진 모습이다. 과거에는 정신건강 문제와 학습 차이가 책에서 그다지 비중 있게 다뤄지지 않았지만, 지금은 그렇지 않다. 한물간 할리우드 스타가 주인공인 애니메이션 〈보잭 홀스맨BoJack Horseman〉이 그렇게 인기가 많은 데는 이유가 있다. 이 애니메이션은 중독, 우울증, 인종차별, 자기 파괴적 행동, 성차별, 성 정체성, 트라우마 등 인간이 겪는 많은 문제를 의미심장하게 잘 다루고 있다. 내가 이 장에서 다루고자 하는 주제가 바로 그런 것이다.

21세 아들을 인용해보자면, 요즘에는 다른 어떤 주제보다 정신건강과 관련된 밈이 많다고 한다. 정신건강에 문제가 있거나 신경 다양성이 있는 사람들을 향해 일반적으로 사회에서는 '그냥 알아서 해결하고 알아서 만족해라!'고 말한다는 것을 아들을 통해 알았다.

알아서 시스템에 적응하지 못하면 자동적으로 낙오자가 되어야 한다. 소여는 자신이 가장 좋아하는 인터넷 커뮤니티인 서브레딧 subreddits에 있는 밈들을 보여주었는데, 나는 그 안에 담긴 숨은 의미들을 하나하나 이해하지는 못했지만 요즘 세대가 느끼는 갈등과 희망은 충분히 느낄 수 있었다.

21세기에 들어 10대~20대 초중반 인구의 불안장애, 우울증, 외로움, 자살률이 큰 폭으로 증가했다. 내가 스탠퍼드대학에 있을 때인 1998년~2012년에는 상담 센터를 찾는 학생들이 너무 많아져서 심리치료사와 의사를 더 고용해야 할 정도였다. 비단 스탠퍼드만의 문제는 아니었다. 요즘은 학습 차이를 진단받는 학생도 많이 늘어났다. 기성세대는 이런 변화의 심각성을 가볍게 생각하는 경우가 많은데, 나는 그렇게 생각하지 않는다.

과거와는 정신 건강에 대한 문제가 심각해진 이유로 크게 세 가지 가설이 거론된다. 첫째, 정신건강 문제에 대한 부정적인 인식이 줄면서 적극적으로 진단받고 치료에 임하는 사람들이 많아졌기 때문이다. 둘째, 환경적인 요인도 원인이 될 수 있다. 셋째, 어린 시절에 자율성을 충분히 경험하지 못했기 때문이다. 내 생각을 말하지는 않겠지만 여러분이 이전 세대보다 더 힘든 상황에 있다는 것은 분명하다.

우리 세대가 자랄 때는 정신건강 문제나 학습 차이가 있는 사람이 주변에 있으면 뒤에서 수군대는 것이 일반적이었다. 그들을 불쌍한 눈으로 바라보았고, 가족 중에 그런 사람이 있으면 부끄러워하기도 했다. 그들을 정상 범주에서 벗어난 사람들로 보거나, 개인적인 문제로만 여긴 것이다.

물론 과거에는 더 심했다. 미개한 방식으로 그들을 치료하거나 감금시키는 경우가 대부분이었다. 그렇다고 해도 정신건강 문제나 학습 차이에 관해서는 너무 무감각하고 무지한 태도를 취해온 것이 사실이다.

기성세대는 환경과 경험이 유전적 구성에 영향을 주는 방식이나 뇌와 몸에서 일어나는 화학반응, 스트레스, 트라우마 등에 대해 지금과 같은 지식이 없었다. 이제는 정신건강 문제와 학습 차이에 도움을 주는 약물치료가 발전했고 사회 인식도 많이 개선되었다.

이제 어떤 사람이 그런 상황에 있다면 가족이나 그 사람이 속한 공동체에서 도움의 손길을 내밀 가능성이 크다. 혹은 본인 자신이 도움을 청할 수도 있다. 병을 진단받게 되면 의사나 심리치료사, 상담가 같은 사람들을 통해 전문치료를 받을 수 있다.

여러분은 이런 것들에 훨씬 더 깨어있고 민감하게 반응하는 시대에 살고 있다. 이제 학습 차이와 정신건강 문제는 너무 흔해져서 놀랄 일도 아니다. 하지만 우리가 살아가는 삶의 모든 영역에서 그들을 이해하고 완전히 받아들이기에는 아직 갈 길이 멀다.

자신이 어떻게 생각하고 반응하는지 이해하기

자신이 어떤 사람인지 객관적으로 알아내는 것은 어른이 되는 필수적인 과정이다. 이때 전문가의 진단, 또는 권고가 필요할 수도 있다. 다음은 그 상황을 받아들이는 자세가 필요하다. 여기서 자신에 대해 새로운 것을 알게 된다. 이 과정에서 앞으로 갔다 뒤로 가기를 반복할 수 있다. 그 모든 과정이 정상이다.

최근에서야 자신에게 특별한 관심과 보살핌이 필요한 정신적 특징이 있다는 것을 안 사람도 있을 것이다. 객관적으로 자신이 일반적인 모습과 다르다는 것을 알고 충격에 빠졌을지도 모른다. 어렸을 때 차이가 있다는 것이 밝혀지지 않아 힘든 시간을 보냈을 수도 있다. 이 경우 자기 자신을 사고뭉치, 골칫덩어리로 생각해 자존감이 무너져 왔을지도 모른다.

『우리 아이는 조금 다를 뿐입니다:ADHD, 아스퍼거 등 신경다양성을 가진 아이를 위한 부모 가이드』를 쓴 친구 데보라 레버Deborah Reber는 나에게 이렇게 말했다. "요즘 젊은 친구들을 만나다 보면 '그래서 내가 이런 문제를 겪었구나' 하는 사람이 정말 많아. 그중에는 지금이라도 자신을 알게 되었다며 안도하는 사람도 있고, 이제야 알았다고 억울해하는 사람도 있어. 상황을 받아들이는 방식은 아주 다양해."

그 이야기를 들으니 정곡을 찔린 듯 마음이 아팠다. 내 아들 소여는 초등학교 4학년 때 부주의형 ADHD와 글쓰기를 힘들어하는 난서증, 약한 불안증 진단을 받았다. 우리는 글쓰기 도우미를 찾았고, 한동안 심리치료도 받게 했다. 지나고 보니 남편과 나는 소여가 영리하고 자기 할 일을 잘하니 크면 자연스럽게 좋아질 거라고 생각했던 것 같다. 그것이 우리의 실수였다. 나는 소여의 허락을 받고 그 이야기를 나누고자 한다.

소여는 초등학교 때 글쓰기를 너무 힘들어했고, 학교에 소형 녹음기를 들고 다닐 수 있게 허락을 받았다. 자기가 하고 싶은 말을 녹음해서 발표하거나 우리가 대신 글을 써준 적도 많다. 나는 녹음기를 들을 때마다 주의집중이 힘든 아들이 학교에서 아이들의 고함과 온갖 소음 속에서 자기 생각을 끄집어내려고 애쓰는 모습이 눈에 그려져서 눈물을 글썽이곤 했다.

그래도 소여는 그럭저럭 학교생활을 해냈다. 중학교에 들어가서는 과제에 시간이 오래 걸리는 아들의 특성상, 전체를 제출하지 않아도 되는 편의가 주어졌다. 중학교 과정을 마칠 때쯤 우리는 학교로부터 소여는 학업능력이 뛰어나니 고등학교에서는 그 편의를 받을 수 없다는 말을 들었다.

나는 학교에 가서 이렇게 따졌다. "선생님 말씀은 소여가 시험에서 C를 받으면 편의를 받을 수 있고, A를 받으면 받을 수 없다는 뜻인가요?" 마치 그 편의가 아들의 학습 차이를 인정하고 도움을 주려는 것이 아닌, 성적을 올리기 위한 수단이라는 뜻 같았다.

내 질문에 학교는 '그렇다'고 했다. 그런 상황에 익숙하다는 듯 나를 올려다보던 소여의 눈빛이 기억난다. 댄과 나는 장애 학생에게 학교가 제공해야 하는 교육프로그램의 복잡함과, 아들에게 편의를 요구하는 것이 옳지 않다는 무언의 암시에 압도당해서 결국 아무것도 하지 못했다.

소여는 고등학교에 들어가서 좋은 성적을 받았지만 매일 과제를 끝내느라 엄청나게 애를 먹어야 했다. 2학년 때는 과제를 끝내는 데 매일 5시간이 걸렸는데 3학년 때는 몇 년 동안 끊었던 약을 다시 먹은 덕분에 5시간씩 걸리던 것이 3시간으로 줄어들 수 있었다. 약을 처방해주었던 소아과 의사는 소여가 학교생활을 해내는 모습을 보며 놀라워했다.

소여는 대학 입학시험에서도 추가 시간을 요구하지 않았다. 본인이 원하지 않아서 우리도 강요하지 않았다. 소여는 작은 문과대학에 입학했고 편의 신청을 하지 않았다. 하지만 소여의 학교생활은 점점 힘들어지기 시작했다. 약을 먹고 가족의 도움을 받는데도 학업량을 따라가기 버거웠고, 학교에서 맡은 일을 처리하기 어려워했다.

내 일은 대학에서 학생들을 돕는 것인데 정작 내 아들의 어려움은 돌보지 못하고 있었다. 아들을 '돕지' 못했다는 것보다 아들을 '보지' 않았다는 것이 더 문제였다.

댄과 나는 아들이 얼마나 힘든 시간을 보냈는지 나중에서야 알았다. 소여는 자신의 상태를 인정하고 휴학을 결심했다. 정신과를 찾은 아들은 약물 치료와 대화 치료를 받았고, 우리는 ADHD와 불안증에 대한 책을 잔뜩 사서 포스트잇을 붙여가며 열심히 읽었다.

어느 날 소여는 아빠의 서재에 들어갔다가 그 책들을 보게 되었다. "엄마, 아빠 서재에 있는 책들을 봤어요." 나는 가슴이 철렁 내려앉았다. 자신을 환자 취급한다고 기분 나빠하면 어쩌나 걱정스러웠다. 소여는 덤덤한 표정으로 '저를 더 이해하려고 노력해주셔서 감사해요'라고 하며 미소를 지어 보였다.

아이들의 마음을 다치게 하고 싶은 부모는 없다. 하지만 우리 부부는 아들을 그렇게 사랑하면서도 다 안다고 착각하고 제대로 알려고 노력하지 않았다. 과거를 바꿀 수는 없지만, 앞으로는 더 책임감 있는 부모가 되기 위해 더 노력할 것이다. 여러분도 누군가로부터 그렇게 이해와 존중을 받기를 진심으로 바란다.

자신의 상황을 인정하기

자신을 객관적으로 알았다면, 다음 단계는 이를 인정하는 단계다. 그래야 내가 자기 수용의 단계로 나아갈 수 있다. 이는 곧 한평생 자신을 끊임없이 탐구하고, 변화한 자신을 받아들이는 일이다. 스탠퍼드대학을 졸업하고 조직 전략가이자 작가, 정신건강 전도사로 활동하는 아만다 겔렌더Amanda Gelender는 그 과정을 이렇게 표현한다.

"대부분 사람에게는 자기 수용이 말처럼 그렇게 쉬운 일이 아니에요. '그래 이제 전문가의 진단을 받고 내 문제가 뭔지 알았으니 이제 나를 수용해야지.'라는 식으로 이루어지지 않아요. 우리가 새로운 경험과 도전을 접하는 과정에서 복잡한 모양으로 일어나죠. 좋은 의사를 만나서 확실한 진단을 받고 치유되기도 하지만 오진이나 맞지 않는 의사를 만나서 더 고통스럽고 힘들어질 수도 있어요.

오랜 학대나 트라우마에서 비롯한 문제가 치유되려면 체계적인 변화가 필요할 수도 있어요. 자신에게 잘 맞는 방법을 찾기 위해 다양한 시도를 해야 할 수도 있답니다. 자기 자신과 솔직하고 애정 어린 관계를 쌓는 것은 일생에 걸쳐 이루어져야 하는 일이에요. 나만의 욕구와 힘든 점을 최대한 인내심을 가지고 존중해야 해요."

나도 자기를 이해하고 수용하는 것이 얼마나 이루기 힘든지 잘 안다. 자기애는 자신에 대해 내면에서 우러나는 좋은 감정을 의미한다. 외부에서 자신의 가치를 인정받을 때 좋은 감정을 느끼는 것과는 다르다. 타인에 대한 공감 대신 자신에게만 집착하는 나르시시즘과도 다르다.

자기애가 있으면 다른 사람이 나를 아무리 깎아내리고 무시해도 감정적으로 휘둘리지 않을 수 있다. 자신이 존엄하고 사랑받을 가치가 있다는 것을 스스로 잘 알기 때문에 다른 사람의 잘못된 행동을 내 문제로 돌리지 않기 때문이다.

자기애를 느끼지 못하게 하는 요인은 많다. 자본주의 경제에서 살면서 우리는 개인의 가치가 결과물을 얼마나 생산할 수 있는지로 평가된다고 배웠다. 다시 말해 자본주의는 우리의 가치를 우리의 수입에 두며, 더 심하게는 소유한 돈의 액수와 같다고 가르친다. 따라서 만약 우리가 자본주의가 중요하게 생각하는 것들을 하지 않으면, 중요하지 않은 사람, 부족한 사람으로 평가받게 된다.

사회적 차원에서 유럽 중심주의와 날씬함을 미의 기준으로 삼는 시각도 사람들이 스스로를 평가하는 방식에 영향을 준다. 아만다는 이렇게 말한다. "주류사회와 미디어는 유럽 중심의, 아주 좁은 아름다움의 기준을 따라요. 날씬한 백인 이성애자가 아니면 자신을 있는 그대로 표현하고 긍정하기가 어려울 수 있죠. 자신을 볼품없고 가치 없다고 느끼는 사람들에게 이익을 얻는 권력 체계와 산업이 있어요. 자기애는 이 맥락 속에 존재하는 겁니다."

미시적인 수준에서는 가정의 양육 방식도 영향을 준다. 어떤 아이들은 자신이 존엄하고 사랑받을 가치가 있는 존재로 인식하며 자라지만, 어떤 사람들은 어린 시절 크고 작은 마음의 상처를 입고 자란다.

그래서 우리가 있는 그대로 충분하지 않은 존재라는 메시지, 혹은 아예 원치 않는 존재였다는 메시지를 지우려면 상당한 노력이 필요하다. 즉, 심리치료나 대화, 명상, 일기 쓰기 등을 통해 자신에 대해 그동안 받은 부정적인 메시지를 인식하고 이름 붙이고 정리하고 흘려버리도록 하는 훈련이 필요하다.

자신의 가치를 있는 그대로 감사하도록 배우는 것은 매우 힘들 수 있다. 하지만 나는 그 과정을 직접 겪으며 그만한 가치가 있다는 것을 확실히 알았다. 자기애는 감정을 위한 어벤져스 급의 투명 망토다. 그 망토가 있으면 어떤 사람과 소통해도 감정을 다치지 않는다.

하지만 우리는 다른 인간들과 삶을 함께해야 한다. 따라서 어떤 순간에도 자신뿐 아니라 공동체 안에서 상황을 인식하기 위해 노력해야 한다. 내가 처한 상황이 '눈에 보이는 것이면' 도움을 구하기가 쉽다. 적어도 사람들이 인식은 할 수 있기 때문에 필요한 것을 표현할 때 받아들여질 가능성이 크다. 반대 상황이면 어려움을 호소해도 잘 받아들여지지 않을 수 있다.

게다가 사람들은 자신이 겪지 않는 일을 넘겨짚기도 한다. 특히 휠체어를 타고 있거나 신체 보형물을 하는 등 눈에 보이는 신체장애가 있는 사람에게는 도움을 주려 하지만 눈에 보이지 않는 장애에는 관심을 두지 않는다.

물론 그 두 가지 상황이 섞여 있을 때도 있다. 무지한 것은 그들 문제지만 무심하게 행해지는 것들이 아프지 않은 것은 아니다. 공황장애, 다발성경화증 같은 자가면역질환, 신경 다양성, 우울증, 만성두통 같은 눈에 보이지 않는 상황은 사람들이 이해하거나 믿지 않는다는 어려움이 따른다. 나는 다발성경화증이 있는 내 친구 크리스를 통해 이를 목격한 적이 있다.

2019년 여름, 나는 이주 아동에 대한 정부의 처우에 항의하기 위해 크리스, 댄과 함께 텍사스주에 있는 클린트라는 마을에 갔다. 크리스는 이틀 내내 최선을 다했다. 피켓을 만들고 길에 들고 다니며 지나다니는 사람과 차량을 향해 구호를 외쳤다. 봉사자들을 조직하고 지원했고, 언론 인터뷰도 했다. 그러다 삼 일째 날 피로가 겹쳐 침대에서 일어나지 못했다.

다음 날 어느 정도 기력을 회복한 그녀는 루푸스병을 앓았던 크리스틴 미제란디노의 숟가락 비유를 알려주었다. 미제란디노는 자신이 쓸 수 있는 정신적, 육체적 에너지의 양을 숟가락에 비유해서 사람들에게 설명했다. 건강한 사람은 매일 주어지는 숟가락이 수없이 많지만 만성 질환이 있는 사람은 쓸 수 있는 숟가락이 얼마 되지 않는다. 그래서 옷 입기, 밥 먹기, 전화 통화 같은 일상적인 일로도 숟가락이 금세 고갈된다. 새로운 숟가락을 채우려면 휴식이 필요하다. 내일 쓸 숟가락을 오늘 가져와서 쓰면 내일은 더 아무것도 할 수가 없다.

숟가락 비유는 에너지가 쉽게 재충전되는, 혹은 숟가락이 무한정 제공되는 건강한 사람들에게 자가면역질환 같은 '눈에 보이지 않는' 질병, 혹은 정신건강에 문제가 있는 사람들의 에너지가 한정되어 있다는 것을 이해할 수 있게 도와준다. 이런 이유로 힘든 사람이라면 안심할 수 있는 사람에게 자신의 상황을 터놓고 양해를 구하라.

또 하나 알아둘 점은 대학 입학이나 취업 등 큰 환경 변화가 있을 때, 그동안 받아온 지원이나 치료가 있다면 중단하지 말고 지속하라는 것이다. 어떤 사람들은 그런 큰 변화를 도착점처럼 생각해서 그동안 받아왔던 치료나 서비스를 중단한다. 새로 만나는 사람들에게 자신에 대해 편견을 심어줄까 봐 걱정하는 마음도 있다.

하지만 자신이 필요해서 받은 것이므로 부끄러워할 일이 아니다. 이를 중단하는 것이 오히려 어른답지 못한 행동이다. 특히 인생의 전환점이 되는 시기에는 자연스럽게 스트레스가 많아지므로 그동안 도움이 되었던 것들을 중단하는 것이 실제로 위험할 수 있다.

엄밀히 말하면 '상황을 인정한다는 것'은 자신이 환영받을 수 있는 학교와 직업, 커뮤니티를 선택하는 것까지 포함한다고 할 수 있다. 가령 자신이 동성애자라면 새로 들어가는 직장이 자신에게 안전하고 따뜻한 곳인지 미리 알아두는 것이 좋다.

마지막으로 자신의 상황을 공감할 사람들을 찾는 것도 중요하다. 특히 인터넷은 자신과 같은 상황에 있는 전 세계 사람들을 만날 수 있는 공간이다. 자신의 모습 그대로 사람들과 관계를 맺고 도움을 주고받을 수 있다. 코로나 시대를 겪으며 목격했듯이 온라인 커뮤니티는 말 그대로 매일매일 고립과 싸우는 사람들의 생명을 구하는 공간이 되고 있다.

도움이 필요한 상태라는 것을 어떻게 알 수 있을까?

갑자기 생기는 큰 건강상의 문제는 모르고 지나칠 수가 없다. 극심한 가슴 통증이 있거나 뼈가 부러지는 것 같은 건강 이상이 생기면 일상적인 활동도 하기 힘들다. 하지만 우울증, 대인기피, 종양, 약한 통증을 동반하는 질병처럼 오랜 시간에 걸쳐 서서히 나타나는 문제는 알아채기 힘들 수 있다. 어느 시점까지는 그냥 기분이 좋지 않은 정도였다가 갑자기 도움이 필요한 상황이 되기도 한다. 그렇다면 도움이 필요한 상태라는 것을 어떻게 알 수 있을까? 어떻게 적절한 시기를 놓치지 않고 도움을 받을 수 있을까?

나의 절친한 친구이자 스탠퍼드 베이든건강센터의 보건 교육 담당자인 도노반은 예방이 최고라고 말한다. 육체적인 고통은 억지로 참지 않는 한 발견하기 쉽다. 하지만 정신적인 고통은 처음에는 잘 드러나지 않는다. 도노반은 '피로, 부담감, 지나친 걱정, 불안, 자기비판, 분석 마비, 회의감' 같은 작은 증상도 주의를 기울일 필요가 있다고 말한다. 별것 아닌 것 같은 작은 증상들이 그가 말하는 '고착stuckness' 이 되면 심각한 상태로 이어질 수 있다.

"몸을 움직이지 않으면 뻣뻣해지고 활기가 떨어져. 물이 움직이지 않으면 썩고, 돈이 움직이지 않으면 경기가 나빠지듯이 감정이 움직이지 않으면 마음이 가라앉지. 그래서 건강함을 보여주는 좋은 지표 중 하나가 움직임이야. 어딘가가 움직이지 않는다면 도움을 구해야 한다는 증거지. 길에서 차가 고장나면 가만히 있으면 안 되잖아?"

사회학자 코리 키스Corey Keyes는 '건강은 병이 없다는 것이 아니다' 라고 주장하기도 했다. 도노반은 자신에게 질문을 던짐으로써 우리가 건강한 상태에 있는지 쇠약한 상태에 있는지를 잘 감지할 필요가 있다고 말한다.

"삶의 질이 높은가? 성장하는 삶을 사는가? 내 삶에 성장이 있는가? 호기심을 느끼는가? 흥미로운 문제로 씨름하는가? 때때로 매력적인 일이나 활동을 경험하는가? 목표의식이 드는 일을 하는가? 사람들과 유대감을 느끼는가?

이러지도 저러지도 못하는 상태인가? 우울한가? 일을 질질 끄는 악순환에 빠져 있는가? 문제가 되는 관계에 있는가?" 반복적인 패턴에서 벗어나기 힘들다면 누군가에게 털어놓고 상담할 필요가 있다. "차는 움직여야 한다"는 도노반의 말은 필요한 상황에서는 도움을 청할 사람을 찾아야 한다는 의미다. 하지만 도움을 청할 수 없을 때는 어떻게 해야 할까?

도움받을 권리를 스스로 찾아라

도움받을 권리는 스스로 찾아야 한다. 역설적이게도 고통이 클수록 그 권리를 스스로 주장하기가 힘들다. 게다가 자신의 약한 모습을 다른 사람에게 드러내는 것을 힘들어하는 사람들도 많다.

도노반은 "취약성은 인생의 좋은 것들로 통하는 관문이다"라는 말을 지지하며 앞서 말했듯이 학생들에게 도움을 구해야 한다는 것을 가르치기 위해 수영 선수 마이클 펠프스의 예를 든다. "금메달리스트인 마이클 펠프스도 도움을 구하는데 여러분은 왜 그렇게 하지 않나요? 다른 사람에게 도움을 줄 때 기쁨을 느낀다면 다른 사람에게도 그 기회를 주어야 하지 않을까요?"

그는 학생들에게 도움을 요청하는 연습을 하라고 말한다. "먼저 자신이 해야 할 일 목록 중에서 도움을 구할 수 있는 것들을 찾아내세요. 작은 것이라도 좋아요. 부탁을 받은 사람은 기뻐할 겁니다. 유대감도 더 강해질 거예요." 스탠퍼드대학교의 공감과 이타성 연구교육센터의 설립자이자 책임자인 제임스 R. 도티James R. Doty 박사는 이런 말을 덧붙였다. "우리는 상대방이 나를 어떻게 판단할지를 너무 걱정한 나머지 도움을 요청하기를 주저합니다. 하지만 우리가 모르는 게 있습니다. 사실은 정말 많은 사람이 우리를 돕고 싶어 한다는 사실을 말이죠."

자기 내면의 강력한 힘, 회복 탄력성

감정에도 근육이 있다. 이 근육은 훈련하기에 따라 우리에게 큰 보호막 역할을 한다. '회복 탄력성'이라고 부르는 이 감정의 근육은 어떻게 단련할 수 있을까? 걷는 법을 처음 배운다고 생각해보자. 처음에는 한 걸음도 떼기 어려울 것이다. 한 번 일어서는 데만도 수없이 넘어질 수 있다. 한 번의 시도로는 절대 성공할 리 없다. 하지만 갈수록 균형 감각과 힘이 생기고 점점 요령을 터득할 것이다. 걷기가 어느 정도 편해지고 나면 다음에는 달리기나 계단 오르기도 시도해볼 수 있다.

아디나 글릭먼Adina Glickman은 회복 탄력성을 기르는 법을 이야기할 때 이 비유를 즐겨 사용한다. 아디나는 시간 관리에 어려움을 겪는 스탠퍼드대학 학생들에게 수년간 학업을 지원했고, 현재는 개인 상담실에서 학업과 직장 생활, 일반 생활에 관한 코칭을 제공하고 있다. 그녀는 걷기를 배우는 과정처럼 중요한 일은 일단 경험을 통해 배우게 되며, 회복 탄력성은 실패한 경험을 통해 배우는 능력이라고 말한다.

아디나는 내담자가 어떤 문제로 힘들어하면 이전에 겪었던 문제들에서 교훈을 찾고 앞으로 나아갈 수 있게 돕는다. "회복 탄력성을 찾는다는 것은 필연적으로 기대감, 실망감, 찝찝한 감정이 따릅니다. 그러면서 사람들과 연결되고, 다른 시각을 보게 되고, 차츰 감정이 바뀌는 경험을 하게 되죠. 그렇게 완전히 새로운 것들을 알게 되요.

내담자에게 전 이렇게 말해요. 데이트에서 퇴짜를 맞으셨다고요? 지원한 대학에 떨어지셨다고요? 그러면 지금 일어나는 일에 그 경험을 적용해 볼까요? 이렇게 자신을 되돌아보면 새로운 시각을 얻을 수 있어요." 예를 들면 이런 식이다.

> 내담자: 그에게 거절당하고 3일 동안 방에만 틀어박혀 있었어요.
> 아디나: 음, 그래서 '이제 이 방에서 한 발자국도 나가지 않을 거야'라고 생각했군요.
> 내담자: 맞아요.
> 아디나: 그리고 어떻게 되었나요?
> 내담자: 3일이 지나니까 방에 있기가 지겨워졌어요.
> 아디나: 그랬군요. 기분이 달라졌네요.

내담자가 아디나에게 "전 한 번 울면 그치지 못해요"라고 말하면 아디나는 이렇게 말한다. "그렇지 않을 거예요. 과거를 돌아보세요. 몇 시간은 울 수 있죠. 하지만 그렇게 울다 보면 목이 마를 거고, 물을 마시러 갔을 거예요. 좀 있으면 화장실도 다녀오고 싶었을 거예요. 시간이 흐르고 삶도 흐른 것처럼, 앞으로도 새로운 일이 생기겠죠." 우리는 예전에도 힘든 일을 겪었지만, 그때 느꼈던 감정이 영원하지는 않았다. 그리고 다시 힘든 상황에 놓인다. 시간이 지나면 지금의 감정도 달라질 것이다.

우리는 때때로 어떤 일을 잘 대처하지 못하는 자신의 모습에 실망한다. 아디나는 이렇게 말한다. "많은 사람이 이런 말을 해요. '난 강한 사람인데 왜 이렇게 불안하지?' 혹은 '난 많은 것을 해왔는데 왜 이 일이 계속 신경 쓰일까?' 하지만 회복 탄력성은 단순히 자신에 관한 문제가 아닙니다. 지금 내가 처리할 수 있다고 기대되는 '맥락 속의 자신'을 살펴야 해요.

한 사람의 위치와 능력은 이 세계 안에 있다는 것을 이해하고, 그 세계가 어떤 모습인지에 따라 자신의 위치와 능력을 조율하는 법을 아는 거죠. 우리는 여성들에게 '더 열심히 일해. 그러면 남자들만큼 성공할 거야.'라고 말하지 않아요. 그게 그렇지 않거든요. 흑인 남성들에게 '차에 타면 긴장하지 말고 편하게 있어'라고 말하는 것도 마찬가지에요. 세상에는 맥락이 있어요. 우리는 그 맥락과 어떻게 영향을 주고받는지 알아야 해요."

아디나는 내담자들을 만나면 자신이 겪는 문제를 이해하기 위해 다른 사람의 경험을 찾아보라고 조언한다. "젊다는 말은 아직 경험이 많이 쌓이지 않았다는 것을 의미합니다. 그러므로 다른 사람들은 어떤 식으로 문제를 처리하는지 배우려는 자세가 중요해요. 다양한 관점을 듣는 것만으로도 도움이 됩니다. 자신의 경험보다 더 큰 경험을 받아들일 수 있어요. 내가 겪는 고통이 세상에서 나 혼자 겪는 고통이 아니게 되는 거죠."

아디나에 따르면 경험을 많이 접할수록 회복 탄력성도 증가한다. "서른 살쯤 되면 경험이 쌓이고 참고할 기준도 더 많아지게 될 겁니다. 그러면 이런 말을 할 수 있게 되죠. '아, 전에도 그런 일이 있었지. 그때 정말 괴로웠고 다른 건 아무것도 보지 못했지. 하지만 결국엔 이겨냈잖아.'"

아디나는 사람들에게 '사건 지평선event horizon'에 대한 이야기를 많이 한다. 사건 지평선이란 마음으로 지금 다루는 문제 너머를 그려볼 수 있는 능력이다. 사건 지평선이 길수록 '무엇이든 이해할 수 있는 능력'이 발달한다. 아디나는 이렇게 예를 든다.

"우리는 나이가 들수록 더 멀리 내다볼 수 있어요. 다섯 살짜리 아이는 뇌가 아직 완전히 발달하지 않아서 시간 감각이 없어요. 그래서 사건 지평선이 아주 짧고 즉각적이죠. 예를 들어 오늘 간식이 뭔지, 언제 놀이터에 갈 수 있는지만 생각할 수 있어요. 고등학생에게 앞으로 5년 계획을 세워보라고 하면, 잘 모르겠다고 할 겁니다. 하지만 더 많은 세월을 살고 나면 지나온 세월만큼 앞으로의 모습을 더 쉽게 그릴 수 있어요."

회복 탄력성은 정말 근사해 보인다. 배울 수 있다면 가서 듣고 몸에 장착하고 싶다. 대신 우리에게는 삶이 있다. 살면서 힘든 경험을 할수록, 혹은 아디나의 표현처럼 "경험을 경험할수록" 회복 탄력성은 높아진다.

공동의 경험은 자연스럽게 회복 탄력성을 가르친다. 앞서 언급한 실리콘밸리의 CEO는 이렇게 말했다. "회복력을 기르기 위해서는 실패, 특히 공동의 실패를 경험할 필요가 있죠. 그래야 어떤 일이 틀어졌을 때 갑자기 정지 상태가 되지 않아요.

팀 스포츠를 하는 사람들에게는 그런 능력이 있는 것 같아요. 능력이 뛰어난 직원들은 복잡한 상황을 처리할 때 단체전에서 얻은 교훈을 되새깁니다. 선수들은 지는 경기를 할 때도 많지만 여전히 선수로 뽑혀요. 아이러니하죠? 선수를 뽑을 때는 꼭 우승팀에서만 뽑지 않습니다. 실수한 경험이 없다고 뽑는 것도 아니에요. 그들이 하는 실수는 대부분 공개적이지만 그래도 그들은 훌륭한 선수로 평가받아요. 모든 일에는 자연스럽게 회복 탄력성을 기를 수 있는 배울 점이 있다고 생각해보세요."

게임에 관한 새로운 이야기

오늘날 가장 흔한 정신건강 문제로는 불안장애를 꼽을 수 있다. 도움이 될 만한 참고 자료를 뒤에 첨부해두었으니 관심 있는 사람은 살펴보기 바란다.

내가 지금 전하는 이야기는 불안장애가 있는 사람들에게 새로운 소식이 될 수도 있을 것이다. 영국 옥스퍼드대학교에서 이루어진 연구 결과에 따르면 특정 게임이 불안장애를 다스리는 데 도움이 될 수 있다.

제인 맥고니걸Jane McGonigal의 책 『SuperBetter: The Power of Living Gamefully(슈퍼베터: 게임하는 삶의 힘)』에서는 카드 게임, 테트리스, 캔디크러쉬처럼 시각적인 정보 처리가 필요한 비디오 게임이 도움이 될 수 있다고 한다. 잘못될지 모를 결과를 미리 걱정하지 못하게 함으로써 불안감이 생기지 않게 하는데, 불안은 통증이나 충격적인 기억, 갈망처럼 의식을 집중할수록 뚜렷해지기 때문이다.

맥고니걸 박사는 이렇게 말한다. "불안은 실제적인 위협이나 스트레스에 유용한 반응이 될 수 있어요. 하지만 구체적 해결방안을 찾는 데 도움이 되지 않는다면 게임을 해보세요. 가령 비행기를 탈 때, 프레젠테이션을 준비할 때, 큰 행사에 참석해야 할 때 불안감 때문에 잠시 게임을 해서 불안감을 낮출 수 있어요."

제인 맥고니걸은 세계 최초로 게이머들의 심리적 장점과 게임이 현실 세계의 문제 해결에 어떻게 도움이 되는지를 연구해서 박사 학위를 받았다. 대단하지 않은가? 심지어 그녀는 게임 디자이너가 노벨 평화상 후보에 오르는 것을 보는 것이 자신의 목표라고 말한다. 나는 운 좋게도 대학생들을 대상으로 하는 강연에서 그녀를 직접 만날 수 있었다.

온라인 게임이 어떻게 현실 세계에 도움이 될 수 있는지에 관한 그녀의 연구는 그녀의 개인적인 경험에서 나온 것이기도 하다. 2009년, 그녀는 외상성 뇌진탕을 입고 몇 달간 휴식기를 보내야 했는데, 시간이 지나도 통증이 줄어들지 않았다. 글을 읽고 쓰는 것부터, 말하고 생각하는 것까지 힘들어지자 어느 순간 자살 충동마저 느꼈다.

그래서 기분을 바꿔보기 위해 선택한 것이 게임이었다.

그녀는 자신이 좋아하는 캐릭터인 뱀파이어 해결사 버피Buffy the Vampire Slayer라는 이름에 착안하여 '뇌진탕 해결사 제인Jane the Concussion Slayer'이라는 게임을 개발했고, 나중에 이름을 '슈퍼 베터SuperBetter'로 바꾸었다.

제인은 게임에서 악당들의 이름을 짓고, 아이템을 개발하고, 동료를 모아 탐험을 떠났다. 매일 점수를 기록하면서 뇌진탕 회복 기간을 잘 버텨낼 수 있었다. 그녀는 그때 상황을 이렇게 표현한다. "전 그냥 좋아진 게 아니라 게임 제목처럼 최고로 좋아졌어요." 이런 게임 기술이 우리의 현실과 삶에 어떤 도움이 될 수 있는지 한 번쯤 생각해보는 것도 좋겠다.

몸과 마음을 돌보기 위한 체크리스트

노스웨스턴대학교의 교수이자 학생 상담 과장인 조 홀트그리브는 스트레스에 찌든 학생들을 많이 만난다. 그는 임원진을 설득해서 공대 학생들을 위한 자기계발 수업을 개설했다. '정신을 깨우는 방법'으로 즉석 공연이나 스윙 댄스 같은 과목들을 가르쳤지만 그닥 인기가 없었다. 조가 좌뇌에 호소하는 전략을 써서 '자기 자신을 돌보는 것이 최고의 성과를 내는 실제적인 방법'이라고 홍보했더니 그제야 학생들이 반응을 보였다.

자신을 돌본다는 말이 물건을 사야 한다는 의미는 아니다. 인스타그램에 나오는 완벽한 이미지를 따라 하는 것도 아니다. 자신을 돌보는 것은 다양한 방식과 형태로 할 수 있다. 돈을 쓸 필요도, 이국적인 문화를 쫓을 필요도 없다. 내가 제시하는 가이드라인은 누구에게나 간단하면서도 효과 좋은 방법이 될 것이다.

1. 심호흡하기

안다. 분명 따분한 말이다. 하지만 심장과 폐에서 이루어지는 이 아름다운 율동이 육체 건강의 기본이자 우리의 기분을 조절하는 강력한 장치임을 아는가? 자신의 호흡에 대해 알아가자. 어떻게 하면 호흡이 진정되는지 느껴보자. 심장과 폐의 건강에도 도움이 되고, 불안감이 들 때 긴장을 푸는 방법을 찾게 될 것이다.

2. 숙면하기

어렸을 때는 부모님 덕분에 일정 시간이 되면 잠자리에 든다. 하지만 어른이 되면 어느 순간 의지와 상관없이 일정 시간 이상 잠자기가 힘들어지는 때가 올 수 있다. 혹시 잠을 적게 자는 것을 자랑스럽게 생각하는 사람이 있다면 빨리 그 생각에서 빠져나와야 한다.

어렸을 때 부모님이 잠을 줄여서라도 좋은 성적을 받으라고 했거나 그런 사고방식이 지배적인 직장에 다닐 수도 있겠다. 하지만 잠을 적게 자는 것을 자랑스러워하는 것은 마약에 취해 있는 것을 자랑스러워하는 것과 같다. 우리의 몸과 마음은 말 그대로 자는 동안 재충전하고 재생한다. 오래 건강하게 살고 싶다면 무엇보다 잠을 잘 자야 한다. 이제부터는 8시간을 꽉 채워서 잤다고 자랑할 수 있게 노력해보자.

3. 물 마시기

인간은 음식을 먹지 않고도 3주 정도는 버틸 수 있지만 물이 없으면 3~4일을 버티기 힘들다. 물이 없으면 장기가 제대로 움직이지 못한다. 주스나 커피, 차, 탄산음료에도 물은 들어 있지만 몸 속 기관이 제 기능을 발휘하기 위해서는 음료수 말고 그냥 물을 많이 마시는 것이 좋다.

4. 몸 움직이기

우리 몸은 활동이 필요하다. 운동 능력이 제한적인 사람은 물리치료사나 운동을 도와주는 사람의 도움을 받아서라도 운동을 해야 한다. 요가, 필라테스, 맨몸운동, 기氣 수련, 근력 운동 등은 몸을 서서히 튼튼하게 만들어주는 좋은 운동이다. 걷기, 수영, 달리기, 호신술, 구기 운동, 댄스, 정원 가꾸기, 자전거 타기 같이 심장박동을 높이는 운동도 좋다.

어떤 운동이든 심장과 폐를 강화하고 근육과 관절, 팔다리의 민첩성을 기르는 것을 목표로 삼으면 된다. 운동할 때 나오는 엔도르핀은 기분을 좋게 만들어준다. 나는 코로나로 활동 제약이 심할 때 러닝머신에서 운동하고 얻은 엔도르핀 덕분에 그나마 힘든 시간을 이겨낼 수 있었다.

5. 음식을 골고루 먹기

음식은 우리 몸을 위한 연료다. 음식을 만들고 천천히 음미하는 행위만으로도 정신건강에 도움이 된다. 나는 한동안 유행하다 사라진 많은 식이요법을 보았다. 어떤 식이요법이 좋다는 말은 하지 않겠다. 만족감을 주면서도 건강한 식이요법은 각자가 찾아야 한다. 가능하면 먹는 즐거움도 놓치지 않았으면 좋겠다. 특히 식이 장애가 있는 사람은 반드시 전문가의 도움을 받기 바란다.

6. 자기 인생의 주도권 찾기

만약 부모가 자녀에 대해 모든 것을 알아야 하고, 사소한 것까지 챙겨주고, 원하는 것을 들어주었거나 반대로 지나치게 비난적이었다면 주도적인 성인으로 자라는 토대가 되는 자립심을 기르지 못했을 수 있다.

자신을 잘 돌본다는 말은 이런 부모님에게 "의도는 감사하지만 제 문제는 제가 알아서 할게요"라고 말할 수 있어야 한다는 의미다. 이런 자세는 부모님과의 관계에서 건강한 경계선을 세우는 데 큰 도약이 될 것이다. 진정한 어른이 되기 위해 꼭 거쳐야 하는 단계이기도 하다.

최근 연구 결과들은 아이들이 두려움을 경험하지 않게 미리 차단하는 부모들이 문제를 더 심각하게 만든다는 것을 알려준다. 가령 어두운 것을 싫어하는 아이, 혼자 있는 것을 두려워하는 아이, 특정 음식만 먹는 아이에게 싫은 것을 경험하지 못하게 하면 두려워하는 정도가 더 심해질 수 있다. 이런 문제로 고민이 드는 사람이 있다면 전문가의 상담을 받아보기 바란다.

7. 감정 돌보기

영국인인 우리 엄마는 감정 표현에 인색하다. 아시아인 친구 중에서도 부모님에 대해 그렇게 말하는 사람이 있다. 국적이나 인종을 떠나서 아이들의 생각이나 기분, 욕구는 고려하지 않고 '무조건 나를 따르라'는 식으로 대하는 부모도 있고, 그냥 내버려 두거나 학대하는 부모도 있다.

어떤 환경에서 어떻게 자랐든지 다양한 감정을 느끼는 것은 지극히 당연하다. 감정은 돌덩이와 같다. 억누르면 당장에는 효과가 있는 것처럼 보일 수 있지만, 갈수록 무거워져 자신을 짓눌러서 사람들과의 상호작용이 힘들어질 수 있다. 따라서 감정은 일기 쓰기, 명상, 대화 등의 다양한 방식으로 그때그때 표출하는 것이 바람직하다.

한편으로 인생에는 우리 의지와 상관없는 거대한 힘도 작용한다. 현대인의 바쁜 일상과 기술 의존으로 외로움 문제가 점점 심각해지고 있고, 기후 변화, 소득 불균형, 정치 갈등, 인종차별, 총기사고 같은 실존적 위협도 늘고 있다. 게다가 이제는 코로나바이러스와 같은 전염병과도 끝없이 전쟁을 치러야 한다.

이런 문제까지 고민하다 보면 한없이 우울해지고 무기력해질 수 있다. 하지만 아무 일도 없는 척하는 것은 좋지 않다. 내가 할 수 있는 일에 집중하면서 계속 나아가야 한다. 자신이 통제할 수 있는 것들에 집중하라. 당신은 생각하는 것보다 강하다.

8. SNS를 균형 있게 사용하기

인스타그램을 쓰지 말라고 하지는 않겠지만 앞서 말했던 연구 결과는 한 번 더 언급한다. 정서적으로 힘든 시기에 있거나 혹은 전반적으로 자존감이 낮은 사람은 소셜 미디어로 더 크게 영향을 받았고,

정서적으로 건강한 사람은 거의 영향을 받지 않았다. 혹시 마음을 달래고 싶을 때 스마트폰만 들여다보는가? 만약 그렇다면 친구를 만나 얼굴을 보며 대화하자. 완벽한 모습으로 전시된 다른 사람의 삶이나, 논쟁을 일으키는 의견은 자주 접하지 않는 것이 좋다.

9. 필요한 것이 있으면 직접 요구하기

나도 어렸을 때는 필요한 것을 직접 요구하기가 힘들었다. 그러다 보니 10대, 20대까지도 내게 필요한 것이 있을 때 사람들에게 직접 요구하는 대신 사람들이 내가 원하는 것을 알아주기만 바랐다. 거절 당하는 것을 피하는 방법이었지만 대체로 원했던 결과를 얻지는 못했다. 내게 필요한 것을 요구하는 것이 수월해진 것은 40~50대가 되고 나서다. 대부분의 경우 필요한 것이 있을 때는 직접 요구하는 것이 가장 빠른 해결책이다.

10. 정기적으로 건강검진 받기

많은 사람이 이런저런 이유로 건강검진을 주기적으로 받지 않는다. 경제적으로 여유가 없거나 병원에서 좋지 않은 경험을 해서 병원에 가는 것 자체가 싫은 사람도 있을 것이다. 경제적인 문제라면 저소득층을 위한 의료 지원이 있는지 자치단체나 보건소를 찾아보고, 보험이 있으면 적극적으로 이용하자.

이상적으로는 매년 건강검진을 받는 것이 좋다. 나이, 성별, 건강 상태, 생활방식을 고려해서 필요한 예방주사도 추천받을 수 있을 것이다. 의사에게는 자신의 건강 문제에 관해 솔직하게 말할 수 있어야 한다. 의사가 만약 부당하게 대우하거나 편견을 보인다면 다른 병원을 찾아라.

여러 사람과 성관계를 하는 사람은 6개월마다 성병 유무를 확인하고 문제가 있으면 파트너에게 알려야 한다. 치아 검진은 1년 두 번, 안과 검진은 건강 상태에 따라 필요할 때 확인해 보는 것이 좋다. 평소에 혈압, 혹은 당 수치가 높거나 몸에 비정상적인 혹 같은 것이 있으면 나중에 심각한 문제가 될 수 있다. 거두절미하고 지금부터라도 건강을 챙겨야 한다. 나이가 들면 젊을 때부터 건강을 챙긴 것에 감사하게 될 것이다.

11. 필요할 때 심리치료 찾기

매주 한 시간씩 누군가가 내 이야기만 집중해서 들어준다면 어떨까? 정말 괜찮지 않을까? 힘든 시기를 보내고 있다면 심리치료를 적극적으로 이용해보자. 심리치료를 통해 도움을 많이 받은 사람으로서 나는 심리치료를 매우 긍정적으로 생각한다. 적당한 비용으로 심리치료를 받을 곳은 많다. 보통 비용에 차등을 두고 다양한 프로그램을 제공하는데, 좋은 치료사라면 우리 마음속에 있는 모든 불편한 감정을 꺼내놓을 수 있게 도와줄 것이다.

만약 여러분의 부모님이 감정 표현을 좋아하지 않는 사람들이었다면 그런 태도에서 벗어나서 자기 삶의 주도권을 찾아야 한다. 이제 이렇게 말해보라. "부모님은 감정 표현을 좋아하지 않았지만 내 삶은 내가 알아서 할게요. 내가 도움이 받고 싶다면 어떤 도움을 어떻게 받을지는 내가 정하겠어요"라고.

앞서 만난 정신과 의사 로리 고틀립은 사람들이 자신의 마음을 솔직하게 이야기하기까지 시간이 너무 많이 걸린다고 말한다. "사람들이 깨닫지 못하는 게 있어. 진짜 어른이라면 자신의 정신건강도 돌봐야 해. 그건 선택의 문제가 아니야. 자기 책임을 다하려면 우선 마음이 편해야 하거든.

침대에서 일어나지 못할 정도로 우울해질 때까지 기다리지 말고 계속 기분이 이상하다는 생각이 든다면 확인해보는 것이 좋아. 정신건강은 모든 방면에 영향을 미치니까."

한 가지 덧붙이자면 약물치료를 받을 때처럼 심리치료를 받을 때도 자신에게 효과가 있고 도움이 되는지 확인해야 한다. 댄과 나는 2014년에 부부 치료를 받았다. 상담일에 미주리주에서 마이크 브라운이라는 비무장 10대 소년이 경찰의 총에 맞아 죽는 사건이 있었다. '흑인의 목숨도 소중하다' 운동이 확산한 계기이다.

나는 이 뉴스를 듣고 충격에 빠져 있다가 상담에 10분 늦게 도착했다. 나는 댄과 상담 치료사에게 사과하고 두 사람에게 그 뉴스를 전했다. 댄은 걱정스러운 눈으로 나를 바라보았지만, 백인 남자였던 치료사는 '그래서 뭐가 문제인데요?' 하는 표정으로 나를 보았다.

우리는 몇 달 더 그에게 상담을 받았지만, 지금 생각해보면 그날 나는 그에 대한 신뢰를 잃었던 것 같다. 고민할 필요도 없이 다른 치료사를 찾았어야 했다. 지금 만나는 치료사가 나를 완전히 이해하지 못하는 사람이라면, 빨리 다른 치료사를 찾는 것이 좋다.

12. 약을 현명하게 이용하기

어릴 때부터 약을 먹던 사람은 어른이 되면 약을 그만 먹어도 될 것 같은 생각이 든다고 한다. 어른이 되었으니 안심해도 된다고 생각하는 것이다. 하지만 나는 인생에서 새로운 국면에 접어들 때 먹던 약을 중단하는 것을 조심하라고 당부하고 싶다. 어쩌면 그 약이 그동안 쭉 도움이 되었을 수 있다.

정신건강 전도사 아만다 젤렌더는 이렇게 말한다. "신경 다양성이 있는 사람들에게는 약물치료가 복잡할 수 있어요. 물론 약이 건강에 도움이 된다면 계속 잘 이용하는 게 좋아요. 사실 약을 꾸준히 이용할 수 있는 것만으로도 혜택받은 사람들이라고 할 수 있어요. 약이 도움이 되는지 내 몸에 귀를 기울이는 것이 중요해요.

약을 갑자기 끊는 건 안전하지 않아요. 저도 예전에 여러 정신질환 약을 먹었어요. 도움받을 때도 있었고, 과다복용으로 나빠지기도 했죠. 적응 기간을 가지면서 서서히 줄여나갈 때도 있었어요. 정신건강 치료에 누구에게나 통하는 한 가지 방법은 없어요. 약은 여러 선택지 중 하나일 뿐이에요. 병으로 이익을 얻는 시스템 안에서는 모든 사람이 건강한 상태에 도달하기 어렵다는 것을 인식하면서 가진 것으로 최선을 다하세요."

다른 사람과 비슷한 진단과 처방을 받을지라도 어떤 약을 먹을지 말지는 자신의 상황과 상태에 따라 다를 수 있다. 사람들은 누가 약을 먹는지 안 먹는지에 관심을 가지지만, 내 필요에 따라 하는 일에서는 다른 사람의 판단에 휘둘릴 필요가 없다.

13. 사람들과 어울리기

행복하게 오래 살기 위해서는 사람들과 관계를 잘 맺는 것도 중요하다. 내가 좋아하고 나를 좋아해 주는 사람들과 즐겁게 교류하라. 그 교류가 꼭 직접적인 만남이어야 할 필요는 없다. 사실 우리는 코로나 팬데믹을 겪으면서 특정 상황에서는 사람들과 안전하게 교류할 수 있는 유일한 공간이 온라인밖에 없을 수도 있다는 것을 경험했다.

중요한 것은 우리가 만나는 사람들이 '선택된 가족'이라는 것이다. 선택된 가족은 서로 소속감을 느끼고, 서로에게 진실할 수 있고, 서로를 통해 일종의 삶의 의미를 느낄 수 있는 사람들이다. 선택된 가족은 자신을 돌볼 때 매우 중요한 역할을 한다. 어떤 사람들은 진짜 가족에서 그 역할을 찾고, 어떤 사람들은 가족 밖에서 그 역할을 찾는다. 어떤 사람들을 선택된 가족으로 삼을지는 내 선택에 달렸다.

14. 웃고 즐기기

운동할 때와 마찬가지로 웃을 때도 고통, 스트레스, 불안감을 완화하는 엔도르핀이 분비된다. 사람들에게 농담을 건네고, 넷플릭스에서 코미디 영화를 찾아보고, 놀 때는 즐겁게 놀자. 우스꽝스러운 놀이를 하거나 가만히 쉬는 것도 좋다. 긴장을 풀고 즐겁게 웃을 수 있는 시간을 가져보자.

15. 포옹하기

나의 아버지는 공중보건의사로서 평생 서양 의학에 몸담았지만 전통적인 지혜도 존중했다. 1980년대 아버지는 공중보건국의 의무

총감 보좌관으로 대체 의학에 관한 회의를 주재하며 '하루 4번 포옹하기'라고 적힌 티셔츠를 집으로 가져왔다. 당시 우리 가족은 포옹이 의학적으로 효과가 있다고 막연히 믿고 있을 때여서 아버지가 그 티셔츠를 집으로 가져왔을 때 놀라워했던 기억이 난다.

이제는 여러 연구 결과를 통해 포옹할 때 기분을 좋게 해주는 호르몬인 세로토닌과 옥시토신이 나온다는 것이 밝혀졌다. 이 호르몬은 우리가 다른 사람을 안거나 만지거나 가까이 앉을 때 나오는데, 스트레스 호르몬 수치와 혈압, 심장박동을 낮추고 심지어 통증을 줄여 준다. 애완동물이나 인형을 안아도 같은 효과가 있다는 연구 결과가 있으니 포옹할 만한 사람이 주변에 없어도 좌절할 필요는 없다.

16. 오르가슴 느끼기

성적 쾌락은 건강하고 활력 있는 성인의 삶에 있어서 빼놓을 수 없는 주제다. 오르가슴은 혼자 느껴도 좋고 다른 사람과 함께 느껴도 좋다. 자위나 오르가슴을 터부시하는 분위기에서 자랐다면 그런 낡은 사고방식은 이제 날려버리자. 오르가슴을 느끼면 강력한 신경 화학물질인 도파민과 옥시토신이 분비된다. 도파민은 기분을 좋게 하고, 옥시토신은 친근감, 신뢰감 같은 긍정적인 감정을 느끼게 한다. 오르가슴을 통한 즐거움은 성별, 성적 취향, 결혼 여부, 파트너 유무, 성 정체성에 상관없이 누구라도 추구할 수 있다. 성적 쾌락을 얻는 데 다른 사람의 허락을 구해야 할 필요는 없다.

17. 매사에 감사하고 힘들 때 지혜를 구하기

특정한 신앙을 믿어도 좋고, 어떤 영적인 존재에 믿음을 가져도 좋고, 종교나 영적인 존재를 전혀 믿지 않아도 상관없다. 어떤 신념 체계를 통해 꾸준히 힘을 얻을 수 있으면 된다. 마음의 평화를 얻기 위해 따로 찾아갈 만한 특별한 장소가 있어도 좋고, 마음속으로 생각하는 방식도 괜찮다.

감사함을 느끼는 대상이나 사람에 대해 생각해보고, 힘들 때 용기와 지혜를 구하라. 우리는 계속 성장하고 있다는 사실을 기억하자. 성장과 배움은 숨을 거두는 마지막 날까지 계속될 것이다.

18. 용서하기

힘든 일을 겪은 사람에게 그 일을 어떻게 받아들이고 대처하라고 말할 수는 없지만, 마음속에 분노와 트라우마를 안고 있으면 생리학적으로 자신에게 해롭다는 이야기는 해주고 싶다.

나는 원래 화를 잘 냈다. 감정적으로 자극을 받으면 내 말은 강력한 무기가 된다. 솔직히 우리 가족 전부 그랬다. 하지만 나는 사십 대 초반이 되면서 내 안에 쌓인 분노가 날뛰는 야생마와 같다는 것을 깨닫기 시작했다. 내 심장과 혈압에도 좋지 않고 주변 사람에게도 좋을 리가 없다.

누군가를 용서할 마음이 들지 않더라도 자신을 위해 그렇게 하는 것이 좋다. 어떤 사람의 나쁜 행동 자체를 용서하라는 의미가 아니라 내 안에 있는 상처와 나쁜 기억을 놓아주라는 의미다.

용서하라는 조언에는 자기 자신에 대한 것도 포함된다. 아디나 글릭먼은 "분노를 표출하는 것은 다른 사람이 아닌, 자신의 피를 끓게 한다. 다른 사람이 아닌, 자신을 가두게 한다. 분노를 품는 것은 내가 독약을 마시고 다른 사람이 죽기를 기대하는 것과 같다. 용서는 다른 사람에게 좋은 일처럼 보이지만 사실은 자신을 성장하게 하는 길이다"라고 말한다.

아디나는 자신을 용서하기 위해서는 관대한 마음을 낼 필요가 있다고 말한다. 이미 지나간 일이라면 다음에 같은 실수를 저지르지 않기 위해서 무엇을 할 수 있는지 고민하자. 그리고 자신을 용서하자. 그래야 더는 과거에 집착하지 않고 앞으로 나아갈 수 있다. 이때 매사에 감사하고 지혜를 구하는 일이 도움을 줄 것이다. 상처가 깊을 때는 심리치료를 받는 것도 좋다.

19. 낮잠의 힘을 이용하기

조 홀트그리브 교수는 15분간의 짧은 낮잠도 인생을 바꿀 수 있다고 단언한다. 단 낮잠을 너무 오래 자면 렘수면에 들어서 깼을 때 개운하지 않고 더 몽롱해질 수 있다. 잠깐의 휴식으로 낮 동안에 쌓인 피로를 풀고 빨리 기운을 회복할 수 있는 정도가 적당하다.

언제나 몸과 마음을
돌보아라

미리 밝히자면 이 이야기는 청소년 자살 문제에 관한 것이다. 나는 우리 아이들과 같은 학교에 다니는 톤을 고등학교 때부터 알고 지냈다. 그해 톤의 세 친구가 스스로 목숨을 끊었다. 끔찍한 비극이었다.

"정말 충격적인 건 그 일이 어떤 사고가 아니었다는 거예요. 그 친구들의 선택이었잖아요. 제 친구들이 정신적으로 얼마나 힘들었으면 그런 선택을 내렸을까요? 하지만 전 아무 일도 없는 척 그냥 살아야 했어요."

그 전까지 톤의 삶은 열심히 공부해서 좋은 대학에 들어가고 좋은 직장을 구하는 것이 전부였다. 나는 학생들의 자살 사건이 있고 나서 톤을 조금 알게 되었다. 다른 부모들처럼 나도 아이들이 슬픔을 이겨내도록 도왔다.

그 시절 톤의 눈빛에는 영혼이 없어 보였다. 이제 스물두 살이 된 톤은 그동안의 고통을 이겨내고 마음을 잘 추스르고 있다. 그는 독자들에게 도움이 되기를 바라며 기꺼이 자신의 이야기를 공유해주었다. 어려운 이야기를 꺼내준 그에게 감사한 마음을 전한다.

"부모님은 중국인이세요." 톤은 이야기를 시작했다. "전 싱가포르에서 태어나서 아기 때 미국으로 왔어요. 정신적인 문제는 밖으로 드러내지 않는 편이에요. 미국에 살고 있지만, 저도 힘든 일을 겪어도 제 기분을 다 드러내면 안 된다고 배웠죠. 상황이 심각하지 않을 땐 괜찮은데, 고등학교 때처럼 그런 끔찍한 일을 겪으면 그런 말이 도움이 안 될 때가 많아요." 톤은 겉보기에 그럭저럭 잘 지냈다. 어쩌다가 힘든 감정을 표현하면 그의 부모님은 '사춘기라서 그렇다. 다 그러면서 큰다'고 했다.

그는 좋아하는 운동을 마음껏 즐기고, 훌륭한 교육을 받을 수 있는 미시간대학교에 들어갔다. 2017년 가을부터 1학년 생활이 시작되었다. 4주쯤 지났을 때 강의실을 걸어 들어가는데 이상한 일이 벌어졌다. "갑자기 정신을 차릴 수가 없었어요. 모두가 저를 노려보는 것 같았어요. 정신이 하나도 없고 심장이 쿵쾅거렸죠. 숨쉬기가 힘들었어요." 그는 건물 밖으로 뛰쳐나갔다. 그 증상이 공황장애라는 것은 나중에 알았다.

마침 그때 어머니가 그를 보러 왔다. 그는 그날 있었던 일을 어머니에게 털어놓았다. "병원에 데려가 주세요. 안 그러면 제가 이상한 짓을 할지도 몰라요." 톤은 고등학교 때도 정신적인 문제를 겪은 적이 있었지만 아무것도 할 수 없는 기분을 느낀 것은 처음이었다.

톤의 어머니는 고등학교 때와 다르게 이번에는 상황을 진지하게 받아들였다. "어머니께 병원에 데려가 달라고 부탁했을 때 정말 아무것도 할 수 없는 상태였어요. 그냥 슬픈 정도가 아니었고 저절로 나아질 거라는 생각도 전혀 들지 않았어요. 제 속을 어머니께 모두 꺼내 보였죠. 그런 저를 보시고 어머니는 제 상황을 실감하셨어요. 심각하게 받아들이셨죠."

톤은 병원에서 우울증과 불안장애를 진단받고 일주일 이상 입원했다. 퇴원하고 집으로 돌아와서는 집중 외래 치료를 받았다. 일주일에 5일 동안 하루 6시간씩 그룹 치료와 개인 치료를 받았다. 치료를 받던 초기에 한 번은 집 근처 상점에 갔다가 고등학교 때 친구들을 마주쳤다. "이야기도 하지 않고 얼굴을 보기만 했는데도 발작이 왔어요. 숨이 가빠 화장실로 뛰어갔어요. 앉아서 마음을 진정시켜야 했죠."

그동안 가두어두었던 모든 감정을 쏟아낸 것은 외래 치료 프로그램을 받을 때가 처음이었다. 고등학교 때도 심리치료를 몇 번 받은 적이 있었지만, 억지로 말을 해야 할 것 같은 분위기가 너무 불편하게 느껴졌다.

외래 치료 프로그램에서는 그룹 치료가 많았는데, 그 방식이 톤에게 잘 맞았다. "심리치료를 받는 다른 사람들과 교류할 수 있는 게 좋았어요. 이야기를 듣고 조언을 건네는 일이 제 감정을 다루는 데도 도움이 되었던 것 같아요."

6주간의 집중 외래 치료가 끝나고 일대일 치료로 넘어갔다. 이제 톤은 좀 더 편하게 치료를 받을 수 있는 상태가 되었다. 처음 만난 치료사와는 마음이 잘 맞지 않아서 다른 치료사를 찾아보았다. "신발을 살 때 이것저것 신어보는 것처럼 심리치료를 받을 때도 맞는 치료사를 잘 찾는 게 중요해요."

2018년 가을, 톤은 1학년을 다시 시작했다. 이번에는 그의 집 근처인 실리콘밸리에 있는 산타클라라대학교를 선택했다. 그는 학점을 따기 위한 수업을 찾다가 한 학생이 '인생을 바꾼' 수업이라고 평가한 생활 글쓰기라는 수업을 우연히 듣게 되었다.

이 수업은 시작 방식이 독특했다. 수도승 생활을 했던 교수님은 수업을 시작할 때마다 5분간 명상 시간을 주었다. 톤은 처음에 그 시간 동안 눈만 감고 아무것도 하지 않았다. 하지만 2주 차에 접어들면서 명상하는 동안 마음이 편해지는 기분을 느꼈다. 수업을 받은 날은 온종일 마음이 편안했다. 그 수업으로 일기 쓰기의 가치와 자신의 마음에 집중하는 법, 순수하게 자신의 마음을 여는 법을 배웠다.

"이젠 저의 정신건강 문제를 사람들에게 편하게 이야기할 수 있어요. 제게 이런 문제를 극복할 수 있는 유일한 길은 대화예요. 특히 끔찍한 일을 당했을 때는 자기 생각을 표현하기가 더 힘들 수 있어요. 하지만 트라우마를 극복하고 회복하려면 그 문제에 관해 이야기하는 것이 가장 좋은 방법이에요."

톤은 생활 글쓰기 수업을 들은 후로 매일 자신의 정신적인 건강 상태를 기록하고 있다. "매일 아침 제일 먼저 명상을 해요. 불편한 감정이 들지 않는지, 어떤 것에 스트레스를 느끼지 않는지 알아내려고 해요. 저녁에는 잠들기 전에 왜 스트레스를 느끼는지, 어떻게 하면 스트레스를 받지 않을지 생각해보고 기록을 남겨요." 그는 특히 코로나가 한창 유행했을 때 이 방법으로 도움을 많이 받았다.

톤에게 앞으로 어떤 일을 하고 싶은지 물었는데, 그가 경제학을 전공하고 있다고 해서 조금 놀랐다. 나는 경제학을 선택한 특별한 이유가 있는지 물었다. 톤은 유쾌하게 웃으며 이렇게 말했다. "솔직히 저도 경제학이 좋은지는 잘 모르겠어요. 어쨌든 전공을 정해야 했고, 경제학을 선택하면 나중에 직업을 선택할 때 유용할 것 같아서 선택했어요.

사실 정말로 하고 싶은 일은 심리치료사가 되는 거예요. 나중에라도 꼭 그 일은 해보고 싶어요. 하지만 아직은 다른 사람들에게 집중할 만큼 제가 정신적으로 강하지 못하다고 생각해요. 아직은 다른 사람을 도울 상황이 아닌 거죠." 부모님도 그 생각을 긍정적으로 받아들인다고 한다. "제가 치료를 받고 좋아지는 모습을 보신 후로 저를 응원해주세요. 제가 도움을 받았듯이 저도 다른 사람들을 도울 수 있다고 생각하시는 것 같아요."

내가 보기에 톤은 이제 예전보다 자신을 더 잘 아는 것 같았다. "저도 그렇게 생각해요. 정신건강 문제를 해결하려고 노력하는 과정에서 자신이 어떤 사람인지 더 잘 이해하게 되는 거 같아요." 나는 톤에게 과거의 나에게 어떤 말을 해주고 싶은지 물어보았다.

"어떤 일을 할 때 이유를 아는 것이 중요하다고 말해주고 싶어요. 그냥 해야 해서 한다고 생각하면 길을 잃기 쉬워요. 왜 그 일을 하고 싶은지 이유를 알아야 해요. 좋아야 할 대상은 언제나 더 많이 있을 테고 자신에게 절대 만족하지 못할 테니까요.

어떤 일을 할 때는 대학 입학에 필요해서가 아니라 그 일이 '좋아서' 해야 해요. 어떤 클럽에 가입할 때는 이력서를 돋보이게 해서가 아니라 그 클럽 활동에 열정이 있어야 하죠.

자신을 정당하게 대하고 필요한 치료가 있다면 꼭 받는 게 중요해요. 갭이어를 가져도 좋고 학교를 쉬어도 좋고 뭐든 괜찮아요. 정신건강은 정말 중요하게 생각해야 해요.

정신건강을 잘 돌보지 않으면 인생이 망가질 수 있어요. 돌아보면 학교를 그만둔 몇 달간은 나에게 일어난 일을 믿을 수 없었어요. 지금은 제게 일어난 일 중에서 가장 좋은 일이었다고 생각해요. 내가 나를 정당하게 대우할 필요가 있다는 것을 알게 해주었으니까요."

9장

이제 다시
일어날 시간이야

시련 없는
인생은 없다

"도와줄 사람을 찾아라."

-미국의 방송인이자 장로교 목사 프레드 로저스

인생에서 슬픈 일은 반드시 일어난다

나는 여러분에게 나쁜 일이 일어나지 않기를 바란다. 하지만 어느 정도 나이가 들고 보니 그럴 가능성은 거의 없다는 것을 알게 되었다. 그럴 때 여러분에게 도움이 되기를 바라며 이번 장을 준비했다.

솔직히 말해서 나도 지금 약간 힘든 상태다. 처음 이 장을 구상할 때는 죽음이나 재난에 관한 이야기를 해볼 생각이었다. 큰 시련은 우리에게 어떤 영향을 미치는지, 어떻게 대처해야 하는지, 어떻게 이겨나가야 하는지, 어떤 교훈을 얻을지 등을 이야기해보고 싶었다. 그런데 이 책을 쓰던 중 코로나19가 터지면서 우리를 충격과 공포, 절망에 빠뜨렸다.

그 몇 달 전에는 조지 플로이드라는 흑인이 경찰의 과잉진압으로 숨지는 사건이 발생했다. 무장하지 않은 흑인이 법 집행관의 손에 죽어간 최근 사례다. 이 사건은 언제라도 폭발할 수 있는, 우리 사회에 깊이 뿌리 박힌 인종차별 문제를 또 한 번 우리에게 일깨워주었다. 그런 의미에서 나는 모든 사람이 인생에서 겪을 수 있는 시련을 어떻게 바라보고 극복해나갈지 이야기해보려고 한다.

먼저 인간이 큰 슬픔을 대면할 때 겪게 되는 과정인 '슬픔의 5단계'를 소개한다. 이 5단계는 사랑하는 사람의 죽음이나 실직, 자연재해, 실연, 질병 등 우리가 겪는 모든 힘든 일에 적용될 수 있다.

부정Denial, 분노Anger, 타협Bargaining, 우울Depression, 수용Acceptance으로 알려진 퀴블러-로스의 슬픔의 5단계는 머리글자를 따서 'DABDA 모델'로도 알려져 있다.

1단계: 부정

자신에게 그런 일이 일어났다는 것을 받아들이기 힘들고, 아무 일도 없었다는 듯 일상을 보내기도 한다. 혹은 무언가 잘못되었다고 생각하고 마냥 혼란스러워한다. 해야 할 일이 있으면 감정 없이 의무적으로만 처리할 수도 있다. 결과가 달라지기를 바라며 머릿속으로 계속 그 일을 생각한다.

2단계: 분노

1단계를 지나면 이제 분노를 느끼는 상태가 된다. 자신에게 이런 일이 일어나는 것이 공평하지 않다고 생각해 화가 난다. 누구를 탓해야 하는지, 왜 이런 일이 일어났는지 반복적으로 생각한다. 좌절하고 격한 감정에 휩싸인다.

3단계: 타협

결과를 되돌려보려고 시도한다. 나쁜 결과를 초래하는 데 책임이 있는 사람들은 다시는 그런 일이 없을 거라고 애원하며 매달린다. 희생된 쪽의 사람은 시련을 겪지 않게 해달라고 절대적인 존재에 매달린다. 요구의 대가로서 어떤 면에서 더 나은 사람이 되겠다고 약속한다.

4단계: 우울

기도와 타협이 먹히지 않음을 알고 깊은 상실감에 빠진다. 사람들과 교류하지 않고 주변에서 일어나는 일에 관심이 없으며 자기 삶을 제대로 살지 못한다.

5단계: 수용

현재 상황을 받아들인다. 자신에게 어떤 선택권이 있는지 찾아보고 계획을 실행에 옮기며 다음 단계로 나아간다.

모든 사람이 이 다섯 단계를 똑같이 거치는 것은 아니다. 또 어떤 단계는 몇 분 만에, 어떤 단계는 몇 년씩 이어질 수도 있다. 어쨌든 큰 틀에서 우리가 시련을 겪을 때 이런 단계를 거친다는 것을 이해하는 것이 중요하다.

이번 장에는 나를 포함해 개인적인 경험담이 소개된다. 여러분이 처한 상황과 직접 관련되지 않을 수도 있지만, 인간이 문제를 만났을 때 그것을 해결하고 나아가는 방식은 사실 매우 보편적이므로 시사하는 바가 있을 것이다.

지진이 일어났던 날

1989년 가을, 대학을 갓 졸업한 스물한 살의 나는 댄과 뜨거운 사랑에 빠져 있었다. 우리는 캠퍼스 근처의 집에서 같이 살았다. 솔직히 말해서 그 집은 우리 능력으로 감당하기 버거웠다. 하지만 꼭 그 집이어야 한다고 우긴 건 나였다. 그때 나는 잠시 학생지원센터에서 대학생들에게 지역 봉사 활동을 연계해주는 일을 했고, 댄은 스탠퍼드대학에서 마지막 학년을 보내고 있었다.

1989년 10월 17일 화요일, 나는 여느 때처럼 학생지원센터로 출근했다. 내가 일한 학생지원센터는 19세기 때 지어진 오래된 건물 안에 있었다. 일주일 전에 도장 보수 작업이 있었는데, 인부들이 페인트 작업을 하던 중에 '지난번은 어떻게 버텼어도 다음은 못 버티지'라고 자기들끼리 주고받는 말을 들었다. 그 '지난번'은 1906년 샌프란시스코 대지진을 말하는 것이었다.

그날 오후 5시 진도 6.9 규모의 지진이 샌프란시스코 베이 지역을 강타했다. 나는 가장 안전한 장소로 여겨졌던 우리 사무실 출입구 쪽으로 뛰어갔다. 머릿속에서 페인트공들의 말이 계속 떠올랐다. 철재 캐비닛이 쓰러지고 새로 페인트칠한 벽이 지그재그로 갈라졌다.

나는 침착함을 잃지 않으려고 애쓰면서 겁에 질린 채 그 모습을 지켜보았다. 문설주를 붙잡고 몸을 일으키며 복도 밖을 내다보는데 옆 사무실에서 일하는 잔느라는 직원과 눈이 마주쳤다. 그녀도 자신의 사무실 출입구 벽을 붙들고 있었다.

우리는 우리 머리 위인 3층 어딘가에 아주 무거운 욕조 하나가 있다는 것을 깨달았다. 서로를 마주 본 우리의 눈빛은 살아남지 못할지도 모른다는 생각으로 잔뜩 공포에 질려있었다.

지진은 15초 뒤에 멈췄다. 사무실 전화기가 먹통이 되었고, 전기도 들어오지 않았다. 나는 소지품을 챙겨 아래층으로 뛰어 내려갔다. 건물 밖으로 나갔을 때 동료들이 모두 무사한 것을 보고 안도의 한숨을 내쉬었다. 사람들이 삼삼오오 모여서 굴뚝이 무너졌네, 뭐가 무너졌네, 이야기하고 있을 때 나는 댄을 찾으러 간다고 동료에게 말하고 내 차에 올라탔다.

우리가 살던 집은 캠퍼스에서 3km 거리였지만 도로가 막혀서 차가 꼼짝하지 않았다. 신호등은 모두 먹통이 되어있었고, 사람들은 넋

나간 표정으로 운전석에 멍하니 앉아만 있었다.

댄은 지진이 났을 때 집에서 과제를 하던 중이었다. 지진이 멈출 때까지 문설주 사이에 서서 기다렸다가 바닥에 카세트테이프 더미만 떨어져 있는 것을 보고 안도했다고 한다.

그는 우리 사무실로 전화를 걸어도 연결이 되지 않자 길이 막힐 수 있다고 생각해서 자전거를 타기로 했다. 출발 전 아파트 로비에 있는 유리문에 '줄리, 나 자전거로 학교에 가고 있어. 댄. 5:15 p.m.'이라고 쓴 메모를 붙여두었다. 자신이 너무 과민 반응하는가 싶어 메모에 지진 이야기는 쓰지 않았단다.

내가 집까지 오는 데는 거의 1시간이 걸렸다. 주차장에 차를 대고 보니 안전 점검이 끝나기를 기다리는 사람들이 잔디밭에 모여 있었다.

주위를 둘러보니 자동차는 있었는데 댄이 보이지 않았다. 갑자기 불안한 마음이 들었다. 얼마 지나지 않아 그가 자전거를 타고 오는 모습이 보였다. 그제야 안심이 들어 서로 안고 눈물을 흘렸다.

안전 점검이 끝나 집으로 들어가자, 댄과 나는 소파에 담요를 두르고 나란히 앉아 TV를 켰다. 손도 꽉 잡았다. 뉴스 진행자가 이렇게 말했다. "사람들의 비명이 이어졌습니다. 정말 끔찍한 상황이었습니다." 한편으로는 나만 겁에 질렸던 것이 아니라는 것을 알게 되어 다행이라는 생각도 들었다. 19세기 때 지어진 그 건물로 다시는 돌아가고 싶지 않았다.

TV에는 자료화면이 이어졌다. 건물에서 연기가 피어올랐고, 마리나 지구에 있는 집들이 힘없이 주저앉았다. 샌프란시스코와 오클랜드를 잇는 다리 상층부가 내려앉고, 고가도로도 무너졌다. 지진이 일어났을 때가 퇴근 시간이어서 사상자가 수천 명에 이를 수도 있었다. 부모님께 소식을 전하고 싶었지만 전화가 계속 연결되지 않았다.

당시 아나운서였던 안나 차베즈가 현장을 뛰어다니며 발 빠르고 믿음직스럽게 소식을 전했다. 몇 시간 뒤 전화가 살아나서 부모님과 통화했고, 지인에게도 전화를 돌렸다. 그날은 월드 시리즈 3차전이 샌프란시스코 자이언트 팀의 홈구장에서 열리는 날이라, 경기장이 지진으로 흔들리는 모습이 미국 전역으로 방송되었다.

당시 피해 상황을 집계하자 다친 사람은 3,700명에 달했다. 그런 상황에서 사망자가 63명뿐인 것은 기적이나 다름없었다. 사람들은 '베이 전투' 덕분이라고 입을 모았다. 메이저리그 팀 샌프란시스코 자이언트 대 오클랜드 애슬레틱스의 월드 시리즈 경기 말이다. 베이 지역에 사는 사람이라면 대부분 두 팀 중 한 팀의 팬이므로 평소보다 일찍 일을 끝내고 집에서 TV를 보고 있어서 피해를 크게 줄일 수 있었다.

댄은 허리케인과 눈보라로 유명한 코네티컷에 살았고, 나는 토네이도가 부는 위스콘신에 살았다. 우리 둘 다 자연재해의 무서움을 잘 안다고 생각했다. 하지만 허리케인이나 토네이도, 눈보라는 적어도 예측은 할 수 있지 않은가. 우리는 그 지진이 있고 나서 캘리포니아에 계속 살아도 될지를 심각하게 고민할 정도였다.

이미 너무 정이 들어서 이사는 결국 없던 일이 되었다. 댄은 다시 학교에 다니기 시작했고, 나도 직장에 나갔다. 베이 지역은 지진에서 서서히 회복되었고, 우리의 삶도 계속되었다.

그로부터 30년이 지나 회고록을 출판하고 출간기념 행사를 다닐 때, 공항에서 한 여자를 보았다. 나보다 열 살 정도 많아 보이는 라틴계 사람이었다. 분명히 아는 얼굴이었는데 도무지 기억나지 않았다. 내가 그녀를 어떻게 아는지 알아내려 한참이 걸렸다.

나는 그녀에게 다가가 말을 건넸다. "저, 실례지만 혹시 베이 지역의 아나운서 아니세요?" 그녀가 나를 보더니 "네, 맞아요. 아나운서였죠. 안나 차베즈예요." 했다. 그녀의 믿음직한 목소리는 여전했다. 갑자기 눈물이 날 것 같았다. 그녀가 나를 이상한 사람으로 볼지 모른다고 생각하면서도 계속 말했다. "차베즈 씨는 저를 모르시겠지만, 전 지진 때 차베즈 씨가 전해주는 뉴스를 들으면서 위안을 많이 받았어요. 그래서 고맙다는 말을 드리고 싶었어요." 그러자 그녀가 내 손을 덥석 잡더니 그렇게 말해주어 자신이 더 고맙다고 했다. 우리는 그렇게 인사를 나누고 다시 가던 길을 갔다.

아버지와 오빠를 먼저 보내며

지진이 있고 3개월 뒤인 1990년 1월. 나는 외부 수련회에 참석하고 있었는데, 점심시간에 잠시 집에 들렀다가 편지를 발견했다. 엄마의 반듯한 글씨체로 우리 집 주소가 적혀 있었다.

나는 조카가 앉아있는 거실에서 봉투를 열어보았다. 편지는 '사랑하는 아들, 딸에게'라는 말로 시작해서 아버지가 전립선암을 진단받았고, 다른 장기로 전이되어 치료가 안 되는 말기이며, 우리 형제들에게 동시에 편지를 보냈으니 집에 전화하지 말고 각자 배우자나 애인 외에는 말하지 말라는 내용이 써 있었다.

갑자기 아빠가 죽어간다니, 조카에게는 할아버지이지만 아무 말을 할 수 없었다. 내 위의 네 명의 형제들은 나보다 나이가 한참 많다. 그날 혼자 있는 틈을 타서 한 명에게 전화를 걸었다. 이야기하는 동안 내내 눈물을 참으려고 애썼다. 언니는 내가 자기 감정에 겨워 우는 거라며 이기적이라고 했다. 언니의 말투는 아버지 문제로 나와 이야기하고 싶지 않은 것이 확실했다.

몇 년이 지나고 나서 나는 언니가 나보다 아버지 소식을 훨씬 먼저 알았다는 것을 알았다. 그리고 왜 나에게 그렇게 말했는지 이해할 수 있었다. 하지만 그때 나는 스물둘 밖에 안 되었고, 아빠가 죽어가고 있는데 전화도 할 수 없고 언니 오빠들은 차갑기만 했다. 갑자기 세상에 혼자가 된 기분이었다.

아빠는 지구상에서 천연두를 몰아내기 위해 백신 보급에 앞장서고, 카터 대통령 집권 당시 소외계층, 특히 미국 원주민과 흑인들의 건강 증진을 위해 일한 사람이다. 그런 아버지가 자신의 몸속에서 암이 자라고 있는 것은 알지 못했다. 너무 오랫동안 자신의 몸을 돌보지 않아 치료도 소용이 없었다. 아버지는 어쩌면 죽음이 임박한 자신의 모습을 마주하기가 너무 두려웠는지도 모르겠다.

엄마의 말에 따르면 아빠는 내과 의사로 수십 년을 일하면서 환자들을 너무 많이 봐와서 사람들이 자신을 불쌍한 사람으로 보는 것을 원치 않았다고 한다. 나는 아버지의 결정에 화가 났다. 치료를 받았다면 아버지와 보낼 수 있는 시간이 더 길었을 것이다. 하지만 시간이 지나고 나 자신의 건강 문제를 마주하고 보니 병원에 가는 것이 쉽지 않은 일임을 잘 알게 되었다. 그렇지만 이 책을 읽는 독자들은 자기 몸에 이상이 있다고 느껴지면 주저하지 말고 병원에 가서 검사를 받기 바란다.

아버지에 관한 편지를 받고 다섯 달이 지난 1990년 6월, 댄은 아름다운 해변에서 한쪽 무릎을 꿇고 직접 만든 반지를 내밀며 프러포즈했다. 나는 감동의 눈물을 흘리며 좋다고 했다. 우리는 결혼식을 준비하는 동안 댄의 할머니가 어떻게 나오실지 궁금했다. 누가 봐도 인종차별주의자였던 그녀는 댄과 내가 사귀는 것을 좋아하지 않았다.

1991년 3월에는 첫째인 조지가 처음으로 우리 가족이 모두 함께하는 휴가를 계획했다. 낚시터로 유명한 호수 근처의 집을 빌렸다. 아빠가 제일 좋아하는 취미가 낚시였기 때문이다. 우리는 아빠의 건강 때문에 가족 여행을 온 것임을 알았다. 댄도 우리와 함께했다. 결혼을 약속한 사이였지만 엄마는 우리가 같은 방을 쓰는 것을 허락하지 않았다. 우리는 드라이브를 나가서 숲속에서 모기를 쫓아가며 사랑을 나눴다.

댄은 1991년 6월에 학교를 졸업했다. 우리는 그해 가을에 로스쿨에 입학하는 내 일정에 맞춰서 동부로 갔다. 그리고 1992년 8월에 뉴욕에서 결혼식을 올렸다. 온 가족이, 심지어 댄의 할머니도 왔다. 그녀가 친절하고 다정하게 사람들을 대해 너무 감사했다. 우리는 버진아일랜드 세인트존 섬으로 신혼여행을 떠났고 생애 처음이자 마지막으로 상의 누드를 즐겼다.

나는 로스쿨에서 살아남았고 몇몇 동기와는 정말 친해졌다. 졸업을 3개월 앞둔 1994년 3월 초, 댄과 저녁을 먹고 있는데 아빠의 전화벨이 울렸다. 내가 저녁을 먹고 있어서 조금 있다가 전화를 걸겠다고 하자 아빠는 "중요한 얘기야. 바로 시간을 내주면 좋겠구나."라고 말했다. 오빠인 스티븐이 시카고 병원에 입원해있는데 폐렴으로 아주 위중한 상태라는 것이었다.

우리 집 형제자매는 모두 이부형제나 이복형제로 나보다 나이가 많았고, 나는 그중 스티븐과 가장 친했다. 내가 어렸을 때 스티븐은 20대였고 로스쿨에 다니고 있었다. 주말에는 자주 나랑 놀아주었는데 그때마다 여자친구였던 마르시아를 데려왔다. 나도 그녀를 아주 좋아했다.

내가 고등학교 때는 스티븐과 마르시아가 우리 집에서 두 시간 거리에 살며 자주 방문했다. 스티븐은 내 방을 기웃거리다 책이나 노트를 뒤져보곤 했다. 반가운 일은 아니지만, 스티븐이 나에 대해 더 알고 싶어 하는 것이 느껴졌다. 세월이 흘러 나도 스티븐처럼 로스쿨에 진학했고, 스티븐은 내가 입학 지원서에 인종과 사회 정의에 관한 생각을 밝힐 때 내 편이 되어주었다. 나중에 스티븐은 시카고에 있는 미국 시민자유연합 이사회 회원으로 소외계층의 권익증진을 위해 일했다. 그런 그가 마흔 셋에 나이에 폐렴으로 죽음을 눈앞에 두고 있다는 것이었다.

다른 형제자매들도 모두 시카고로 왔다. 스티븐은 여러 개의 의료장비가 연결된 병원 침대 위에 누워있었다. 몸을 덮은 담요 위로 앙상하게 마른 몸이 드러났다. 스티븐과 단둘이 남겨졌을 때 나는 우리가 함께한 추억들을 이야기했다. 사랑한다고 계속 말했다. 그의 심장 박동이 조금씩 느려지면서 안정을 찾았다.

댄과 나는 매사추세츠로 돌아왔다. 나는 마음을 다잡고 졸업에 필요한 마지막 과제에 몰입했다. 스티븐은 두 달 뒤인 5월에 세상을 떠났다. 나는 장례식을 치르고, 로스쿨을 졸업하고, 변호사 시험을 준비하고, 캘리포니아에서 기업 변호사로 새로운 인생을 출발하는 내 내 마음을 굳게 다잡았다.

변호사로 일을 시작한 지 1년쯤 지나 스물여덟이 되던 해에 아빠는 오랜 투병 생활 끝내고 마지막 순간을 앞두고 있었다. 1995년 10월 초 금요일, 나와 언니, 오빠들은 집으로 모두 모이라는 연락을 받았다. 토요일 아침, 섬에 모인 우리는 숲길을 따라 한참을 달려 부모님 집에 도착했다. 엄마를 포함해 우리 형제, 형제의 배우자, 손주들이 모였다. 우리는 한때 아빠의 서재로 쓰였던, 이제 임종을 맞이한 아빠가 누워있는 방에 모여 나란히 무릎을 대고 앉았다.

침대에 누워있는 아빠는 실제 나이인 일흔일곱보다 훨씬 많아 보였다. 한때 홍역도 고치고 천연두도 없애고 나쁜 사람도 물리치고 산도 옮길 것 같았던 아빠가 내 기억의 절반밖에 되지 않을 정도로 앙상하게 말라 있었다. 나는 아빠에게 마지막 입맞춤을 전했다. "아빠, 저예요. 줄리예요." 나는 어린 양처럼 슬프게 울었다. 아빠는 그 순간 아주 조금 손을 들어 올렸다. 나는 자전거 타는 법을 가르쳐 주던 아빠의 손을 오랫동안 꼭 붙들었다.

30분쯤 지났을 때 한쪽에 말없이 서 있었던 호스피스 간호사가 와서 고개를 끄덕이며 아빠의 사망 선고를 알렸다. 우리는 누구랄 것도 없이 눈물을 쏟았다. 5년 동안 참아왔던 눈물을 마음껏 터트렸다. 방을 나오는 데 복도 선반 위에 세워진 아프리카 여인의 모습을 한 조각상이 보였다. 나는 내가 그곳에 있었다는 것을 영원히 기억하고 싶어 조각상을 살며시 어루만졌다.

누구에게나 애도의 시간은 필요하다

아빠가 돌아가셨을 때는 내가 법률회사에서 1년 차에 접어들었을 때다. 쉴 새 없이 일이 몰아치는 끔찍한 시기였다. 나는 아빠의 사망과 관련해 은행 일과 보험 문제를 처리해야 하는 엄마를 도와주려고 3주간 휴가를 냈다. 복귀는 11월 초에 했다. 일에 집중하고 싶었는데 내내 서류 더미를 이리저리 옮기는 일만 반복했다. 점심 먹는 시간이 길어졌고 동료들과 눈을 잘 맞추지 못했다.

나는 할 일을 정하지 못하고, 겨우 정해놓은 일도 끝까지 해내지 못했다. 머릿속이 늘 흐릿했다. 내가 왜 그런지 논리적인 설명이 필요했다. '자다가 베개에 눌려서 질식할 뻔했던 게 아닐까? 맞아, 그래서일 거야.' 겨우 생각해낸 이유가 그거였다.

그러던 어느 날 세상을 떠난 스티븐의 아내 마르시아가 내게 전화를 걸어 안부를 물었다. 나는 일할 때 집중하기가 좀 어렵다고 했다. 그는 내가 힘들어할 것 같았다며 상담을 받아본 적이 있느냐고 물었다. 상담 치료의 효과를 믿지 않는 부모님 밑에서 자란 나였다.

"상담을 한번 받아보는 게 어때?" "아, 더 좋은 생각이 났어. 네가 도움받을 수 있을 곳을 댄에게 찾아달라고 해봐." 댄은 두꺼운 전화번호부를 뒤져서 그룹 상담을 지원해주는 '카라Kara'라는 비영리단체를 찾아냈다. 댄과 마르시아는 한편이 되어 상담을 받으라고 주장했기에 나는 마침내 백기를 들고 가보기로 했다.

그날 저녁 상담을 받기 위해 오래된 저택을 찾아갔다. 문을 열고 들어가니 큰 회의실 안에 타원형 테이블이 놓여있고 사람들이 보였다. 남녀 합해서 10명가량의 사람들은 모두 백인이었다. 스물여덟이었던 내가 그중에서 제일 어려 보였다.

모임을 주관하는 사람이 새로 온 사람들을 환영해주고 규칙을 알려주었다. 돌아가면서 이름을 말한 뒤에 어떤 사람을 최근에 하늘로 보냈는지, 자신은 어떻게 지내고 있는지를 말하면 된다고 했다. 나는 내 차례가 마지막임에 안도했다.

그들은 자신의 이름과 하는 일을 말하고, 최근에 사랑하는 사람을 하늘로 보냈다는 이야기를 했다. 일에 집중하기가 힘들고, 자기가 알던 자기의 모습이 아니라고 했다. 한 사람이 이야기하는 동안 어떤 사람이 고개를 끄덕였고, 어떤 사람은 감정을 주체하지 못하고 눈물을 흘리면 옆에 있는 사람이 티슈를 건넸다.

나는 자다가 질식할 뻔했던 게 아니라 뇌가 내 감정에 적응하는 '애도'의 시간을 겪고 있다는 것을 깨닫기 시작했다. 나는 열심히 사람들의 이야기를 들었다. 그리고 내 차례가 되었을 때 처음 보는 사람들 앞에서 겪은 일들을 이야기했다.

아빠의 죽음, 스티븐의 죽음, 지진 이후 무작정 앞만 보고 달려왔던 내 과거를 차례차례 이야기했다. 내게는 큰 충격이었던 그 일들을 뒤로하고, 어떻게든 내 역할을 해내려 하던 나를 내려놓고, 처음으로 내 내면을 들여다보았다. 그리고 내가 중요한 과정을 겪고 있다는 것을 깨달았다.

다음 모임은 2주 뒤에 열렸는데 기다리는 시간이 너무 길게만 느껴졌다. 심지어 모임 장소에 원래 시작보다 일찍 도착했다. 나는 사람들을 조금씩 알아가고 이야기를 들으며 위안을 얻었다. 2주 뒤에 다시 카라를 찾아갔다. 하지만 건물에 불이 꺼져있었다. 주차장에 다른 차도 보이지 않았다. 앞문을 확인해 보니 잠겨 있었다. 나는 무작정 기다리다 아무도 오지 않는 것을 보고 집으로 발길을 돌렸다.

집으로 돌아와 전화를 걸었더니 자동응답기에서 음성이 흘러나왔다. "카라 상담 센터를 찾아주셔서 감사합니다. 성인을 위한 상담은 매달 1, 3주 수요일에 열립니다." 한 주만 더 기다리면 되니까 다행이라는 생각이 들었다.

문득 깨달았다. 힘든 일을 당했을 때 슬픈 것은 당연하다는 사실, 다른 사람들의 이야기에 귀 기울이고 자신의 감정을 털어놓아야 극복할 수 있다는 사실을 말이다. 길을 잃고 방황하던 나는 더는 혼자가 아니었다.

그날 이후 1, 3주 수요일은 무조건 카라에 갔다. 그때는 그 모임에 참석하는 것보다 더 중요한 일은 없었다. 어느 시점엔가 스티븐의 이야기를 하면서 2년 전의 일을 이야기해도 괜찮을까 생각했는데 당연히 괜찮았다. 나는 내가 느끼는 감정이 모두 자연스럽다는 것을 알 필요가 있었다. 그해 8월부터는 다시 예전의 나로 돌아온 기분이 들었다. 나는 나이가 들면서 슬픔은 우리의 동반자라는 것, 그 슬픔에 말을 걸어주면 어느 순간 조용히 나의 원래 모습을 찾는다는 것을 깨달았다.

기댈 수 있는 사람을 찾아라

나는 항상 친구를 쉽게 사귀었다. 아주 어릴 때부터 친구는 내게 아주 중요했다. 두 살 때 뉴욕으로 왔을 때부터 친구를 찾은 사람이

나다. 20대 때 아빠와 오빠를 잃고 나서 애도는 누군가가 먼저 말을 꺼내주어야만 이야기할 수 있는 감정이라는 것을 알았다. 그리고 사랑하는 누군가를 잃었을 때 친구들이 나를 배려한다고 일부러 그 이야기를 하지 않으면 더 슬프다는 것도 알았다.

경험상 힘든 일을 겪은 사람에게는 먼저 안부를 물어봐 주는 것이 좋다. 스티븐이 죽었을 때는 내 친구들이 대부분 그 사실을 몰랐다. 너무 갑작스럽기도 했고, 내가 막 변호사 일을 시작할 때였기 때문이다. 하지만 아빠가 돌아가셨을 때는 달랐다. 친구들이 모두 애도의 카드나 이메일을 보내주었다.

나는 애도가 수도꼭지가 달린 눈물샘이라고 생각한다. 사랑하는 사람을 잃는 것과 같은 특정한 상황이 되면 그 수도꼭지가 열려서 우리는 눈물을 흘린다. 그러나 우리는 삶을 계속 살아야 하기에 수도꼭지를 잠근다. 하지만 그 사람을 떠올리게 하는 특별한 일이 생기면 수도꼭지가 다시 열린다. 그 수도꼭지는 수십 년 동안 열렸다, 잠겼다 할 수 있다. 우리의 눈물샘이 얼마나 깊고, 슬픔의 크기가 얼마나 큰지는 아무도 모른다. 그러기에 우리는 수도꼭지가 열릴 때 옆에 있어 주는 친구가 필요하다.

나는 카라에 다니는 동안 그런 친구를 한 사람 찾았다. 세인은 그때 나이로 서른넷이었고, 그의 어머니 마릴린은 우리 아빠보다 조금 일찍 돌아가셨다. 우리는 일곱 달 동안 나란히 부모님에 대한 애도의 시간을 보내고 원래 삶으로 돌아갔다.

세인은 생명공학 회사의 프로그램 매니저로, 나는 기업 변호사로 각자의 삶을 살았다. 하지만 25년이 흐른 지금도 중요한 날이 되면

"어머니가 정말 자랑스러워하셨겠어요."라든가 "아버지가 기뻐하셨을 겁니다."라는 메시지를 주고받으며 여전히 기댈 수 있는 사이다. 아마도 우리가 서로 가장 약한 모습을 보여주고 마음을 열어 보였기 때문이 아닐까 생각한다.

최근에 한 친구의 페이스북에서 이런 글을 보았다. "슬픔은 갈 곳 없는 사랑이다." 세인과 나는 갈 곳 없는 사랑을 서로에게 준 것 같다. 서로를 응원하고 지지하는 마음은 포근한 담요처럼 우리를 따뜻하게 감싸줄 것이다.

새로운 현실을 받아들이기

우리는 마스크를 쓰고 있으면서도 음식을 먹으려고 할 때가 있다. 뇌가 새로운 현실을 아직 받아들이지 못했기 때문이다. 갑자기 큰 재난이 닥쳤거나 누군가 죽었을 때도 마찬가지다. 내 경우 코로나가 터진 후로 이런저런 주제로 강연 요청을 많이 받았는데, 강연 날짜가 다가오면 무의식적으로 내가 무대로 걸어 올라가는 모습이 머리에 떠오른다. 모든 강연은 우리 집 뒤뜰에 있는 내 사무실에서 온라인으로 이루어지는 것을 알면서도 말이다.

큰오빠인 조지는 1991년에 집이 모두 불타는 끔찍한 사고를 겪었다. 그 일이 있고 몇 년 후에 나는 조지에게 무심코 텐트를 빌려달라고 했다. 조지는 텐트가 없다고 했다. "무슨 소리야? 텐트 있잖아." "아니. 나 텐트 없어." 조지는 웃으며 계속 같은 말을 했다. "에이, 그러지 말고 좀 빌려줘. 예전에 빌려줬던 그 텐트 말이야." 한참 만에야 상황을 이해한 나는 내가 너무 머저리처럼 느껴졌다. 조지는 그때 화재로 가족과 급하게 챙긴 몇 가지 물건을 제외한 모든 것을 잃었다. 조지는 현실에 적응한 상태였는데, 나는 그렇지 못했다.

자립심은 내게 주어진 과제를 해내는 것이라면, 회복력은 힘든 일도 이겨낼 수 있음을 아는 것이다. 하지만 우리는 삶이라는 더 큰 맥락 안에서 살아가는 존재들이다. 다시 말해 세상에는 우리가 통제할 수 있는 것들이 많지 않다. 하지만 어떻게 반응하고 대처할지는 결정할 수 있다.

알코올 중독자 치료 모임, 약물 중독자 치료 모임, 비만 치료 모임, 12단계 중독 치료 프로그램은 '평온을 구하는 기도'를 잘 활용한다. 기도문의 내용은 이렇다.

> 우리가 바꿀 수 없는 것들은 평온하게 받아들일 은혜를 주시고,
> 바꿀 수 있는 것들은 바꿀 용기를 주시고,
> 이 둘을 구별할 줄 아는 지혜를 주소서.

그렇다고 알코올 중독자가 되거나 신의 존재를 믿으라는 말은 아니다. 단순하면서도 심오한 이 조언을 적절히 활용할 수 있다면 우리는 살면서 어떤 힘든 일을 겪더라도 그것을 이겨내고 앞으로 나아갈 수 있을 것이다.

의미를 부여하라

우리는 힘든 일을 많이 겪을수록 제자리로 돌아오는 법도 잘 알게 된다. 다음에 큰일을 겪을 때 마음속에 비축해둔 힘을 활용할 수 있다. '그래, 이런 일은 전에도 겪어본 적이 있어' 전에도 잘 헤쳐나갔으니 이번에도 잘 이겨낼 수 있다는 자신감이 드는 것이다.

아디나는 우리에게 비극이 일어났을 때 의미를 부여함으로써 이겨낼 수 있다고 생각한다. 의미를 부여한다는 개념은 긍정 심리학에서 나온 것인데, 인간의 마음을 이해하는 비교적 새로운 접근법이다. 우리가 경험하는 것들의 장점을 보면서 건강한 삶을 살 방법을 찾는 것이다.

비극에 의미를 부여한다는 것은 "왜 내게 이런 일이 일어났을까?"가 아니라 "이제 이 일을 통해 앞으로 나아가려면 무엇을 해야 할까?"를 자문하는 것이다. 그 질문을 통해 교훈을 얻어도 좋고, 삶에 변화를 주어도 좋고, 그저 감사하는 마음을 가져도 좋다.

아디나는 상황이 정말 나쁠 땐 자신을 돌아보며 "나는 어디로 가야 하는가? 내 삶의 목적은 무엇인가?"라고 질문해보라고 말했다. "삶의 목적이 애도만 하는 것인 사람은 없을 거야. 죽은 친구의 삶은 끝났지만, 우리는 다시 살아가야지. 우리는 삶이 깔끔한 모습이기를 바라지만 실제로는 아주 뒤죽박죽이야."

이어서 그녀는 스물네 살 때 심장 마비로 갑자기 아버지를 잃은 한 친구에 관해 말해주었다. "그 친구는 아픔을 겪으면서 큰 가르침을 배웠다고 했어. 친구는 7년 동안 불임으로 고생했는데, 아기가 유산되고, 인공수정이 실패할 때마다 아버지를 잃었을 때의 슬픔을 떠올렸어. '그래, 아빠를 잃었을 때도 이렇게 힘들었지. 그래도 잘 이겨냈잖아. 이번에도 잘 이겨낼 거야.' 결국 그 친구는 딸 셋을 낳았어. 아버지의 죽음으로 슬픔을 이용하는 근육을 기를 수 있었던 거지."

시련을 딛고 일어서는 12가지 방법

시련을 겪을 때 중요한 것은 먼저 자신의 상황을 잘 파악하고, 도움을 구하고, 해야 할 일을 계획하고, 삶을 계속 살아가는 것이다. 윈스턴 처칠의 말처럼 지옥을 걷고 있다면 계속 전진해야 한다.

1. 도움을 구할 사람이나 그 상황을 알아야 할 사람에게 연락해라

이번 장의 첫 인용문에 등장한 프레드 로저스는 미국 교육 방송 PBS에서 취학 전 아동들을 대상으로 〈로저스 아저씨의 이웃들Mister Rogers' Neighborhood〉이라는 프로그램을 오랫동안 진행했다. 내가 한 살일 때인 1968년부터 30년간 방영된 프로그램이니 대부분 X세대와 밀레니얼 세대는 이 프로그램을 보며 자랐다. 로저스 아저씨는 나쁜 일이 생기면 제일 먼저 도와줄 사람을 찾으라고 했다. 내 조언도 같다. 나쁜 일이 발생한 그 즉시 말이다.

한밤중이라도 필요하다면 전화를 걸어야 한다. 전화를 받은 사람은 그 상황이 얼마나 위급한지 더 분명하게 느낄 수 있을 것이다. 갑자기 위급한 일을 당하면 당황해서 상황 판단을 제대로 하지 못할 수 있다. 그래서 이럴 때일수록 내가 올바른 결정을 내릴 수 있도록 누군가가 적절히 개입하고 도움을 주는 것이 좋다.

내가 30대 초반이었을 때 나의 한 대학 동창은 그의 아내가 바람을 피우는 사실을 알았다. 우리는 몇 년간 얼굴을 보지 못하고 지냈지만 그런 건 중요하지 않았다. 우리 관계는 그대로였고, 그는 내게 전화를 걸었다. 나는 그에게로 가서 상황을 정확하게 인식하고 다음 할 일을 제대로 생각할 수 있도록 도움이 되어주었다.

2. 벌어지는 상황들을 기록하라

갑자기 예기치 못한 상황이 벌어지면 주변에서 사실관계에 대한 정보를 얻게 될 것이다. 직장을 잃는 상황이라면 상관과 인사 담당자가 병에 관계된 문제라면 의사가, 자연재해에 관한 문제라면 소방관과 보험회사, 사고를 당했다면 경찰, 병원, 목격자가 그 역할을 할 것이다. 그럴 때 메모를 남겨라. 날짜와 시간을 기록하고 정보와 내게 그 정보를 전하는 사람의 이름과 직위, 연락처를 기록하라.

그 기록은 나중에 구체적인 부분에 대한 내 기억이 흐릿해졌을 때 어떤 중요한 역할을 할 수 있다. 나는 어느 날 자전거를 타고 가던 사람이 살짝 차에 치이는 모습을 목격한 적이 있다. 그 사람은 괜찮다고 했지만 나는 나중에 사고 현장을 증언해줄 사람이 필요한 때를 대비해 내 이름과 전화번호를 알려주었다. 실제로 그는 몇 달 뒤 변호사를 통해 내게 도움을 구했다.

3. 도움을 구하라

어려운 일을 당하면 도와줄 사람이 필요하다. 어려움 자체를 도와줄 사람이 필요할 수도 있고, 그 문제를 해결하는 동안 일상적인 소소한 일들을 처리하는 데 도움을 줄 사람이 필요할 수도 있다. 그러므로 도움받을 수 있는 사람들을 찾아야 한다. 어떤 일인지에 따라 여러 사람의 도움과 협조가 필요할 수도 있고, 가까운 몇몇 사람만 있어도 괜찮을 수 있다. 혼자서 모든 것을 해내려고 하지 않아야 한다. 우리가 믿고 신뢰하는 사람들은 그럴 때를 위해 있는 것이다.

4. 감사한 마음으로 도움을 받아라

누군가 어려운 일을 당하면 주변 사람들은 "내가 도울 일이 있으면 알려달라"라는 말을 한다. 이런 말을 듣게 되면 어떤 도움이 필요한지 생각해보고 원하는 것을 말해도 괜찮다.

"나 대신 공항에서 우리 가족을 픽업해줄 사람이 필요해." "몇 주 동안 우리 아이들의 저녁을 챙겨주면 좋겠어." "혼자 있기 싫은데, 우리 집에서 오늘 하루만 같이 자줄 수 있어?"

도움을 주는 쪽에서도 자신이 해줄 수 있는 것을 구체적으로 제시해주는 것이 좋다. "수요일 근무는 내가 대신해줄게." "아이들은 내가 픽업해줄게." "세탁물은 내가 알아서 처리해줄게." "먹을 것 좀 갖다 줄게." 등등.

한 가지 기억할 사항이 있다. 누군가 도와주고 싶다고 할 때 무조건 도움을 받아야 할 필요는 없다. 유감스럽게도 어떤 사람들은 다른 사람이 힘든 일을 겪을 때 자신의 이득을 취하려 한다. 이때는 그 사람에게 도움을 받아도 좋을지, 받으면 상황이 더 나빠지지 않을지, 혹은 도움이 정말 필요한지 생각해보고 자신의 판단을 믿고 행동하라.

5. 해야 할 일이 있으면 메모해두라

힘든 일을 겪게 되면 우리 뇌가 과부하가 걸려 작은 일들을 잘 기억하지 못할 수 있다. 따라서 챙겨야 할 일상적인 일들이 있다면 목록을 만들어서 관리하는 것이 좋다. 믿고 의지할 수 있는 사람이 있다면 그 목록에 들어갈 것들을 함께 생각하고 검토해달라고 부탁해도 좋을 것이다.

6. 자료를 조사하라

지금과 같은 전염병이 유행할 때는 자주 뉴스를 보면서 나와 내 가족을 안전하게 지킬 방법을 알아두어야 한다. 어떤 병을 진단받았다면 관련된 정보를 적극적으로 찾아보고, 그 병을 잘 아는 의사나 전문가를 찾아가서 많이 질문하라. 자연재해가 있을 때는 뉴스에 귀를 기울이고 도움받을 수 있는 지역 센터가 있는지 알아보고, 보험이 있다면 적용받을 수 있는 상황인지도 알아두자.

이런 상황이 생기면 부모님이 대신 해결해주거나 상황이 저절로 나아지기를 바라며 숨어 있고 싶은 마음이 커질 수 있다. 하지만 정보를 알아가다 보면 심리적으로 마음이 더 안정되고 힘이 생긴다. 그분야의 전문가가 되어서 나중에는 같은 일을 겪는 친구들에게 조언해줄 수도 있을 것이다.

7. 할 수 있는 일들을 찾아보라

내 딸 애버리는 대학교 1학년 생활을 만끽하던 중 팬데믹 사태가 터지면서 집으로 돌아와야 했다. 1주일이었던 봄 방학이 한 주씩 길어지더니 남은 학기 전체가 온라인으로만 이루어졌다. 그때가 아마도 애버리에게는 태어나서 가장 혼란스러운 시기였을 것이다.

애버리는 그해 어머니 날에 나를 데리고 경치 좋은 곳으로 드라이브를 시켜주었다. 익숙한 풍경이 사라지고 더 넓은 세상이 우리 앞에 펼쳐졌을 때 나는 딸에게 "우리가 할 수 없는 것들에 집착하지 말고 할 수 있는 것들을 생각해보면 좋겠구나."라고 말해주었다. 7월이 되어 학교가 학생들을 다시 학교로 불러들일지를 고민하고 있을 때 애버리는 자신에게 가장 필요한 것은 누구도 침범할 수 없는 자기만의 공간, 자기만의 집이 필요하다고 판단했다.

애버리는 학교 근처에 룸메이트와 같이 쓰는 아파트를 빌렸다. 인터넷을 연결하고, 임대인 보험에 가입하고, 중고 스쿠터도 한 대 샀다. 비용은 딸이 모아둔 돈과 우리의 도움을 받아서 해결했다. 학교는 상황에 따라 필요하면 언제든 문을 닫았지만 애버리는 자신이 살 곳을 자신이 직접 선택할 수만 있다면 괜찮다고 생각했다.

8. 전문적인 지원이나 상담을 받아라

힘든 일을 겪었다면 자신에게 일어난 일을 되돌아보고 몸과 마음을 추스르고 다시 일어설 기운을 얻기 위해 전문적인 지원이나 상담을 받아볼 것을 추천한다.

회복력을 기르고 싶은 사람들이 전문적 지원을 받을 수 있는 곳으로는 '옵션 B'라는 비영리단체가 있다. 페이스북의 최고 운영책임자인 셰릴 샌드버그Sheryl Sandberg가 남편의 갑작스러운 죽음으로 충격에 빠졌을 때 힘든 시기를 극복한 후에 다른 사람들에게도 도움을 주려고 쓴 책인『옵션 B』를 토대로 만들어졌다.

9. 경험에서 교훈을 얻어라

내 잘못이 아닌 이유로 힘든 일을 겪게 되었다면 시간이 지나면서 자연스럽게 교훈을 얻는다. 현재에 감사하고 자신이 생각보다 더 강한 사람임을 깨달을 수 있다.

만약 명백하게 내 잘못으로 힘든 일을 겪게 되었다면 자신이 한 일을 되돌아보고 같은 실수를 저지르지 않기 위해 어떻게 행동할지를 반성할 시간이 필요하다.

10. 회복하기 위한 노력을 지속하라

모든 중독에서 벗어나기 위해 노력하는 사람들에게 깊은 경의를 표한다. 내 친구 리사는 힘든 시기를 헤쳐나갈 때 유일하게 의지가 되었던 것은 알코올 중독 치료 모임의 지속적인 도움이었다고 말한다. 중독으로 힘든 사람들은 중독 치료 모임에서 이뤄지는 '12단계 중독 치료 프로그램'이 도움이 될 것이다. 같은 아픔을 공유하는 사람들과 프로그램을 실천하면서 일상으로 돌아가는 데 도움을 주고 받을 수 있다.

11. 해로운 것은 멀리하고 새로운 것에 뿌리를 내려라

자신의 시간을 어떤 사람들에게 쏟을 것인가를 정하는 일은 매우 중요하다. 세상과 단절하고 폐쇄적으로 살라는 말이 아니라 건강한 경계를 세워서 자신에게 더 중요한 것들에 더 많은 에너지를 쏟으라는 의미다.

힘든 상황에서 벗어나 다시 일어설 때는 자신의 시간과 에너지를 쏟을 만한 새로운 대상을 찾는 것도 좋다. 예를 들면 새로운 취미생활을 시작하거나 다른 나라 언어를 배우거나 새로운 사람들과 친분을 다지는 것도 좋다. 인생을 바라보는 더 성숙해진 시각을 이용하여 더 의미 있고 더 즐거운 일들을 찾아보라.

12. 다른 사람에게 도움을 주는 사람이 되어라

시련을 딛고 일어서는 좋은 방법의 하나는 다른 사람에게 도움을 주고자 노력하는 것이다. 남편의 친구인 리차드는 카약을 타다가 사고로 딸을 잃었다. 사고 이후 몇 년이 지나도록 리차드는 딸을 잃은 슬픔에서 헤어나지 못했다. 내가 안부를 물으면 "그럭저럭 살아있습니다. 아직은요."라고 답했다.

그러나 이제는 다른 사람의 슬픔을 위로하고 격려하는 일로 자신의 슬픔을 승화시키고 있다. 내가 오래전에 도움을 받았던 카라에서 상담사로 일한다. 정신적 고통을 이해하는 사람은 힘든 일을 겪는 사람에게 큰 도움이 될 수 있다. 도움을 주는 쪽에서도 자신이 쓸모 있고 좋은 사람으로 느껴져 보람을 느낀다.

다른 사람을 돕기 위해 꼭 상담사나 치료사가 되어야 하는 것은 아니다. 자신이 힘들게 깨달은 교훈과 그 과정에서 알게 된 것들을 잘 기억하고 있는 것만으로도 도움의 손길을 내밀 수 있다. 누군가에게 신뢰받는 사람이 된다는 것은 아주 기분 좋은 경험이 될 것이다.

닥치면 해내게
되어 있다

누구에게나 한 번쯤은 큰 고통이 찾아온다. 아직 그런 힘든 일을 겪지 않았다면 앞으로 겪을 것이고, 이미 겪었다면 아마 또 겪게 될 것이다. 하지만 우리는 우리가 아는 것보다 더 강하다. 고통을 이겨 내고 앞으로 나아갈 힘은 우리 안에 있다. 그리고 전보다 좀 더 완전한 모습의 자신, 더 많이 알고, 더 많이 공감하며, 더 회복력 있는 사람이 될 수 있다. 연이은 시련을 이겨내고 새로운 삶을 시작한 아미라처럼 말이다.

아미라는 살면서 자신의 생일이 싫어지는 경험을 두 번이나 했다. 그녀는 시카고 교외의 파키스탄 무슬림 이민자 가정에서 세 자녀 중 막내로 자랐다. 그녀의 가족이 미국에서 터전을 일굴 때는 먹고 살기도 힘들었는데, 아미라가 태어날 때쯤에는 형편이 나아졌다.

그녀는 열일곱 번째 생일날, 두 친구가 차 사고로 죽는 큰 비극을 겪었다. 스물다섯 번째 생일에는 유방암을 진단받았다. 그녀에게는 두 개의 선택권이 주어졌다. 괴로움에 빠져 허우적대거나 받아들이고 성장하거나.

우리 마을 의사인 그녀의 오빠는 여동생이 어린 나이에 힘든 일들을 잘 이겨냈다고 자랑스러워했다. 이 책에 관한 이야기를 듣고 내게 동생을 만나보면 좋겠다고 권유한 것도 그다. 아미라는 고맙게도 흔쾌히 인터뷰에 응해주었다.

아미라는 차 사고에 관한 이야기부터 시작했다. 그 사고로 모든 것이 한순간에 달라졌다. "2010년 8월 15일이었어요. 그날 친구들과 레스토랑에 갔다가 집으로 왔어요. 사고를 당한 두 친구는 남자였고, 그중 한 명이 제 첫사랑이었죠.

그날 밤 그 친구의 여동생이 전화해서 오빠가 아직 집에 오지 않았다고, 어딨는지 아느냐고 물었어요. 전 '체육관에 가지 않았을까'라고 말해주었어요. 그런데 2시간 뒤에 그 동생이 다시 전화해서 '차가 뒤집혔대. 오빠가 죽었어. 불에 타서 죽었다고.'라고 하며 미친 듯이 울어댔어요. 전 그대로 바닥에 주저앉았어요. 가족들이 제가 우는 소리를 듣고 달려왔죠.

정말 안 좋은 일이 생겼을 때 배에서 느껴지는 그 묘한 기분 아시죠? 그날 이후 몇 달간 그 기분을 느꼈어요. 심지어 암을 진단받았을 때도 그런 기분은 느끼지 못했는데 말이죠. 매일 아침 눈을 뜨면 그 생각이 들었던 것 같아요. 이게 정말 현실일까? 지금 생각해보면 그때 제가 어떤 상태였는지 아무도 몰랐던 것 같아요. 상담 같은 걸 받아보았다면 좋았을 텐데.

제겐 죄책감 같은 것이 있었어요. 그날이 제 생일이었고, 두 친구가 저와 같이 있다가 돌아가던 길이었으니까요. '왜 내게 이런 일이 생겼을까?' '만약 이랬다면 결과가 어떻게 달라졌을까?' 그 두 질문이 머리를 떠나지 않았어요. 그런 과정을 겪으면서 전보다 제가 훨씬 더 성숙해진 것 같다는 생각이 들었어요. 철이 든 계기가 된 셈이었죠."

비극은 거기서 끝나지 않았다. 친구들을 잃고 얼마 되지 않아 아미라의 어머니가 유방암 진단을 받았다. 몇 달 후에는 삼촌도 암으로 죽었다. "나쁜 일들은 연이어서 일어나는 것 같아요. 전에는 암이니, 죽음이니 하는 문제들은 모두 어른들의 문제라고만 생각했거든요. 하지만 그런 일들을 직접 겪고 보니 이제 내가 어른이고, 해결해야 할 문제들이라는 걸 깨달았죠." 나는 무엇을 해야 하는가? 왜 우리는 이런 일들을 겪어야 하는가? 아미라는 큰일들을 겪으면서 인생에서 만나게 되는 큰 질문들을 빨리 만났다.

그녀는 이런 질문들을 마음에 품은 채 대학에 입학해 심리학을 전공했다. 예전부터 미용과 메이크업에 관심이 많았던 그녀는 열아홉 살이 되던 2학년 때부터 블로그를 시작하고 '오늘의 메이크업'이라는 제목으로 인스타그램에 사진을 올렸다. 초창기 때라 금세 주목을 받았지만 그녀는 그저 그런 뷰티 블로거가 되고 싶지 않았다.

그래서 그녀는 자신의 블로그 제목을 '아름다움 아래Beauty Beneath' 라고 짓고 색 차별주의, 체중 문제, 여성들의 화장에 관한 논쟁 등 더 깊은 주제들을 다루기 시작했다. 팔로워가 2만 명에 달하면서 랑콤, 샤넬 같은 유명 화장품 회사에도 초대를 받았다. 그녀는 다음 단계로 나아가려면 자신의 모든 것을 바쳐야 한다는 것을 알았다.

"사람들은 친구처럼 느껴지는 사람을 좋아해요. 잘 아는 블로거들은 친밀감이 느껴지거든요." 그녀는 그 시기를 "사람들이 보고 싶어 하는 모습으로 내 삶을 전시했고, 멋진 사진을 건지기 위해 일했다." 라고 표현한다. 사람들이 자신을 알아보면 좋을 줄 알았는데 실제로 그렇게 되니 약간 불편했다고 한다.

아직 대학생이던 어느 날, 아미라는 오빠와 인생 계획에 관해 이야기하다 심리치료사가 되고 싶다는 것을 깨달았다. "사람들이 제 인

스타그램과 블로그만 보고 저를 판단할까 봐 걱정되더군요. SNS에
제 삶을 더는 올리지 말아야겠다고 생각했어요. 프라이버시를 찾고
싶었죠." 그녀는 팔로워들에게 메시지를 보낸 후 계정을 비공개로
전환했다.

아미라는 2015년에 대학을 졸업하고 임상 심리학 석사 과정을 시
작했다. 2018년 8월 15일 밤, 그녀의 스물다섯 번째 생일에 가슴에서
혹 같은 것이 만져졌다. 집에 연락을 하자 유방암을 완치한 어머니는
딸이 걱정되어 그날 밤 바로 찾아왔다. 다음 날 병원에 간 그녀는 진
찰을 받고 큰 문제가 아닐 가능성이 90%라는 말을 들었다. 혹시 몰
라 조직 검사를 받았다. 결과는 암이었다.

다행히 조직 검사 결과, 유방암 0기에 해당하는 관상피내암으로
나왔다. 그래도 확실히 해두고 싶은 마음에 아미라는 다른 병원을 찾
아갔다. 여기서는 먼저 한 조직 검사 결과가 잘못된 것 같다며 공격
적인 암일 수도 있다고 말했다.

"심장이 내려앉는 것 같았어요. 같은 병을 두고 어떻게 그렇게 다
른 진단을 내릴 수 있을까요?" 의사가 림프샘 조직 검사를 했더니 침
윤성 2기 유방암으로 나왔다. "아무것도 아닌 일이 갑자기 큰일이 되
어버렸어요. 급하게 치료해야 하는 병이 되어버렸죠." 그녀는 삼중
음성 유방암이라 5년 생존율이 80%에 그쳤다. 상황은 언제든 급작
스럽게 나빠질 수 있었다.

삼중 음성 유방암은 화학요법밖에 치료 방법이 없었다. "처음 3년
간은 재발 확률이 높아서 계속 모니터링을 해야 해요. 3년이 지나면
일반 유방암 환자가 되고, 5년이 지나면 완치된 것으로 보죠." 내가

그녀와 대화를 나눈 것은 그녀가 이 단계를 모두 거치고 6개월째 접어들었을 때였다. 그녀는 머리카락을 보호하는 치료에 집중하면서 석사 학위를 마치기 위해 노력하고 있었다.

아미라는 암 진단을 받고 나서 8년 전 끔찍한 사고로 친구들을 잃은 경험이 '왜 나에게 이런 일이 일어났는지, 왜 나만 이런 일을 겪는지'라는 문제를 다루는 데 도움이 된다는 사실을 깨달았다.

"전 사람들이 '그렇게 될 수밖에 없었다', '그게 네 운명이다'라고 말하는 것이 싫어요. 전 저 자신을 위해 다른 논리를 찾으려고 노력했죠. 삶은 공평하지 않아요." 나도 그녀의 말에 동의했다. "더 강한 사람이 되고 싶다면, 가만히 있어서는 그렇게 될 수 없어요. 어떤 과정을 겪어야만 해요. 전 사고로 친구들을 잃은 후에 죽음이라는 문제에 대처하는 법을 배울 수 있었어요. 제가 암을 다 이겨냈을 때 그런 삶의 목적이나 의미에 이를 수 있으면 좋겠어요.

나에게 가장 중요한 건 세상에 긍정적인 영향을 주는 거예요. 친구들은 제게 그런 영향을 준 셈이죠. 어쩌면 저도 힘든 일을 겪는 사람들에게 좋은 영향을 주는 사람이 될 수 있지 않을까요? 저를 보고 용기를 얻는 사람이 있으면 좋겠어요. 암을 이겨내면 더 훌륭한 심리치료사가 될 수 있을 것 같아요. 제가 겪은 경험이 무기가 될 테니 말이죠."

치료 기간 내내 아미라는 자신보다 먼저 그 두려움을 경험한 사람들의 글을 읽으며 위안을 얻었다고 한다. "저와 비슷한 상황이든 아니든 그런 사람들의 글을 읽으면 '그래, 나만 이런 힘든 일을 겪는 게 아니야. 다른 사람들이 이겨냈다면 나도 이겨낼 수 있어.'라고 생각하게 돼요."

그녀는 사람들에게 혼자가 아니라는 것을 느끼게 해주고 싶어서 다시 블로그 활동을 시작했다. "'새로운 블로그를 만들어 투병기를 공개하고 있어요. 여러 가지로 보람을 많이 느꼈어요. 새로운 사실을 알았다는 사람들도 있고, 공감대를 느낀다는 사람들도 있었죠." 새로 만들어진 블로그는 처음 블로그보다 방문자 수가 훨씬 많았다. "이제 제가 하는 말에 사람들이 더 많은 관심을 보여요. 팔로워들도 전과는 달라요."

아미라는 새로운 인생관을 얻었다. "암에 걸린다는 건 큰일이지만 꼭 나쁘기만 한 건 아니에요. 일상에 더 감사할 수 있게 되거든요. 가족들과 함께 보낸 시간, 대학 생활, 친구들과 떠난 유럽 여행, 이제 그런 것들에 모두 감사함을 느껴요. 슬픔을 겪어본 적이 없었다면 행복한 순간이 와도 그 행복을 잘 느끼지 못할 거에요.

친구들이 '정말 짜증 나. 죽고 싶어.'라고 말하면 전 당황스러워요. 예전에 미각을 잃고 정상적으로 음식을 먹는다는 게 어떤 기분인지 기억도 나지 않은 적이 있거든요. 나중에 미각을 찾고 나서 보통 피자를 먹는데도 얼마나 맛있던지, 그 맛을 잊을 수가 없어요."

암 투병 기간에 친구들의 본모습도 볼 수 있었다. "모든 사람이 조금씩은 이기적이라는 걸 깨달았어요. 친구들은 대부분 저를 위로해주고 그 이상도 해주었어요. 하지만 몇몇 친구들은 정말 실망스러웠어요. 사람들은 '내가 도움 줄 수 있는 게 있으면 알려줘'라는 말을 종종 하는데, 그래서 실제로 도와달라고 하면 이런저런 핑계를 대고 빠져나가려 하죠.

암 진단을 받은 날, 7년간 알고 지낸 대학 친구에게 문자를 보냈어요. 친구는 '세상에. 어떻게 치료는 시작했어?' 하고 답장을 보내왔어요. 그리고는 한 달 동안 연락이 없다가 나중에서야 문자를 보냈더라고요. 제가 '네게 아무 연락이 없어서 궁금해하던 참이었어.'라고 말했더니 그 친구가 '네게 힘든 일이 있듯이 남들도 문제가 있어. 네가 힘든 일이 있다고 말했다고 그 사람들의 문제가 사라지는 건 아니잖아?' 라더군요. 저는 '네가 도움이 필요한 상황이 되었을 땐 도움을 받았으면 좋겠다. 그럴 때 지금 내게 한 얘길 다른 사람에게도 할 수 있으면 좋겠어.'라고 했어요. 그 후로는 소식을 들을 수 없었죠."

그녀는 몇몇 친구들의 모습에서 실망감을 느낀 후로 사람들에게 더 적극적인 자세로 도움이 되어주려고 한다. 그녀는 사람들이 "무슨 마음인지 잘 안다. 이해한다."라고 말하는 것보다 "네가 어떤 마음인지 상상할 수도 없지만 하고 싶은 것이 있으면 다 말해주길 바란다."라고 말하는 것이 낫다는 것을 알게 되었다.

"전반적으로 친구들과 가족들에게 일어나는 일들을 더 민감하게 받아들이게 되었어요. 그래서 어떤 문제가 생기면 사람들이 먼저 저를 찾아요. 저는 그들이 자기 이야기를 털어놓을 수 있도록 노력하죠. 그동안의 경험이 없었다면 저만의 가치관을 갖지 못했을 거예요. 사람들은 다 다르지만 자기만의 가치관이 있으면 누구에게도 위로를 건넬 수 있어요."

나도 그 말에 정말 공감한다. 나는 20대에 스티븐과 아빠를 연이어 잃고 애도하는 법을 배웠다. 그 후로 나와 같은 일을 겪는 친구가 생기면 위로의 말을 건네려고 한다. 나는 이제 마음을 다해 "좀 어때? 괜찮아?" 하고 안부를 물을 수 있고, 상대방이 그 질문에 답하도록 기다려줄 수 있다.

나는 항암치료는 어떻게 돼가고 있는지 물었다. "힘들었어요. 하지만 감당하지 못할 정도는 아니었어요. 화학치료를 받으면 보통 병원에서 한두 시간씩 있어야 하는데, 제일 힘든 건 머리카락이 빠지는 거예요. 미용 목적이 아니라도 머리카락이 머리를 보호하는 역할을 하니까요. 화학치료 전후로 얼음 팩으로 머리카락을 보호하는 치료도 하고 있어서 시간이 좀 더 걸렸어요."

이 모든 과정을 겪는 동안 가장 힘든 점이 무엇이었는지 물었다. "제가 스물다섯이었을 때는 왜 이런 일을 겪어야 하는지 이해하지 못했어요. 스물다섯이면 대학을 졸업하고 한창 모험하고 여행 다니고 즐길 때잖아요. 하지만 전 그런 것들을 할 수 없었어요."

나는 좀 더 구체적으로 설명해주기를 부탁했다. "말 그대로 면역력이 떨어져서 아무 데도 갈 수 없었어요. 비행기 같은 것도 탈 수 없어요. 세균이 많은 곳에 갔다가 아프기라도 하면 백혈구 수치가 내려가서 항암치료를 받지 못하니까요.

아무 데도 갈 수 없으니 어떤 계획도 세울 수 없었어요. 사람들은 보통 자신이 무슨 일을 할지 상상도 하고 그러잖아요. 앞으로 그럴 기회가 없는 건 아니지만 암 치료와 학교공부, 인턴십을 어떻게 끝낼지에 대한 생각 말고는 다른 걸 생각할 정신적 여유가 없었어요. 암이 없었던 삶이 어땠는지 생각도 잘 안 났었죠."

그녀에게 그동안 깨닫게 된 것이 무엇인지 물었을 때 그녀는 자립심과 회복력에 관한 이야기를 했다. "의사를 만날 때는 자기 생각을 말할 수 있는 사람이 되어야 해요. 제가 의대는 나오지 않았지만 최선을 다해서 알아야 할 것들을 공부했어요. 300페이지 논문도 읽었고, 인터넷에서 찾을 수 있는 자료는 전부 찾아보았죠. 의사들을 만나면 제가 이미 알아야 할 것들을 다 알고 있다며 웃더군요. 의학적으로 어떤 문제가 생겼다면 자신이 그 문제에 대해 최대한 많이 알아야 해요.

자신보다 자신을 잘 아는 사람은 이 세상에 없어요. 어떤 직감이 느껴진다면 다 이유가 있는 거예요. 그럴 땐 왜 그런 느낌이 드는지 이유를 찾아야 해요. 전 가슴에서 혹을 발견한 후로 뭔가 잘못되었다는 것을 알았어요. 항암치료를 받을 땐 난자를 얼려두어야 한다는 걸 알게 되었죠. 자신이 생각하는 것이 진짜인지 확신할 수 있어야 해요. 그래야 10년 뒤에 '아. 그때 생각했던 대로 할걸.' 하고 후회하는 일이 없어요.

예를 들어서 자기가 하고 싶은 일을 정할 때도 다른 사람들의 눈이 두려워서 주저하다가 나중에 후회하면 무슨 소용이 있겠어요. 해야 할 일이 있다면 지금 당장 하는 거예요."

우리가 대화를 나누던 시기에 아미라는 석사 과정의 마지막 두 학기를 남겨두고 있었다. "필요하면 쉬어가면서 최대한 열심히 하고 있어요." 아미라가 가슴에서 처음 혹을 발견하고 며칠 뒤에 그녀의 가장 친구가 결혼식을 올렸다. "그래도 친구 결혼식에 갔을 때는 열심히 축하해주었어요. 본래 제 모습의 90%만큼은 즐겼답니다. 전 그렇게 생각했어요. '그래, 친구에겐 한번뿐인 결혼이잖아. 그때 좀 더 기뻐해 줄 걸 하고 나중에 후회하지 말자.'

그녀의 남자친구도 훌륭한 버팀목이 되어주고 있다. 암 진단을 받기 3년 전에 데이트 앱으로 만난 사람이다.

"엄마 다음으로 의지하는 사람이에요. 우리는 페이스타임으로 이야기하고, 문자로 이야기하고, 어쨌든 내내 이야기하는 것 같아요. 제가 보통 사람들과 같다고 느끼는 건 그 친구의 역할이 커요. 절 지나치게 배려하지는 않지만 제 상태를 계속 신경 쓰는 친구죠. 같이 있으면 영화 보고 밥 먹고 그래요. 뭘 하자고 강요하지도 않지만 곧 죽을 사람처럼 대하지도 않아요."

나는 평범하다는 것이 그녀에게 어떤 의미인지 물었다. "이제 전 멀리 여행할 수 없어요. 60% 정도는 머리카락이 빠졌어요. 이제 근사한 식당에 가서 밥을 먹는다고 하면 좀 망설여질 것 같아요. 그런 거 말고는 정상적으로 학교에 다닐 계획이에요. 필요하다면 수업을 빠질 순 있겠죠. 공부하고, 쇼핑몰 가고, 영화 보고, 그런 일만으로도 평범한 사람처럼 느껴져요. 요즘은 평범한 일들이 좋아요. 피자 먹는 일, 다른 사람들은 따분하게 생각하는 일, 그런 것들이 너무 좋아요."

그런 힘든 일을 겪고도 아미라의 삶은 계속되었다는 말을 할 수 있게 되어 기쁘다. 이 책의 출판을 앞두고 그녀에게 연락해서 안부를 물었는데, 그녀에게서 이런 말을 들을 수 있었다.

"아주 잘 지내고 있어요. 기쁘게도 공식적으로 암에서 벗어난 지 이제 1년 6개월이 되었어요. 머리카락도 꽤 자랐고 항암치료로 찐 살도 빠졌어요. 지금은 전문 치료사로 일하고 있는데 정말 재밌어요. 우리가 마지막으로 이야기를 나눴을 때와는 상황이 많이 달라졌어요!" 스물여덟 번째 생일을 앞둔 그녀는 지구에서 또 한 해를 보낼 수 있는 기쁨을 즐겁게 누리고 있다.

10장

세상을 더 나은 곳으로
만드는 데 기여하라

우리는 우리가
사는 곳에 책임이 있다

"모두가 완벽해진 다음에 도움을 주려 한다면
그때는 너무 늦을 것이다."

- 영국 영화배우 자밀라 자밀

나는 내가 사회 안에 산다고 생각했다. '사회'라는 말은 공공의 이익을 위해 모인 개개인의 집합체다. 그래서 미국에서 코로나19가 맹위를 떨치던 몇 달 동안 코로나 상황을 잘 통제하고 있는 다른 나라들을 보며 나는 한 사회 안에 산다는 것이 어떤 의미인지 의문이 들었다.

클라리스 조Clarice Cho는 26세의 캘리그라피 아티스트이자 내 소셜미디어 관리자와 비서를 겸하고 있다. 그녀와 팬데믹 상황 속에서 한 사회에서 살아가는 것의 의미에 관해 이야기를 나누다가 중국계 미국인으로서 그녀가 바라보는 미국과 중국 문화의 차이점을 듣게 되었다.

"중국 문화는 개인보다 집단이 우위에 있어요. 그게 공산주의의 특징이자 큰 단점이죠. 반면에 미국은 개인주의가 앞서는 나라예요. 전체의 이익보다 개인의 이익이 중시되죠. 그래서 '나는 마스크를 쓰기 싫으니까 쓰지 않겠다'고 하는 사람들도 있는 거고요." 나는 클라리스의 말을 들으며 바이러스를 막기 위해 내가 공산주의 대신 민주주의를 버릴 수 있을지 궁금해졌다. 정말 우울한 대화였다.

나는 이 책을 쓰는 동안 미국인들의 개인주의가 집단의 요구를 무색하게 만드는 모습을 지켜보았다. 몇몇 나라에서는 어느 정도 억제되고 있는 바이러스로 우리는 수십만 명이 목숨을 잃었고, 경제가 위축되고, 사람들이 일자리를 잃고 살던 집에서 쫓겨나고 있다.

무엇보다 이제는 사람들의 얼굴이 온통 마스크로 가려져 있어서 미소를 나누는 것 같은 소소한 일상도 기대하기 힘들어져 버렸다. 그래서 이런저런 이유로 세상을 위해 우리가 무엇을 할 수 있는지에 관한 이번 장을 어떻게 써야 할지 엄두가 나지 않았다.

하지만 이 지구상에서 우리를 구원해줄 존재는 우리밖에 없다. 인간과 사회를 향한 우리의 믿음에 도전하는 무섭고 말도 안 되는 현실이 벌어지고 있지만, 그럴수록 우리는 긍정적인 변화를 이뤄내는 법을 더 깊이 파헤쳐야 한다. 내가 살아오는 동안 이 책을 쓰는 지금, 바로 이 순간보다 그 사실이 더 분명했던 적은 없다.

나이 많은 사람으로서 젊은 세대에게 이런 말을 하는 것이 뻔뻔하게 들릴 수 있다는 것을 안다. 내가 이 글을 쓰는 지금도 미국의 많은 젊은이가 윗 세대가 해결하지 못한 문제를 바로 잡기 위해 노력하고 있다. 여러분이 느끼는 사회적 의무에 대해 내가 아는 척 하려는 것이 아님을 알아주기 바란다. 나는 단지 실망을 안겨준 기성세대를 대신해 겸허한 마음으로 우리가 더 나은 세상을 만들기 위해 노력할 수 있고, 노력하고 있고, 노력해야 한다는 말을 전하고 싶다.

그렇다. 우리는 노력해야 한다. 나는 마치 모든 사람이 내 혈족인 듯 마음속 깊이 세상 모든 사람에게 유대감을 느낀다. 인류를 위협하는 재앙이 계속 벌어지고 있는 상황 속에서 지구상에서 살아가는 70억 인구가 모두 똑같이 행복하게 살아간다는 것은 불가능한 일일 것이다. 하지만 교육, 기회, 돈, 영향력, 능력, 시간, 그 무엇이 됐든, 그것을 더 많이 가진 사람이 덜 가진 사람을 돕는 것이 옳다고 생각한다.

타인에게 의무감이나 책임의식을 느끼지 않는 사람도 더 나은 세상을 만들기 위해 노력할 필요가 있다. 그렇게 하는 것이 자신에게도 좋은 일이기 때문이다. 이를 '계몽된 이기심enlightened self-interest'이라고 표현하는데, 의사인 아툴 가완디Atul Gawande는 그의 저서 『어떻게 죽을 것인가』에서 삶의 마지막 순간에 자신의 삶이 가치 있었다고 느끼려면 자신을 넘어서서 집중할 수 있는 대의를 추구해야 한다고 설명한다.

"대의는 큰 문제도 될 수 있고, 작은 문제도 될 수 있다. 중요한 것은 우리가 어떤 대의에 가치를 부여하고 그것을 위해 희생할 가치가 있다고 생각할 때 삶의 의미를 찾는다는 것이다."

이 책을 읽을 정도의 특권을 누리는 사람이라면, 이 세상 누군가에게는 자신이 가진 시간, 노력, 재력, 마음, 그중 무엇으로는 도움을 줄 수 있을 것이다. 자신을 넘어서서 집중할 수 있는 대의를 찾고 추구하기 바란다.

자신만의 이유를 찾아라

나는 1973년 미국 대법원이 내린 샌안토니오 독립교육구 대 로드리게스 재판의 판결문을 처음 읽었을 때 눈물을 흘렸다. 당시 나는 열여덟 살의 대학 1학년생으로 정치학 수업을 들으며 이 사건을 자세히 알게 되었다.

로드리게스라는 노동자 계급의 한 학부모가 가난한 마을의 공립학교보다 부유한 마을에 있는 공립학교에 더 많은 돈이 지원된다고 텍사스주 정부에 소송을 제기했다. 대법원은 그것이 사실이기는 하나 교육은 미국 헌법에서 보장하는 '기본권'이 아니므로 헌법에 정해진 평등 보호 조약을 어기지 않았다고 판결했다.

나는 그 판결문을 수없이 읽었다. 그 사건은 미국 50개 주의 현실을 대부분 반영했다. 나는 내가 생각하는 미국의 모습은 이런 게 아니라고 생각했다. 공립학교에 들어가는 예산은 무엇보다 학생들을 가르치는 교사의 질과 학급 당 학생 수, 교육과정, 학생들이 이용할 수 있는 자원과 기회, 학교 건물 등에 영향을 미칠 수밖에 없다.

나는 기숙사 방에 앉아 생각했다. '이미 가진 것이 적은 아이들을 위한 학교가 지원받는 예산마저 적다면 그 아이들이 과연 어떻게 경쟁에서 이길 수 있을까? 그걸 어떻게 공평하다고 할 수 있을까?'

그 사건이 내가 로스쿨에 진학한 이유였다. 캘리포니아의 공립학교에 더 많은 지원을 요구하며 시위했고, 그것을 약속하는 당에 투표했고, 비영리단체 이사로 활동하면서 유색인종 저소득층 학생들에게 추가 교육을 제공하여 대학에 입학할 수 있게 도왔던 이유였다.

샌안토니오 독립교육구 대 로드리게스 사건을 이렇게 바라본 사람은 나뿐만이 아니다. 많은 사람이 그 사건을 20세기 대법원 최악의 판결이자 오늘날의 불공평한 공교육 시스템을 낳은 결정적인 판결이었다고 말한다.

자라면서 누구나 한 번쯤은 '열정을 쏟을 만한 일을 찾으라'라는 말을 들어본 적이 있을 것이다. 나는 어린 시절 이 말을 너무 많이 듣고 자랐다. 부모, 선생님, 어른들이 그런 말을 한 것은 그들의 자녀나 학생이 행복하고 의미 있는 삶을 살기를 바라서라기보다 다른 사람에게, 가령 대학 입학 사정관에게 좋은 인상을 주기 위해서였을지도 모른다.

그들은 좋은 뜻에서 한 말이겠지만, 나는 어른이 되고 30년 이상

사는 동안 대학 지원서에 쓴 대로 열여덟 살 이전에 열정을 쏟을 만한 일을 찾았다는 사람을 만나본 적이 거의 없다.

이번 장은 자신만의 대의를 찾는 시간이 되기를 바란다. 뼛속 깊이 책임감을 느낄 수 있는, 세상이 아무리 비웃어도 내 시간과 에너지, 돈, 마음을 쏟을 수 있는 대의를 생각해보기 바란다. 그 일이 정말 중요한 일이라면 다른 사람의 시선은 중요하지 않다. 그들을 향해 '비웃을 테면 비웃어라. 난 내 대의를 위해 살겠다'라고 말할 수 있어야 한다.

그래서 나는 '열정을 쏟을 일을 찾으라'라는 말 대신 '자신만의 이유를 찾으라'라는 말을 더 좋아한다. 자신의 행동을 떠받드는 가치를 알면, 자신의 행동과 선택, 결정은 그 가치를 토대로 이루어질 수 있다. 다룰 문제가 너무 많다는 이유로, 혹은 대부분 문제가 어차피 완전히 해결되기 어렵다고 생각해서 너무 겁먹을 필요는 없다.

나 역시 전체 시스템을 바꿀 수 없다면 어떤 노력도 하지 않으려는 경향이 있었다. 수백만 명이 굶어 죽고 있는데 무료 급식소 한 곳을 운영하는 것이 무슨 의미가 있을까? 수백만 명의 아이들이 제대로 된 교육을 받지 못하는 상황에서 학교 한 곳, 교실 하나를 더 좋게 만드는 것이 무슨 도움이 될까? 하고 생각했다.

물론 한 사람의 노력으로 기아 문제를 뿌리 뽑거나 공교육 시스템 전체를 뜯어고칠 수는 없을 것이다. 그러나 더 좋은 세상을 위한 노력이 모든 사람을 속박에서 구원하고 약속의 땅으로 이끄는 정도여야 하는 것은 아니다. 우리 모두 작게라도 자신이 할 수 있는 노력을 실천한다면 그 노력이 모여 큰 변화를 가져올 수 있다. 중요한 것은 우리의 노력으로 행복해지는 것은 '우리'라는 것이다.

창의적 사고의 힘

세상을 좋게 변화시킬 방법은 무수히 많다. 시간이나 돈을 쓰는 방식, 결정을 내리는 방식, 사는 방식에 변화를 주는 것으로도 세상을 좋게 변화시킬 수 있다.

일주일, 혹은 한 달에 한 번 좋은 일에 자원봉사해도 좋고, 어떤 문제의 원인을 조사해 해결책을 찾거나 완전히 새로운 분야의 일을 시작해서 옛날부터 해오던 낡은 방식을 개선할 새로운 대안을 찾을 수도 있다. 나무를 심고, 공기를 정화하고, 물을 맑게 하는 일도 세상을 변화시키는 좋은 일이 될 수 있고, 세상에 도움 되는 물건을 판매하는 사업을 시작할 수도 있다.

소외되는 사람이 없도록 하는 일도 세상을 좋은 곳으로 만들기 위한 노력에 포함될 수 있다. 나나 가족에게 장애가 있어서 공공 놀이터를 이용할 수 없다면 얼마나 소외감이 들겠는가? 내 친구들인 질 애셔Jill Asher와 올렌카 빌라리얼Olenka Villarreal은 '모두를 위한 놀이터'를 만들어 이 문제를 해결했다. 마법의 다리 재단 및 놀이터Magical Bridge Foundation and Playgrounds를 공동 설립한 그들은 놀이터가 모든 사람을 고려해서 설계될 수 있고, 설계되어야 한다는 것을 보여주었다.

질은 이렇게 말한다. "우리가 만든 회전목마는 신체장애가 있는 사람도 다른 사람과 함께하는 즐거움을 느끼면서 즐길 수 있어요. 휠체어를 타고 움직여야 하는 사람들도 당당하게 미끄럼틀을 탈 수 있고, 2층으로 된 나무 위 오두막에서 놀거나 그네를 타거나 흔들 배를 탈 수 있어요. 자폐나 감장 장애가 있는 사람들을 위해 조용히 쉴 곳도 있고, 감각 과부하가 있는 사람들에게 자극적인 소리를 내지 않고 부드럽게 연주되는 레이저 하프도 있죠."

그들은 전 세계에 이런 놀이터를 수십 개 지었다. 우리 도시에도 그들이 만든 놀이터가 있다. 그 놀이터가 처음 공개되던 날, 모두 즐거운 하루를 보내는 모습을 보고 있자니 가슴이 벅차올랐다. 이름 그대로 '마법의 놀이터'였다.

한 가지 확실한 것은 자신의 타고난 재능과 능력을 이용해서 자신이 좋아하는 방식과 성장할 수 있는 환경에 집중한다면, 더 좋은 결과물을 낸다는 것이다. 더 근본적으로 세상을 변화시키고 싶다면, 고정관념을 깨고 새로운 시각으로 문제를 바라볼 필요가 있다. 질과 올렌카처럼 완전히 다른 각도에서 문제에 접근해보자. 그래야 신선하고 혁신적인 아이디어들을 떠올릴 수 있다. 지금부터 훌륭한 아이디어로 더 좋은 세상을 만들기 위한 노력한 사례를 소개하겠다.

이윤보다 사람을 강조하는 기업

'소셜 임팩트 조직social impact organization'은 사회적 가치 추구를 주된 목적으로 하는 조직을 뜻하는 용어다. 차량 공유 서비스를 제공하는 리프트도 그런 곳 중 하나다. 리프트의 창립자는 나 홀로 차량으로 교통 체증이 심각해지는 상황을 우려하며 같은 지역을 이동하는 사람들끼리 차량을 공유하는 서비스를 생각해냈다.

"우리 회사는 영리를 목적으로 하는 차량 서비스 외에 사원 지원 사업에도 관심이 많습니다." 리프트의 소셜 임팩트 매니저 조안 하나위Joan Hanawi는 이렇게 말한다. 나도 리프트를 즐겨 이용하는 사람이지만 그들이 사회에 긍정적인 영향을 미치고자 노력하는 기업이라는 사실에 대해서는 아는 바가 없었다. 그런 나에게 조안은 그들이 추구하는 사회적 가치를 이렇게 설명했다.

"민주주의에 참여하려면 우선 투표에 참여해야 하죠. 우리는 그런 사람들에게 투표장까지 무료 승차 서비스를 제공합니다. 구직 활동을 하는 사회 초년생들에게 면접이나 연수 장소까지, 혹은 직장에 처음 출근하는 몇 주 동안 무료 승차 서비스를 제공합니다. 식료품 상점이 흔하지 않은 지역은 대개 대중 교통수단도 쉽게 이용할 수 없어요. 그런 지역에서는 식료품 상점까지 무료 승차 서비스를 제공하고 있어요.

전 리프트에 입사해서 소셜 임팩트 전략을 처음부터 다시 세웠어요. 그리고 이런 질문들에 대한 답을 찾으려고 노력했습니다. '운송업이라는 산업을 어떻게 재정의하면 우리가 서비스를 제공하는 사람들에게 도움이 될까? 어떻게 하면 교통수단이 정말 필요한 사람들에게 서비스를 확장할 수 있을까?' 하고 고심했죠." 특히 20대 중후반의 젊은이들에게 리프트는 임시직 일자리로도 나쁘지 않았다.

일반적으로 '기업'이라고 하면 무엇보다 이윤 창출을 중시하는 곳으로 여겨진다. 회사의 이윤은 모든 비용을 차감한 후 집계되고, 비용의 많은 부분이 직원들에게 나가는 급여와 복지 혜택이기 때문에 많은 회사에서 이윤을 극대화하기 위한 전략으로 직원들의 급여와 복지를 낮추는 전략을 취한다. 그래서 몇 년 전 세계 최대 기업 중 하나인 월마트도 낮은 임금과 복지로 사회적 비난을 받았다.

하지만 모든 회사가 월마트만큼 많은 궤도수정이 필요했던 것은 아니다. 점점 많은 기업이 직원들에게 높은 수준의 임금을 지급하고 복지를 늘리고 긍정적인 업무 환경과 안정적으로 일할 수 있는 일자리를 제공해 사회적 임무와 사명에 집중하는 전략을 선택하고 있다. 그래도 여전히 많은 수익을 내고 있다. 어떻게 그럴 수 있을까?

나는 이런 사실을 아이다호에 출판 강연회를 나갔을 때 우연히 알게 되었다. 케첨이라는 도시에서 내 강연회를 주관했던 부부와 커피를 마시던 중, 남편인 데이브가 '에버그린 기업'에 대해 이야기를 꺼냈다. 그는 에버그린 기업이라는 개념에 푹 빠져 있는 것 같았다. 듣다 보니 에버그린 기업이 일반적인 영리 기업과 어떻게 다른지 알게 되었다.

기업가이자 경영자, 전직 벤처 투자가인 데이브는 터그보트 협회 Tugboat Institute의 설립 목적을 이렇게 설명했다. "우리는 세상에 긍정적인 영향을 줄 수 있는 지속적인 사업을 성장시키려면 사람들과 함께하는 것이 중요하다고 믿습니다." 터그보트 협회는 직원을 공정하게 대하고 시장에서 선두주자로 달리면서도 이윤 추구를 최대의 목표로 생각하지 않는 회사들이 있다는 사실에 주목했다. 그들은 이런 기업을 '에버그린 기업'이라고 이름 지었는데, 이런 에버그린 기업은 세계적으로 수백, 수천 개가 있다.

에버그린 기업이 일반 기업과 다른 첫 번째 이유는 그들이 개인 소유로 운영되고, 계속 그 상태를 유지하려는 기업이라는 점이다. 다시 말해 이윤을 챙기려고 경영자들을 압박해 강제로 주식을 상장하거나 다른 기업에 팔아넘기려는 외부 투자자들이 없다. 에버그린 기업의 대표들은 직원들이 좋은 상품, 좋은 서비스를 제공할 수 있도록 일하기 좋은 환경을 만드는 데 더 많은 것을 투자한다. 데이브 워튼은 에버그린 기업이라는 개념을 전 세계에 전파하며 더 많은 기업가와 CEO들에게 함께할 것을 독려하고 있다.

경영자들이 자기 회사를 상장하거나 더 큰 기업에 매각하는 것은 1990년대 후반 'IT 버블' 이후 기업들이 보여준 흔한 행보였다. 당시 인터넷 시장이 급격히 커지면서 회사가 매각되거나 상장되면 경영주와 직원들은 하루아침에 큰 부자가 되었다. 하지만 그 과정에서 큰 부작용도 발생했다. 회사가 좋은 상품과 서비스를 만들어 오랫동안 존속하는 곳이 아닌, 팔아야 할 또 다른 상품이 되었고, 의사결정 권한이 투자자들에게로 넘어갔다. 데이브는 이어서 이렇게 설명했다. "에버그린 기업들이 걷는 길이 인간과 우리 사회를 위하는 훨씬 좋은 길입니다. 또한, 넷스케이프의 상장 후 엄청난 폭등을 목격한 후로 무슨 수를 써서라도 빨리 커지는 것이 목표인 기업 전략과 기업 정신에 대한 해결책이기도 합니다."

에버그린 기업에 외부 투자자가 전혀 필요 없는 것은 아니다. 하지만 에버그린 기업의 경영자들은 훌륭한 비즈니스를 구축하려면 시간이 걸리고, 직원을 공정하게 대우해야 하며, 고객에게 좋은 서비스를 제공하고, 개혁하고, 성공을 나누어야 한다는 것을 안다. 따라서 자신들을 비상장 회사로 남겨두고 장기적으로 투자할 수 있는 투자자들과만 함께 일한다.

직장을 구한다면 지원하려는 회사에 대한 정보를 충분히 찾아보고 좋은 상품과 서비스를 판매하면서도 직원들에게 우수한 업무 환경과 복지, 급여를 제공하는 회사가 있다는 것을 알아두었으면 한다. 혹시라도 기업을 운영하는 사람들이 이 글을 읽는다면 에버그린 회사를 세워보는 것은 어떨까? 에버그린 기업에 관해 더 자세히 알고 싶은 사람은 터그보트 협회의 홈페이지(tugboatinstitute.com)를 방문해 보기 바란다.

소의 방귀와 트림에서 나오는 메탄가스를 줄여라

메탄가스는 공기 중에 있는 열을 가두어 지구 온난화의 주범이 된다. 소들은 방귀와 트림으로 엄청난 양의 메탄가스를 배출한다. 몇 년 전 롭 킨리Rob Kinley라는 호주의 한 과학자는 노바스코샤 해안에서 멀지 않은 프린스에드워드섬에 갔다가 바닷가에서 풀을 뜯는 소들을 보았다. 해조류를 먹고 있던 그 소들은 일반적인 소들보다 건강해 보였다.

호주로 돌아온 그는 해조류가 소의 건강에 도움이 되는지를 연구하여 바다고리풀Asparagopsis taxiformis이라는 홍조류를 먹은 소들이 더 건강하고 메탄가스도 더 적게 배출한다는 것을 발견했다. 소의 장내 세균이 메탄가스를 배출하는데, 홍조류에 천연 항균 물질이 있어서 메탄 생성을 억제한 것이다.

킨리 박사는 연구 결과를 종합하여 그 주제에 관심을 보이는 몇몇 다른 과학자들을 만났다. 하지만 당시에는 이런 연구들이 연구 단체

밖에서는 거의 주목을 받지 못했다. 전 액센츄어Accenture의 파트너였던 조안 살웬Joan Salwen이 우연히 킨리의 연구를 접하고 몇 명 친구들에게 말했는데, 그중에 전 은행가이자 투자가였던 내 친구 마이크 브라코Mike Bracco도 포함되어 있었다.

마이크는 나에게 이렇게 말했다. "그때 조안과 우리는 실험 결과를 보고 믿을 수가 없었어. 만약 그게 사실이라면 너무 엄청난 일이었으니까. 그래서 더 알아보기로 했지." 그래서 조안은 그 실험에 관심을 보이는 몇몇 지인의 도움을 받으며 후속 연구에 들어갔다.

그들은 우선 연구 자금을 댈 후원자를 찾아야 했다. 연구비는 최종적으로 거의 100만 달러가 들었다. 다음은 독자적으로 연구를 수행할 수 있는 과학자들을 모집했다. 미국 최고의 농과 대학이 있는 캘리포니아대학교 데이비스 캠퍼스에서 연구를 맡기로 했다. 연구진은 홍조류 바다고리풀을 보충제처럼 만들어서 소들이 먹는 사료에 섞어 먹인 결과 메탄가스 배출량이 75~80%까지 줄어드는 놀라운 결과를 발견했다. 이 보충제는 소에게 해를 끼치지 않았고, 소에게서 얻는 우유나 고기의 맛에도 영향을 주지 않았다. 이제 남은 것은 이 조류를 대량으로 키워서 시장에 판매할 방법을 찾는 것이었다. 그러기 위해서는 우선 사람들의 관심이 필요했다.

그들은 이렇게 홍보에 나섰다. "미국에는 젖소와 육우를 합쳐 약 1억 마리의 소와 1억 마리의 소과 동물이 있다는 사실을 아십니까? 모든 가정에서 소 한 마리를 키운다고 생각해보세요. 소 한 마리가 1년 동안 내뿜는 온실가스는 휘발유차 한 대가 1년 동안 배출하는 온실가스양에 맞먹습니다. 이 보충제를 소 한 마리에게 먹이면 휘발유차

한 대를 전기차 한 대로 바꾸는 효과를 얻을 수 있어요."

소에게 보충제를 먹이는 것으로 정말 그렇게 대단한 효과를 볼 수 있을까? 내가 궁금해하자 마이크는 답했다. "자, 그럼 전기차를 도입하는 데 들어가는 시간과 노력, 비용을 생각해보자고. 미국 정부는 꾸준한 혜택을 지원해서 2050년까지 현재 휘발유차의 20~30%를 전기차로 바꿀 수 있을 것으로 내다보고 있어.

전기차로 바꿨을 때 얻을 수 있는 환경적 이득이 있다면, 미국 소의 3분의 1에 이 보충제를 먹이는 것으로도 같은 효과를 얻을 수 있지. 게다가 2050년까지 기다릴 것도 없이 3~5년 안에 효과를 볼 수 있어. 방법도 그렇게 어렵지 않잖아. 사료에 이 보충제를 섞어 먹이기만 하면 메탄가스가 급격히 줄어들 수 있으니까. 게다가 전 세계로 10억 마리의 소가 있다는 사실도 잊지 말아야 해."

조안 살웬과 마이크 브라코, 매트 로테Matt Rothe는 이런 수치와 홍보 자료로 그 연구 결과를 상용화하는 벤처 자금을 확보할 수 있었다. 그들은 블루 오션 반스Blue Ocean Barns라는 회사를 세우고 이 연구를 최초로 시작한 호주의 과학자들과 긴밀하게 협력했다.

그들은 과학자들과 비정부단체 간에 다양한 제휴를 맺으면서 최대한 빠르고 효과적으로 이 상품을 시장에 선보일 동업자들을 찾고 있고 낙농업계와 축산업계에서 이용할 수 있게 상용화된 제품을 생산할 계획이다.

나는 바다고리풀이라는 해조류를 많이 양식해서 소들에게 먹였을 때 환경에 미칠 수 있는 잠재적 위험은 없는지도 궁금했다. "그걸 '생애주기 분석'이라고 하는데, 일반적으로 해조류 양식은 탄소 흡

수율을 높여서 해양 산성화를 막는 데 도움이 되기 때문에 환경에 더 유익하다고 알려져 있지." 간단히 말해서 괜찮다는 것이다.

소들에게 주는 먹이를 바꿔서 지구를 구하자는 이야기는 이제 많이 알려져 있다. 2020년 여름, 버거킹은 흰색 카우보이모자를 쓴 소년이 기타를 치며 요들송을 부르는 광고를 내보냈다. 레몬그라스라는 풀을 먹는 소들이 방귀를 더 적게 뀐다는 내용이었다. 마이크는 이렇게 말했다. "어쨌든 버거킹은 큰 반향을 일으켰다고 할 수 있어. 메탄가스를 줄이는 데 도움이 되는 상품을 처음 시장에 선보였으니까. 그들은 좋은 아이디어를 내는 것만으로는 충분하지 않다는 걸 알려주었어. 사람들이 그 아이디어를 이해하고 실제로 쓸 수 있도록 하는 것이 중요하지. 물론 가성비도 좋아야 해. 농부들이 어떻게 자기 소들에게 이 보조제를 먹일지, 비용은 누가 댈지, 그런 문제들을 생각해야 한다는 거야."

블루 오션 반스는 자사 제품에 우유를 사용하는 기업들로부터 꾸준히 관심을 받고 있다. 그런 기업들은 소의 먹이에 변화를 주는 새로운 기술이 기후 변화에 대응하고 지속가능성이라는 기업 목표를 달성하는 데 도움을 줄 것으로 보고 있다. 언젠가 맥도날드까지 동참하면 패스트푸드 업계가 완전히 새로운 국면을 맞을 수도 있을 것이다.

한편 마이크는 바다고리풀이 인간에게 완전히 낯선 재료는 아니라고 말한다. "아주 못 보던 음식도 아니야. 실제로 하와이에서 포케볼poke bowl이라는 요리에 사용되는 재료거든. 원주민들이 아주 오래전부터 써왔지." 고정관념을 깬 창의적 사고의 힘이 얼마나 대단한 결과를 만들 수 있는지 놀랍기만 하다.

기본 소득 보장의 효과

"경제 문제, 빈곤 문제, 가난한 사람들의 문제는 그들이 부족하거나 돈 쓰는 법을 몰라서가 아닙니다. 문제는 그들에게 돈이 없다는 거예요. 제프 베이조스Jeff Bezos가 어제 하루 동안 130억 달러를 벌어들였다는 기사를 접하고 굶주림으로 고통받는 사람들에게, 아니 국민 모두에게 최저 소득선을 제공하지 않는 데에는 변명의 여지가 없다고 생각했습니다."

이 이야기는 마이클 텁스Michael Tubbs가 2020년 여름 팟캐스트에 나와서 한 말이다. 31세인 그는 캘리포니아주 스톡턴시의 첫 흑인 시장이자 최연소 시장이며, 미국 어느 도시에서도 시장이 될 가능성이 매우 낮았던 사람이다. '보편적 기본 소득', '보장 소득' 개념을 주장한 대표적인 인물로도 알려진다.

스톡턴 출신인 텁스 시장은 태어날 때 어머니가 10대였고, 아버지는 교도소에 있었다. 통계적으로 보면 그는 누구보다 성공한 삶을 살 확률이 낮았다. 하지만 가족들의 뒷바라지와 그의 노력으로 우수한 성적으로 고등학교를 졸업하고 내가 있던 스탠퍼드대학에 입학했다. 텁스를 처음 본 것은 대학교 개교기념일 행사로 열린 말하기 대회에서다. 1학년이었던 그는 이 대회에서 우수상을 받았다. 높은 연단에 서서 그가 인권 운동가처럼 멋진 연설을 해내는 모습을 보며 소름이 돋았던 기억이 난다.

2학년 때는 내가 인종과 법학에 관해 다른 교수와 공동으로 가르친 토론 수업을 들었다. 인기가 많아 수강하기 힘든 편이었는데, 텁스는 3~4학년생이 대부분이던 그 수업에서 우리가 심사숙고해 받아

준 두 명의 2학년생 중 하나였다. 3학년 말에는 신입생 환영 행사에
서 학생 대표 연사로 나갔다. 신입생과 신입생의 가족이 모두 참가하
는, 졸업식 다음으로 가장 큰 학교 행사였다.

연사 자리에 뽑힌 그는 무대에 올라 5천 명 가까이 되는 청중들 앞
에서 멋지게 연설했다. 정작 자신이 1학년이었을 때는 스탠퍼드대학
에 다닌다는 것이 실감 나지 않아서 신입생 환영 행사에 참석하지 않
았다고도 했다. 4학년 봄이 되자 친구들과 파티하며 몰려다니는 대
신 스톡턴 시의회에 출마했고, 이번에도 열심히 준비해 도전한 것을
결국 이루어냈다.

텁스 시장은 이렇게 이야기했다. "보편적 기본 소득은 미국 역사
만큼 오래된 아이디어입니다. 이미 1700년대 말에 토마스 페인Thomas
Paine이 보편적 기본 소득의 개념을 언급했고, 마틴 루터 킹 목사도
대규모 시민 사태가 있던 1967년에 저서 『Where Do We Go from
Here(우리는 어디로 가는가?)』를 통해 기본 소득을 주장했습니다. 기본
적으로 기본 소득은 모두에게 주어지는 공공의 혜택입니다. 어떤 제
약 없이 현금으로 매달 규칙성 있게 지급되어야 해요. 사람들이 경제
적 회복력을 기를 수 있도록 최소한의 기본선을 마련해주자는 겁니
다. 그래야 지금과 같은 팬데믹 같은 상황이나 경제적 위기가 닥쳤을
때 급한 비를 피하고 어느 정도 기본 생활을 할 수 있어요."

텁스 시장은 스톡턴에서 보편적 기본 소득을 연구하는 시범 사업
을 시작해보기로 했다. 중간 소득 이하 시민 125명을 무작위로 선발
하여 1년 6개월 동안 매달 500달러를 지급했고, 코로나 사태 이후 이
기간을 6개월 더 연장했다.

스톡턴시 외에도 보편적 기본 소득을 도입하려는 노력은 여러 곳에서 시도되어왔다. 2019년 민주당 대선 경선 후보였던 앤드류 양 Andrew Yang은 대통령에 당선되면 모든 미국인에게 매달 1천 달러씩 지급한다는 공약을 내걸어 많은 인기를 얻었다. 자유주의 경제학자였던 밀턴 프리드먼Milton Friedman은 기본 소득을 공개적으로 지지했고, 페이스북의 설립자 마크 저커버그도 그랬다.

1980년대 초, 알래스카주는 주 정부가 벌어들이는 수익을 재분배하는 방법으로 알래스카 영구 기금Alaska Permanent Fund을 설치하여 석유와 가스 수출에서 얻는 수익금을 모든 주민에게 매년 배당금 형태로 지급했다. 가장 높은 배당금을 기록한 2015년에는 2천 72달러를, 2020년에는 992달러를 지급했다. 배당금 지급과 관련된 최근 조사 결과를 보면, 배당금 지급 다음 날에 약물 남용 사건이 14% 증가한 반면 재산 범죄가 8% 감소해 기금 지급으로 인한 범죄율 증가는 우려할 필요가 없어 보였다.

또한, 배당금 지급과 취업률은 상관관계가 없었다. 사람들은 지급된 배당금으로 월동용 식량을 비축하거나 학자금 대출을 갚거나 친척 집에 방문하는 등의 다양한 목적으로 배당금을 사용했다. 스톡턴에서 기본 소득 혜택을 지원받은 사람 중에는 정부에서 지원받은 돈으로 의치를 해 넣어 웃을 때 자신감을 찾기도 했고, 직장에 휴가를 내고 더 좋은 직장을 찾아서 다른 곳에 면접을 보러 가기도 했다. 그 돈이 없었다면 하루 벌어 하루 먹고사는 사람들에게는 힘든 일이었을 것이다.

보편적 기본 소득을 어떻게 지급할지는 그 지역사회의 우선순위에 따라 달라질 수 있다. 경찰들을 위한 기금을 늘리거나 일반 시민들을 위한 기금을 설치할 수도 있고, 국방비에 보태거나 공립학교 건립에 쓸 수도 있을 것이다. 텁스 시장은 보편적 소득의 지원 방식을 설명하며 코로나 사태가 터졌을 때 대기업에 들어간 막대한 긴급 자금과 엄청난 국방부 예산을 지적하며 "우리가 정말 원하고, 하고자 하는 의지만 있다면 재원을 마련할 방법은 있을 겁니다."라고 했다.

2020년 뉴스 웹사이트인 '복스Vox' 기사에 따르면 전 세계 기본소득 제도를 연구한 결과, 기본 소득은 돈으로 살 수 있는 것 이상의 장점이 있는 것으로 조사되었다. 기본 소득은 사람의 감정에도 영향을 미친다. 지금까지의 증거들을 살펴보면 기본 소득이 지급되면, 만족감, 건강, 학교 출석률, 사회제도에 대한 신뢰도가 강화되는 한편 범죄율을 낮추는 효과가 나타났다.

카드 결제 시스템 회사인 그래비티 페이먼츠Gravity Payments의 설립자이자 CEO인 댄 프라이스Dan Price는 이 문제를 자신만의 방식으로 대응했다. 그는 연봉이 오르면 직원들이 더 행복해진다는 연구 결과를 보고 모든 직원의 연봉을 최저 7만 달러로 인상하겠다는 계획을 발표했다. 7만 달러 이상은 행복에 크게 영향을 미치지 않는다며 말이다. 그는 이 계획을 실행하기 위해 자신의 연봉을 90%나 삭감했다. 결과는 성공적이었다. 회사에 대한 직원들의 만족도가 높아졌을 뿐 아니라 회사의 이윤도 증가했다. 사람들의 요구에 관심을 기울이면 더 좋은 결과가 나온다는 것이 증명된 셈이다.

마이클 텁스 시장은 새로운 도전을 계속 시도하고 있다. 나는 스톡턴의 기본 소득 프로그램이 어떻게 진행될지, 다음은 그가 어떤 행보를 취할지 계속 지켜볼 생각이다. 그는 고등학교 졸업생들을 위한 대학 장학금 제도도 시범적으로 제공하고 있다. 그의 모습을 보면 성공의 비결은 고정관념을 깬 사고의 힘, 창의력, 의외성 같은 것이 아닐까 하는 생각이 든다.

더 나은 세상을 만들기 위해 우리가 할 수 있는 다섯 가지 노력

모든 사람이 더 나은 세상을 만들기 위해 접근성을 고려한 놀이터를 만들고, 기업을 근본적으로 변화시키고, 보편적 기본 소득을 지급하도록 정부를 설득해야 하는 것은 아니다. 그런 의미에서 세상을 좀더 나은 곳으로 변화시키기 위해 우리가 할 수 있는 기본적인 행동지침 몇 가지만 소개하려 한다.

1. 투표에 참여하라

우리는 민주주의 국가에 살고 있다. 비영리 시민운동 단체인 여성유권자 연맹League of Women Voters의 슬로건처럼 '민주주의는 스포츠 관람이 아니다!' 국민 투표가 있을 때는 무슨 일이 있어도 꼭 투표에 참여하라. 때로는 정부 지도자가 특정 집단이 투표에 참여하기 더 어렵게 손을 쓰기도 한다. 하지만 투표는 꼭 해야 한다. 미국 역사를 보면 큰 선거에서 몇백 표로 당선자가 갈리는 경우가 종종 있었다. 2000년 대통령 선거에서 고어 대 부시의 대결도 그랬다. '나 하나쯤 빠져도 괜찮겠지.' 하는 생각은 절대 금물이다.

2. 주기적으로 뉴스를 접하라

TV, 라디오, 팟캐스트, 어떤 매체도 좋다. 주기적으로 뉴스를 접하라. SNS나 유튜브로 뉴스를 많이 접하는 사람들은 특정 인플루언서의 관점을 무작정 받아들이기보다는 그 뉴스의 핵심을 파악하는 것이 중요하다. 더욱이 SNS나 유튜브에서 읽게 되는 뉴스들은 내가 이미 관심을 보이는 문제와 주제를 알고리즘이 추려내어 추천하는 것들임을 잊어서는 안 된다. 시야를 넓히고 더 다양한 정보를 받아들이도록 노력하지 않으면 모든 사람이 같은 말만 해대는 좁은 세상에 갇혀서 가짜 뉴스를 진짜로 믿게 될 수 있다.

지리적 시야도 넓혀야 한다. 우리가 몸담고 살아가는 도시와 국가를 넘어 전 세계 주요 이슈들을 알아두는 것이 좋다. 지역 뉴스를 보면 우리가 피부로 느낄 수 있는 삶의 질과 관련된 경제, 교육, 치안 등의 소식을 접할 수 있다. 그러므로 우리가 속한 시에서 무슨 일을 하고 있는지, 교육청에서는 무슨 일을 하고 있는지 늘 관심을 가지고 지켜볼 필요가 있다. 지역에서 발행하는 신문이나 소식지를 읽어보는 것이 도움이 된다.

3. 편견과 가짜 뉴스를 조심하라

전문 언론인이 언론학을 공부하는 데는 이유가 있다. 그들은 언론학을 공부하면서 다양한 출처를 통해 정보의 사실 여부를 검증하는 법을 배운다. 하지만 인터넷과 SNS, 스마트폰이 발달하면서 인류 역사상 처음으로 누구라도 휴대전화만 있으면 자기 목소리를 낼 수 있게 되었고, 세상 누구와도 자기 생각을 공유할 수 있게 되었다. 얼핏

보면 정보의 민주화가 이루어진 것처럼 느껴진다.

그러나 그와 동시에 검증되지 않은 유언비어가 뉴스로 둔갑하는 경우가 너무 많아졌다. 게다가 검증된 뉴스를 보도하는 주요 매체들도 편향성이 있는 경우가 많다. 《뉴욕타임스》는 진보주의 성향이, 《월스트리트저널》은 보수주의 성향이 강하다. 따라서 어떤 정보를 접할 때는 정보의 출처에 주의를 기울일 필요가 있다.

'이런 방식으로 이야기하면 누가 이득을 볼까?' 항상 자신에게 이렇게 질문해보자. 다양한 관점을 들어보고 어떤 정보가 사실인지, 의견인지, 혹은 명백한 거짓인지 합리적으로 판단하는 법을 연습해보라. 자신이 직접 알아보는 것이 중요하다. 나는 예전에 어떤 정보를 인터넷에 올렸다가 나중에 그 정보가 거짓이었다는 것을 알게 되어 매우 당황했던 경험이 있다. 그런 일은 누구에게도 있을 수 있다.

폴리티팩트(politifact.com)는 미국의 정치 뉴스와 관련하여 사실 여부를 확인해주는 사이트다. 이 사이트는 진실 측정기라는 그래픽을 이용해서 어떤 뉴스의 사실 여부를 '사실-대체로 사실-사실 반, 거짓 반-대체로 거짓-거짓' 혹은 '새빨간 거짓'이라는 척도로 보여준다. 스놉스(snopes.com) 역시 같은 목적으로 만들어진 웹사이트다.

4. 친구, 가족, 이웃과 적극적으로 교류하라

자신의 인생에 관한 문제나 학교나 뉴스에서 알게 된 주제, 내가 존경하는 사람이 지지하는 생각, 정부에서 논의 중인 문제 등을 생각할 때는 항상 기본으로 돌아가 겸손한 자세로 호기심을 가지고 접근하라. 그 문제를 오랫동안 연구해온 사람들의 의견을 경청하고, 그들의 성공담과 실패담에서 교훈을 얻어라.

자신의 시간, 목소리, 영향력, 노력, 재력을 이용해서 그 문제를 좀
더 좋은 쪽으로 변화시키도록 노력하라. 오랜만에 만난 친구나 가족
과 최근 내 마음을 어지럽히는 문제들에 관해서도 이야기를 나눠보
자. 비판적으로 사고하고 책임감 있게 행동하고 시민으로서 할 수 있
는 일을 할 때 우리는 세상을 좀 더 나은 곳으로 변화시킬 수 있다.

5. 말만 하지 말고 행동하라

말만 무성한 사람이 되지 말고, 친구와 가족들에게 자신이 행동으
로 실천하는 사람임을 보여주자. 미국 정부가 불법 이민자 가족의 아
동을 부모와 격리하고 감금했을 때 나는 꼬박 1년 동안 주변 사람들
에게 "이런 일이 일어나다니 믿을 수 없어. 너무 끔찍해. 뭔가 해야겠
어."라고 말만 했다. 그러다 2019년 6월, 그 아이들이 처해 있는 끔찍
한 현실을 보도하는 또 다른 기사를 접한 후로 더는 보고만 있을 수
없었다.

나는 곧장 월마트로 가서 확성기를 샀다. 계산대에 있는 점원에게
"텍사스로 가서 불법 이민자 아동 격리 반대 시위에 함께하려고요."
라고 했다. 점원이 잠시 눈을 껌뻑이더니 주머니에서 20달러 지폐를
꺼내 내게 건네며 "힘내세요."라고 했다. 다음으로 문구점에 갔다. 그
곳 점원에게도 내 계획을 말했다. 점원은 "제가 좀 안아드리고 싶은
데 그래도 괜찮을까요?"라고 묻더니 정말로 나를 안아주었다.

마지막으로 우리 집에서 텍사스까지는 차로 17시간 거리라 내 차
의 상태를 점검받기 위해 정비소로 갔다. 새 타이어로 갈아야 한다고

해서 근처 타이어 가게로 향했는데, 밀린 주문이 많아서 며칠을 기다려야 한다고 했다. 다른 가게를 찾아보려고 돌아서며 "이걸 끌고 텍사스까지 가야 해서요. 부모와 생이별한 아이들에게 더 관심을 가져달라고 시위하러 가는 참이에요."라고 했는데, 타이어 가게 주인이 잠시 주문서를 내려보고는 내 차를 다음 순서에 넣어주었다.

내가 아이들을 위해 할 수 있는 일은 많지 않았다. 하지만 텍사스 클린트로 향한 우리 차가 언론에서 꽤 주목을 받아 더 많은 사람이 시위에 동참했다. 우리는 엘패소 거리와 클린트 정부 청사 앞에서 피켓을 들고 서 있었다. 후원금 일부는 엘패소 보호소에 보내고, 일부는 국경 넘어 멕시코 후아레스 보호소로 보냈다.

아이들이 감금되어있는 곳 앞에서 매일 밤 촛불시위를 벌였다. 누군가 담장 넘어 아이들이 들을 수 있도록 스페인어로 자장가를 부르자고 아이디어를 냈다. 나는 그 아이들이 남 같지 않았다. 내가 할 수 있는 일이 있으면 무슨 일이라도 해야 했다. 내가 할 수 있는 일이 아무리 사소하고, 아무리 보잘것없어도 그들을 잊지 않고 있다는 것을 보여주어야 했다.

지금 할 수 있는 일부터
시작하라

우리는 결핍과 혼돈의 시대에 살고 있다. 너무 많은 것들이 우리 사회와 지구를 아프게 한다. 그러나 우리에게는 많은 능력이 있다. 할 수 없는 일들로 기죽지 말고, 나만이 할 수 있는 일을 찾아보라. 찾았다면 그 일을 시작하라. 더 살기 좋은 세상을 위해 자신이 가진 것을 내놓은 해나처럼 말이다.

해나는 28세의 백인 여성으로 미국 프로 농구 NBA 국제협력부서에서 일한다. 열네 살 때 부모님을 설득해 애틀랜타에 있는 집을 팔고 남은 돈으로 가난한 사람들을 도와주었다. 나는 그런 결정을 내리게 된 계기가 무엇인지, 그래서 어떻게 되었는지, 다른 사람들에게 도움이 될 만한 교훈이 있는지를 알아보려고 전화기를 들었다.

해나는 어머니, 아버지, 남동생과 애틀랜타에서 살았다. 어머니는 컨설팅 회사의 파트너로 일했고, 짬짬이 비영리단체의 멘토로 활동했으며, 애틀랜타에서 사립 여학교를 공동 설립하고 학생들을 가르쳤다. 아버지는 《월스트리트저널》의 기자이자 미국 올림픽 위원회의 자문단, 해비타트 운동의 자원봉사자로 일했다.

해나는 자신이 기억하는 한 어릴 때부터 안락한 삶을 살았다. 해나네 가족은 해나가 일곱 살 때 같은 동네에 있던 큰 저택으로 이사했다. 크기가 약 170평에 달했고, 방 5칸, 벽난로 8개, 요리사 전용 주방과 엘리베이터가 있는 3층 건물이었다. 해나의 어머니에게는 오랫동안 힘들게 일해서 산 꿈의 집이었다.

해나가 열네 살 때 아버지의 차를 타고 집으로 돌아오는 길에 가족 전체의 삶을 바꿔놓은 특별한 사건이 있었다. "집에서 조금 떨어진 신호등 앞이었어요. 신호를 기다리며 서 있는데 우리 왼쪽에는 노숙자가 돈을 구걸하는 팻말을 들고 서 있고, 오른쪽에는 한 남자가 운전하는 멋진 검은색 벤츠가 서 있었죠. 갑자기 이상한 기분이 들었어요. 망치를 한 대 맞은 듯한 기분이었죠.

'아빠, 저 아저씨가 멋진 차를 타고 다니지 않아도 된다면 노숙자는 밥을 굶지 않겠죠?' 그러자 아빠는 '우리에게 이런 멋진 차가 없었어도 그렇겠지.' 하셨어요. 그날 저녁 식사 자리에서 저는 가난한 사람들을 위해 뭔가를 했으면 좋겠다고 했어요. 그러자 엄마가 우리 가족은 크리스마스 때 꽤 큰 금액을 기부하고 있고, 저는 푸드뱅크에서, 아빠는 해비타트에서 봉사 활동도 하고 있지 않냐고 하셨어요.

제가 그것으로는 충분하지 않다고 하자, 엄마가 '그럼, 넌 뭘 했으면 좋겠니? 우리 집을 팔까?' 하시길래 제가 그랬으면 좋겠다고 했어요. 아빠와 남동생은 그 말을 듣고 거의 기절하다시피 했죠."

해나가 경제적 불평등 문제를 어렴풋이 인식하게 된 것은 어린 시절 아버지와 해비타트행사를 방문했을 때다. 해비타트에서는 집을 완공해서 새 주인에게 인도할 때 보통 증정식을 열었는데, 해나의 아버지도 그 행사에 종종 참석했고, 해나와 남동생을 자주 데려갔다.

"어릴 때 아빠를 따라 해비타트 현장에 자주 갔었어요. 저와 남동생은 그 집을 받게 되는 집의 아이들과 어울려 놀았어요. 제가 여덟 살, 남동생이 여섯 살 때, 아빠가 동부 애틀랜타에 살던 한 여자에게 집을 지어주었죠. 아빠는 그분과 정말 가까워져서 그날 기념식에서 눈물을 글썽이셨어요.

저와 남동생은 기념식은 신경 쓰지 않았어요. 길 건너편에 농구대가 있어서 그 집 아이들과 그냥 신나게 놀았어요. 우리처럼 남매가 있는 집이었어요. 우리끼리 공을 던지며 잘 놀았어요. 나중에 집으로 돌아오는 길에 아빠가 그 집 아이들과 즐거웠냐고 물어보셔서 그렇다고 답했죠. 그러자 아빠가 '오늘 그 집을 받은 사람은 혼자 아이들을 키우는 엄마란다. 그 집 아이들이 자라는 환경은 너희들과는 많이 달라.'라고 하셨어요.

하지만 전 그런 건 전혀 느끼지 못했어요. 우리는 똑같이 놀았거든요. 모든 사람은 동등하다는 생각이 그때부터 싹텄던 것 같아요. 우리 사회의 부당한 모습을 보면 화가 났던 것도 그래서였을 거예요.

아이들은 저녁 식사 시간에 해괴한 이야기들을 많이 한다. 그런데 해나의 부모는 어떤 이유에서인지 집을 팔아서 가난한 사람들을 도와주자는 열네 살 아이의 말을 진지하게 받아들였다. 해나의 설명에 따르면 그 집은 방마다 샹들리에가 달려있었고, 그들이 다 쓰지 못할 만큼 넓었고, 심지어 한 층은 아예 사용해본 적도 없었다.

추측건대 해나의 부모도 마음 한편으로 마음이 불편해서 뭔가 변화를 주고 싶었던 게 아닐까 생각한다. 결론부터 말하면 그들이 베푼 선행으로 많은 사람이 도움을 받았다. 해나와 해나의 부모도 더 많이 성장했다. 그들이 어떤 사람들을 어떻게 도왔는지 궁금한 사람들을 위해 지금부터 이야기를 시작하겠다.

해나의 가족에게 집을 옮기는 문제는 그다지 힘든 일이 아니었다.

그들은 그 3층 저택이 팔리기도 전에 몇 블록 떨어진 곳에 다른 집을 샀다. 더 작고, 더 싼 집이었지만 해나의 부모님은 경제적으로 여유가 있었다. 첫 번째 집을 팔고 나니 80만 달러가 남았다. 해나의 가족은 그 돈을 어디에 기부할지를 고민하며 몇 달에 걸쳐 일요일 아침마다 가족회의를 열었다.

"우리 가족은 정말 심사숙고해서 그 문제를 결정하고 싶었어요. 몇 달 동안 많은 이야기를 했어요. 세계적으로 일어나는 심각한 문제들을 이야기했죠. 그리고 우리에게 어떤 문제가 더 중요한지 고민했어요. '기후 변화? 미국에 사는 가난한 사람들?' 우리는 각자가 생각하는 중요한 문제들을 말하고 화이트보드에 기록했어요.

오랜 가족회의 끝에 굶주림과 빈곤 문제로 생각이 모였죠. 우리는 우리가 기부하는 돈이 많은 사람에게 도움이 되길 원했어요. 그래서 사회 안전망이 더 부족한 미국 바깥의 나라들로 눈을 돌렸죠. 그리고 더 관심 가는 나라를 찾아보았어요. 아시아? 아프리카? 어디가 좋을지 또 한 번 고민했죠."

해나는 이 과정에서 자신은 겁 없는 몽상가였고, 자신보다 두 살 어린 남동생 조는 가족의 생각에 반기를 든 회의주의자였다고 말한다. 조의 역할도 중요했다. 그들이 어떤 일을 하고 있는지, 계속 기억하고 다듬고 변호할 수 있게 해주었기 때문이다.

"동생은 계속 우리 의견에 반대했어요. '왜 꼭 집을 팔아야 하느냐?' '다른 일을 할 수는 없느냐?' 꼬치꼬치 따지고 들었죠." 조는 어떤 동영상에서 "어느 날 누나가 배고픈 사람들 때문에 화를 내더니 이제 우리 집을 팔게 되었다."고 비꼬듯 말하기도 했다.

해나의 가족은 '지속할 수 있는 세계 기아 종식을 목표로 하는' 헝거 프로젝트Hunger Project라는 뉴욕의 비영리단체에 돈을 기부하기로 했다. 그들이 기부한 80만 달러는 가나에 있는 거점 센터 두 곳으로 보내졌다. 거점 센터는 수천 명의 주민이 살아가는 수십 개의 마을을 병원, 은행, 식량 창고 같은 주요 인프라 시설을 중심으로 묶어주는 지역사회의 허브 역할을 했다.

거점 센터는 반드시 여성을 절반 이상 포함해야 하는 마을 위원회가 관리했는데, 헝거 프로젝트에서는 거점 센터 모델을 최대 8년간 지원했을 때 그 지역사회의 '지속 가능한 자립'이 이루어질 것으로 기대했다. 해나는 이 후원 사업이 지역사회의 주도로 이루어진다는 점이 마음에 들었다.

"그 지역의 사람들이 쓰지도 않을 것들에 돈을 쓰고 싶지 않았어요. 외지인들이 와서 우물을 지어주지만 그 우물들이 망가져서 쓰지 않고 버려진다는 이야기를 들어보셨을 거예요. 우리는 그들이 정말 필요로 하고 중요하게 생각하는 것들에 도움을 주고 싶었어요. 그래서 헝거 프로젝트가 마음에 들었죠." 해나의 가족이 후원한 거점 센터 한 곳은 지역 주민의 엄청난 호응으로 아주 성공적으로 끝났다. 나머지 한 곳은 아직 좀 더 도움이 필요한 상태지만 자리를 찾아가는 중이다.

해나네 가족은 새로 이사한 더 작은 집에서 쉽게 적응해나갔다. 전에 살던 집의 절반 크기였지만 여전히 100만 달러에 달하는 좋은 집이었다. 해나는 그들이 한 일에 대해서는 친구들에게 별말 하지 않았다. 가족의 중대한 결정에 여러모로 큰 역할을 했음에도 해나의 인생에는 달라진 것이 별로 없었다.

그런데 주변에서 반갑지 않은 관심이 쏟아졌다. "사람들이 뒤에서 수군대는 건 알고 있었죠. 어느 날 한 친구가 학교 휴게실에서 자기들끼리 한 얘길 들려주었어요. 제가 사람들에게 돈을 기부하라고 하는 것이 싫다고요. 하지만 우리 가족은 누구에게도 돈을 요구한 적이 없었어요. 제가 먼저 그 이야기를 꺼낸 적이 없으니 친구들에게 나서서 변명하기도 힘들었죠. 그랬더니 자기들 마음대로 더 이야기를 지어내더군요."

반면 그녀의 부모님은 적극적으로 해명해야 한다고 생각하는 쪽이었다. "저희를 이상하게 보는 사람들이 많았어요. 엄마는 그 일로 친구들을 잃었다고 하셨죠. 집을 팔아서 돈을 기부했다는 사실이 부모님의 친구분들을 불편하게 했어요. 우리와 아주 가깝게 지낸 이웃집은 우리가 이사 간다고 하니까 그럼 우리와 너무 멀어지지 않느냐고 했어요. 단지 세 블록 거리였는데 말이에요. 정말 이상한 반응이 많았어요. 우리가 한 일을 어떻게 받아들여야 할지 몰라서 당황하고 불편해했죠."

전혀 모르는 사람들도 말을 보탰다. 해나와 아버지는 자신들의 경험담을 담은 『나누고 웃고 행복하기』라는 책을 냈다. 그러자 〈투데이〉 뉴스에 보도되고 《뉴욕타임스》에 논평이 실리고, 다른 여러 잡지에서도 그들의 이야기를 소개했다. 어떤 곳은 그들의 희생정신에 박수를 보냈고, 어떤 곳은 비난했다. 해나는 이 아이디어를 낸 장본인이라 비난의 화살이 집중될 때가 많았다.

"그래요. 우리는 대가를 치러야 했어요. 우리가 나온 〈투데이〉의

코너가 유튜브에 올라갔는데, 끔찍한 댓글들이 달렸죠. 어떤 사람은 제가 강간당해 죽었으면 좋겠다고 하더군요. 엄마는 사람들이 그런 글을 쓸 수 있다는 걸 알고 큰 충격을 받으셨어요.

우리 방식은 옳지 않다, 집을 팔아 남을 돕는 데 써야 한다고 사람들을 선동한다, 이런저런 이유로 우리를 비난했어요. 미국에 있는 가난한 사람들을 도와주지 않았다는 이유로도 화를 냈어요. 의도하지는 않았지만 우리가 한 일을 불편하게 생각하는 사람들이 많았어요. 순전히 우리가 감당해야 할 몫이었죠.

지금 생각하면 책을 구성한 방식이 후회스러워요. 각 장 마지막에 '해나의 메시지'라는 코너가 있는데, 각자가 실천할 수 있는 것들을 소개한 내용이었어요. 그 부분이 사람들을 오해하게 했죠. 더 나은 세상을 만들기 위해 모든 사람이 과감한 행동을 해야 하는 것처럼 느꼈나 봐요. 전 사람들이 좋은 물건을 가지지 않길 바라는 사람, 세계 기아 문제로 반드시 마음 아파해야 하고, 뭔가를 희생해야 하고, 가진 걸 포기해야 한다고 주장하는 아이라는 오명을 얻었죠.

우리는 우리 이야기를 하고 싶었던 것뿐이었어요. 특히 책 마지막에 행동으로 옮겨야 한다는 글을 썼던 게 지금은 마음이 불편해요. 그냥 우리 이야기만 했으면 좋았을걸. 그랬으면 사람들이 각자 내킬 때 자기 삶을 돌아보고 하고 싶은 것들을 생각해볼 수 있었을 텐데, 하는 생각이 들어요. 저는 사람들이 어떻게 어떻게 살아야 한다고 판단하지 않는데, 사람들이 저를 그런 사람으로 생각하는 것이 가장 힘들었어요."

성인이 된 지금은 기아, 빈곤 문제를 어떻게 생각하는지 물었다.

"지금도 그 문제를 생각하면 마음이 답답해요. 하지만 이제 저도 철이 좀 들었답니다. 열네 살 때는 제가 그 문제를 어느 정도 해결할 수 있을 줄 알았어요. 스물여덟이 된 지금은 제가 할 수 있는 일이 그렇게 많지 않다는 걸 알게 되었죠. 요즘은 투표로 정치인을 잘 뽑는 게 중요하다고 생각해요. 열네 살 때는 생각하지 못한 부분이죠. 이젠 너무 거창하게 일을 벌이기보다는 작은 일을 실천하려고 노력해요."

절반을 나눠준다는 개념은 이제 해나 가족의 모토가 되었다. "TV 보는 시간의 절반을 좋은 일에 쓰기, 매주 외식비의 절반을 좋은 일에 기부하기, 이젠 그런 작은 일들을 실천하려고 해요. 집을 계속 팔 수는 없으니까요. 이제는 1년에 한 번씩 제가 가진 옷의 절반을 기부하고 있어요." 해나는 직장에서 봉사 프로그램에 참여해 이주민 아이들에게 멘토가 되어주고 있고, 나눔을 실천할 다른 방법들을 계속 찾고 있다.

나는 해나의 가족이 말에 그치지 않고 행동으로 실천하는 모습에서 존경심마저 느꼈다. 우리 집이 해나 가족의 집만큼 크지는 않지만, 집값이 비싼 동네에 살고 있으니 집을 팔면 남는 돈으로 꽤 많은 일을 할 수 있을 것이다. 더욱이 나는 소득 불균형 문제에 관심이 많다. 그런데 나는 왜 해나의 가족처럼 행동하지 못할까? 그들처럼 행동을 실천에 옮기는 사람이 되려면 무엇이 필요할까?

2019년 여름, 텍사스 클린트로 향했던 일을 떠올리지 않을 수 없다. 나는 거의 1년 동안 불법 이민자 가족의 아이들이 부모와 떨어져 클린트의 열악한 시설에 갇혀있다는 새로운 기사를 볼 때마다 분노에 휩싸였다. 한편으로는 어느 날 텍사스로 달려가 뜨거운 햇빛 아래

5일 동안 시위에 참여했던 내가 자랑스럽다. 실제로 우리 시위는 언론의 관심을 많이 얻어서 이미 분노하고 있던 사람들의 마음에 어느 정도 불을 붙이는 효과를 낼 수 있었다. 시위 마지막 날에는 정치인들이 비행기를 타고 날아와 집회에 동참하고 연설도 했다.

하지만 내가 한 일은 그렇게 대단했다고도 할 수 없다. 시위에 참여하기 위해 많은 준비가 필요했던 것도 아니고, 그 자리에 참석한 정치인들과 클린트, 엘패소의 주민이 유의미한 관계를 맺도록 특별히 준비한 것도 없었다. 우리는 17시간 동안 운전해 그곳에 도착하고, 5일 동안 시위에 참여하고, 집으로 돌아왔을 뿐이다. 나의 노력은 지속될 수 없었다. 몇몇 새로운 사람들을 알게 된 것 말고는 우리의 노력은 엘패소의 여름밤 속에서 먼지처럼 날아가 버렸다. 그래서 더 후회스럽고 안타까웠다.

나는 이렇게 묻지 않을 수 없었다. 나는 누구를 위해 그 일을 벌인 걸까? 누구에게 도움을 주고 싶었던 걸까? 작게나마 그 아이들이 도움을 받았을 것이다. 하지만 나를 위해서였다고도 할 수 있다. 그 아이들을 위해 노력은 했다고 생각하고 싶었던 것이다.

텍사스 클린트의 내 경험에 비추어 보면 해나의 가족은 남을 도우며 자신들도 성장했음을 나는 잘 안다. 타인을 돕기 위해 노력할 때, 자신의 성장을 목표로 삼는 것도 충분히 중요하고 정당한 소득이라고 할 수 있다. 다시 인용하자면 우리는 자신을 넘어서서 집중할 수 있는 대의를 추구할 때 삶의 가치를 느끼기 때문이다.

그래서 나는 해나와 가족이 그 일을 통해 어떻게 변화했는지에 좀 더 초점을 두고 마지막 대화를 이끌었다. "제게는 그 부분이 가장 중요해요. 우리 가족은 그 일이 있기 전까지는 그다지 가까운 사이가 아니었어요. 하지만 그 일로 서로에 대해 많은 것을 알게 되었어요.

우리는 이제 대화방식이 완전히 달라졌어요. 그래서 많은 변화가 생겼죠. 부모님은 집을 팔고 남은 돈을 어디에 쓸지 가족 모두 공평하게 자기 의견을 낼 수 있다고 하셨죠. 부모님이 일방적으로 정하신 게 아니에요. 그 후로 그런 방식이 다른 결정을 내릴 때도 영향을 미쳤어요.

부모님이 저희에게 자율성을 키워주셨다는 걸 알아요. 저에 관한 어떤 얘기도 부모님께 전보다 훨씬 솔직하게 말할 수 있게 되었죠. 저를 깊이 이해하신다는 걸 알았으니까요. 방에만 틀어박히는 사춘기를 보내지 않고, 친구 문제든 뭐든, 10대가 겪을 수 있는 모든 문제를 부모님께 털어놓을 수 있었어요. 그만큼 부모님을 신뢰했거든요. 전과는 다른 차원으로 서로를 깊이 알게 되었죠. 그 부분은 부모님께 영원히 감사할 것 같아요."

가족 간에 가장 큰 변화가 있었던 관계는 아마도 해나와 어머니와의 관계였을 것이다. "엄마와 전 원래 사이가 좀 불편했어요. 제가 열 살 때쯤 엄마가 승진하시고 경제적으로 엄마의 덕을 많이 보았죠. 하지만 엄마는 힘든 부분이 있었을 거예요. 우리 동네에서 유일하게 일하는 엄마라고 하셨던 게 생각나요.

엄마의 대학 친구분들 말씀으론 엄마가 원래는 굉장히 사교적이고 열정적이고 재밌고, 친구들 사이에서 분위기 메이커였대요. 하지만 제가 아는 엄마는 그런 엄마가 아니셨어요. 엄마는 늘 엄격하고 꼼꼼하고 규칙을 따라야 하는 사람이었죠. 전 자유분방하고 도전적이고 규칙을 따르기 싫어하는 사람인데, 엄마는 제 본 모습이 아닌 다른 모습을 기대하는 것 같았어요.

그래서 엄마와 전 사이가 많이 불편했어요. 제가 많이 반항했었거든요. 지금은 엄마에게 그랬던 게 너무 미안해요. 우리가 집을 팔아서 그 돈을 기부하기로 한 후 엄마와 저 사이에 있던 벽이 많이 허물어졌어요. 전 늘 나쁜 딸이고, 엄마는 그런 절 늘 혼내야 하는 상황이셨는데, 이젠 서로에게 더 솔직해지는 관계가 될 수 있었어요."

나는 해나 어머니의 마음을 십분 공감한다. 어떤 면에서 나도 해나의 어머니와 상황이 비슷하다. 때때로 나는 걱정이 너무 많아서 아이들을 강하게 통제하기도 하고 너무 예민해서 방어적인 태도를 보인다. 반면 댄은 부드럽고 느긋한 성격이다. 그래서 아이들과 항상 좋은 관계를 유지하는 모습이 부럽다.

해나와 어머니가 좋은 모녀 관계를 찾았다는 말을 듣고 정말 다행이라는 생각이 들었다. 그들이 판 집은 해나 어머니의 드림하우스였고, 수년간 엄청난 희생과 노력, 가족과 함께하지 못한 시간에 대한 최고의 보상이었을 것이다. 그런데도 해나의 어머니는 세상을 돕고 싶다는 열네 살 딸아이의 고민을 외면하지 않고 과감하게 그 집을 포기했다. 나는 해나와 전화통화를 끝내고 다시 그녀에게 메시지를 보냈다. 꼭 묻고 싶은 말이 있었다.

나: 어머니와의 관계가 좋아졌다는 사실에 대해 어머니와 직접 대화해본 적 있어요? 아니면 그냥 그렇다고 느끼는 건가요?

해나: 많이 하죠. 특히 최근 몇 년간 그랬어요. 제 말에 귀 기울

여주시고 일요일마다 가족회의를 열어서 헝거 프로젝트를 결정하게 이끈 엄마의 모습을 절대 잊지 못할 거예요. 엄마는 제 생각을 존중해주셨고 아빠와 동생을 설득할 때 제 편이 되어주었죠. 그 점에서 엄마를 정말 존경해요.

나: 와, 그렇군요. 그 말을 들으니 눈물이 날 것 같네요. 저도 우리 집에서 약간 그런 존재인 거 같거든요.

해나: 저도 눈물 날 것 같아요!

나: 어머니는 사실 해나와 더 가까워지려고 그 집을 팔았던 거네요.

해나: 그럼요. 물론이죠.

11장

마음속 친절함을
끌어올려라

감사할 일은
어디에나 있다

"우리는 단지 서로의 집까지 바래다줄 뿐이다."

– 현대 요가 구루 람 다스

내가 가진 힘을 어디에 쓸 것인가

이번 장에서는 우리 내면에 있는 놀라운 세 가지 힘에 관해 알아볼 것이다. 개인의 교육 수준, 사회경제적 지위, 성적 취향, 인종, 민족성, 종교, 나이, 성별, 부모님의 양육 방식, 그 무엇도 이 힘에 직접적인 영향을 주지는 못한다. 이 힘에는 일종의 스위치가 달려있다. 그래서 언제든 우리가 원할 때 켤 수 있고, 켜는 순간 자신은 물론이고 주변 사람들까지 새로운 것을 경험할 수 있게 된다.

우리가 할 일은 그저 그 힘을 사용하겠다고 마음먹는 것이다. 평범한 클라크 켄트가 어느 날 자신의 능력을 숨기지 않고 슈퍼맨이 되기로 한 것처럼 말이다. 그 힘은 쓰면 쓸수록, 그 힘에 대한 자각을 높이면 높일수록 강해진다. 그 힘을 자각하는 방법의 하나로 나는 글쓰기를 추천한다. 수첩이나 휴대전화 메모장같이 일정한 곳을 이용하라. 이 힘을 잘 사용할 수 있게 된다면 여러분의 삶이 좋아하는 노래처럼 느껴질 것이다.

마음챙김을 위한 로드맵

나는 스탠퍼드의 동료들과 썩 좋지 못한 시간을 보내던 2007년에 마음챙김이라는 명상법을 처음 소개받았다. 당시 운영진 코치와 함께 일할 기회가 있었는데, 그 코치를 통해 내가 사람들에게 어떤 인상을 주는지 이해했다. 명상법도 그때 배운 것이다. 명상을 처음 배우는 과정은 여러모로 어색하고 낯설었다. 하지만 1~2년 꾸준히 연습했더니 점점 익숙해졌고 14년이 지난 지금은 숨 쉬는 것처럼 자연스럽게 느껴진다.

마음챙김이라는 명상은 자신의 몸과 마음에서 일어나는 모든 것에 집중하는 과정이다. 먼저 밝혀두지만 마음챙김은 자신에게만 몰두하는 연습이 아니다. 오히려 매 순간 마음을 깊이 헤아려 자신을 내려놓고 주변에서 벌어지는 일들에 온전히 마음을 기울일 수 있게 되는 훈련이다.

마음을 알아차린다는 것은 자신과 대화할 수 있는 능력을 얻게 되는 일과 같다. 이성을 잃지 않고, 타인에게 상처 주지 않고, 내 가치에 부합하는 말과 행동이 무엇인지 알아내게 한다. 마음챙김은 충동적이거나 과격한 반응 대신 내가 선택한 방식으로 더 책임 있게 행동할 수 있게 해준다. 어떤가? 매력적으로 들리지 않는가?

내게 마음챙김 명상법을 알려주고 훨씬 더 성숙한 인간이 되게끔 도와주신 메리엘렌 마이어스 선생님께 감사의 마음을 전하며 지금부터 마음챙김 명상법을 소개한다. 지금 소개하는 이 방법은 내가 배운 명상법을 토대로 해석하고 실천해온 방법이다.

나도 이 과정에 익숙해지기까지 꽤 오랜 시간이 걸렸다. 따라서 처음 시도하는 사람은 따라 하기가 쉽지 않을 수 있다. 이 로드맵을 통해 자신만의 초능력을 발휘하는 법에 좀 더 관심이 생겼으면 하는 마음이다.

1. 조용한 장소를 찾는다

마음챙김 과정에 익숙해지기 전까지는 주변에 소음이 많으면 명상에 잠기기 힘들다. 따라서 방해 없이 혼자 조용히 몇 분간 편하게 앉거나 누울 수 있는 장소를 찾아 자신의 마음에만 집중해보자.

2. 자신의 마음에 집중한다

조용히 자신의 마음을 들여다보면서 걸리는 것들이 있는지 떠올려보라. 자신에게 중요한 문제라면 어떤 것도 좋다. 어떤 생각이 떠오른다면 그 생각을 떠올림으로써 어떤 기분이 드는지 깊이 들여다보라. 어떤 감정이든 그대로 인정하라. 성급하게 판단하려 하지 말고 있는 그대로 자신의 감정에 주목하고 이름을 붙이면 서서히 마음이 가라앉을 것이다. 마음이 쉽게 가라앉지 않으면 그 마음도 있는 그대로 인정하라.

3. 몸 상태를 살핀다

자신의 몸에 의식을 집중하여 몸 전체를 스캔하듯 자세히 느껴보자. 불편하게 느껴지는 곳은 없는지, 어떤 부위의 감각이 잘 느껴지는지, 혹은 그렇지 않은지 찬찬히 살펴보자. 불편함이 느껴진다면 일단 불편하다는 사실을 인정하되 어떤 문제인지 성급하게 판단은 내리지 말아야 한다. 이렇게 자신의 몸을 관찰하고 몸에서 느껴지는 감각에 집중하다 보면, 차츰 자신의 몸을 더 사랑하게 될 것이다. 마음챙김을 꾸준히 실천했을 때 얻을 수 있는 또 다른 소득이다.

4. 변화를 기록한다

물론 마음챙김 명상 도중에는 기록할 수 없지만, 명상이 끝난 직후에는 명상 중에 떠오른 감정이나 몸에서 느껴지는 감각을 일기에 기록하라. 점점 훌륭한 데이터가 만들어질 것이고 마음챙김 수련을 더 깊이 있게 만들어 줄 것이다.

5. 앞에서 말한 것들을 매일 실천한다

어떤 습관이 형성되는 데는 몇 주가 걸린다. 나는 마음챙김 수련에 아주 익숙해지기까지 몇 년이 걸렸다. 그러므로 일단 수련을 시작했다면 가능한 한 꾸준히 지속해야 한다. 일상에서 자연스럽게 마음챙김을 실천하는 것이 중요하고 즐길 수 있는 단계가 되면 더욱 좋다.

6. 바깥세상에서도 연습해본다

마음챙김 명상에 익숙해졌다면, 혹은 혼자 있을 때 몇 번 연습해봤다면, 단계를 높여서 여러 사람과 있을 때도 연습해보자. 집에서 룸메이트나 가족과 함께 있을 때 해도 좋고, 직장이나 학교, 처음 보는 사람들과 상호작용을 나눌 때도 실천할 수 있다. 타인이나 더 넓은 세상과 교류할 때도 혼자 수련할 때와 마찬가지로 자신의 몸과 마음에서 일어나는 감정과 생각에 주목하도록 노력한다.

7. 자신의 상태를 늘 잘 살핀다

우리의 몸은 어떤 불편한 상황에 놓였을 때 먼저 특정한 신호를 보낸다. 입이 마르고, 손바닥에 땀이 나고, 목소리가 변하기도 하며, 속이 불편하거나, 다리가 후들거리고, 혀를 깨물거나, 심장이 두근거릴 수도 있다. 이런 증상은 모두 내게 뭔가 불편한 일이 생겼을 때 몸이 보내는 신호다. 두렵거나 화가 났거나 수치심을 느낀다는 증거다.

몸이 이런 신호를 보내지 않는지 자신의 상태를 늘 관찰하라. 만약 자신의 목소리가 평소와 다르다면 '오늘은 내 목소리가 좀 가라앉았군'이라고 자신에게 말을 건네 보자.

8. 특정한 감정이나 반응을 일으키는 원인을 찾아본다

몸이 특정한 반응을 보인다면 그 반응이 나타나기 직전에 어떤 말이 오갔고, 어떤 일이 있었고, 무엇을 보았는지 자신에게 물어보라. 그래서 자신에게 특정한 감정이나 반응을 일으킨 원인을 찾아보라. 기억을 떠올려 그 장면을 다시 생각해보면 답이 나올 것이다. 만약 어떤 사람이 특정한 말이나 행동을 했거나 특정한 일이 있었다는 등의 답을 얻었다면 그 일로 기분이 어땠는지, 혹은 그 일이 왜 문제가 되는지 자신에게 질문해보라.

할 수 있으면 그때 있었던 일과 자신이 느낀 감정을 자세히 기록해두는 것이 좋다. 인간은 복잡한 존재이고 살면서 수많은 일을 경험한다. 어떤 경험은 즐겁고 행복하고 긴장을 풀어주고, 마음챙김 명상은 감정이 나타나는 원인을 이해하고, 다음에 비슷한 상황을 겪게 될 때 좀 더 잘 대비할 수 있게 도와줄 것이다.

9. 반사적 반응이 아닌 자신이 선택한 반응을 보이려고 노력한다

마음챙김 수련을 꾸준히 연습하면 이전까지 자신에게 특정한 감정이나 반응을 일으켰던 일이 생겨도 반사적으로 반응하지 않는 단계에 도달할 수 있다. '이 문제에 대해 나를 공격하는 것 같아. 방어태세를 갖춰야겠어.' 이럴 때 사람들은 보통 반사적으로 반응한다. 자신에게 좋은 일이면 중간에 끼어들어 들떠있기 쉽고, 자신에게 나쁜 일이면 언성을 높이거나 냉소적인 반응을 보이게 된다.

마음챙김 명상을 해온 사람들은 그럴 때 자신에게 이렇게 질문한다. '이 상황에서 어떻게 반응해야 좋을까? 반응을 해야 할까? 한다면 어떻게 하는 것이 좋을까?'

10. 끊임없이 수련한다

마음챙김 명상을 계속 수련하다 보면 백그라운드에서 돌아가는 인터넷 브라우저처럼 마음챙김이 일상적으로 일어나는 단계에 도달할 것이다. 마치 자신이 자신만의 구글이 되는 것과 같다. 그래서 어떤 일이 있을 때마다 '흠. 나에게 지금 무슨 일이 일어나고 있지?' 하고 질문하면 답이 뚝딱 떠오른다.

확신이 들지 않더라도 일단 내 말을 믿고 시도해보라. 분명히 그럴 만한 가치가 있을 것이다. 우리에게는 마음챙김이라는 훌륭한 도구가 있다. 그것을 찾아서 갈고 닦아 잘 사용하는 것은 각자의 몫이다. 일상에서 많이 사용하면 할수록 쓰기가 더 쉬워진다. 토르의 망치처럼 생각만 하면 주어지는 날이 올 것이다.

자신이 대접받고 싶은 대로 남을 대접하라

친절하다는 것은 어떤 의미일까? 친절하게 행동하고 친절함을 베풀라는 것은 어떤 의미일까? 나아가 먼저 친절한 것은 왜 중요할까?

프란치스코 교황은 인간은 상호의존적인 존재, 즉 서로에게 도움을 주기 위해 존재한다고 말한다. "강은 자신의 물을 마시지 않고, 나무는 자신의 열매를 먹지 않으며, 태양은 스스로를 비추지 않고, 꽃은 자신을 위해 향기를 퍼뜨리지 않습니다. 남을 위해 사는 것이 자연의 법칙입니다. 우리는 모두 서로를 돕기 위해 태어났어요. 아무리 어려워도 그래야 해요. 우리는 행복할 때 인생이 즐겁지만 나로 인해 다른 사람이 행복할 때는 훨씬 즐겁습니다."

다른 사람의 친절을 경험한 적이 있는 사람은 다른 사람에게 친절을 베풀 가능성이 크다. 게다가 친절함을 베푸는 모습을 옆에서 지켜보는 사람도 다른 누군가에게 그런 친절을 베풀 가능성이 크다. 물론 누군가에게 친절을 베풀면 가장 좋은 사람은 친절을 베푼 당사자다. 기분이 좋아지고 더 행복해진다. 우울했던 마음도 사라진다. 친절함은 일종의 만병통치약이다.

어느 날 남편 댄은 페이스북에 '저를 설명할 수 있는 말을 한 단어로 표현해주세요.'라고 글을 올렸다. 얼마 지나지 않아 그가 살면서 알고 지낸 많은 사람에게서 이런저런 반응이 쏟아졌다. 그중 가장 많이 등장한 단어가 '친절하다'였다.

그가 어떤 식으로 친절한 사람인지 잠시 소개하자면, 지난 4월 토요일 아침, 코로나 사태가 터진 지 6주 정도 지났을 때였다. 그날 아침, 우리는 조금 늦게까지 침대에 누워있었다. 나는 눈을 뜨고도 한동안 침대에 그대로 누워서 휴대전화로 여러 가지 일들을 처리하고 있었다. 댄은 내가 스트레스를 받고 있다는 것을 눈치챘던 것 같다. 잠시 후 그가 내 뒤에서 나를 꼭 껴안아 주며 이렇게 말했다. "내가 뭘 해주면 오늘 당신 기분이 더 좋아질까?" 그가 내게 이런 모습을 보여줄 때마다 나는 타임머신을 타고 스무 살 때로 돌아가 나 자신에게 이렇게 말해주고 싶다. "그래. 이 남자야!"

그 후 몇 달 동안 나는 갑작스러운 팬데믹 상황으로 혼란스러워하는 학부모들로부터 온라인 강연 요청을 많이 받았다. 나는 그들에게 어떤 말을 해주어야 좋을지 고민스러웠다. 팬데믹 상황이 힘겹기는 나도 마찬가지였다. 하지만 그들은 각기 다른 상황에서 오래전부터 강연을 부탁했던 사람들인지라 그들의 부탁을 외면할 수 없었다. 뭔가 도움이 되고 싶었던 나는 지혜를 짜내야 했다.

나는 '이성을 잃지 않고 팬데믹 상황을 헤쳐나가는 10가지 방법'이라는 제목으로 강연 스토리를 짜고, 그중 한 가지 방법을 설명하는 과정에서 댄과 보낸 그날 아침 이야기를 언급했다. 사회자가 강연을 보고 있던 사람들에게서 질문을 받았는데, 첫 번째가 "어떻게 하면 댄 같은 친절한 사람을 찾을 수 있나요?"였다. 알고 보니 꽤 많은 사람이 같은 질문을 올렸다. 나는 그 질문을 이렇게 바꿨으면 한다. '나는 어떻게 댄 같은 사람이 될 수 있을까?' 그 답이 지금 내가 하고 싶은 이야기다.

친절함을 장착한 사람이 되는 법

친절한 사람이 되기는 어렵지 않다. 그냥 마음만 먹으면 된다. 그러면 친절할 기회는 어디에서도 찾을 수 있다. 집, 길거리, 상점, 학교, 직장, 차 안, 그리고 자신에게도 친절을 베풀 수 있다. 운동선수들이 근육을 단련하듯이 친절한 모습도 단련할수록 점점 성장한다.

내가 베푸는 작은 호의가 나비 효과를 일으켜 사회 전체에 큰바람을 몰고 오는 모습을 상상해보자. 다음은 내가 제안하는 '친절한 사람이 되는 12가지 방법'이다. 내가 일상에서 보고 듣고 실천하는 것들을 토대로 만들었다. 기억하자. 친절은 누구에게나 통한다. 사랑하는 사람, 가족, 지인, 친구, 심지어 낯선 사람에게도.

1. 배우자, 연인, 친구, 직장 동료 등 주변 사람에게 호의를 제안한다

사람들에게 먼저 이렇게 말해보자. "내가 힘이 될 만한 일이 있을까?" "내가 도울 일이 있을까?" 혹은 댄이 나에게 물었던 것처럼 "내가 뭘 해주면 오늘 당신 기분이 더 좋아질까?"라고 해보라. 중요한 것은 어떤 답을 들었을 때 타당한 범위 안에서 그들이 원하는 것을 기꺼이 들어주는 것이다.

만약 누군가 너무 거창한 요구를 주문한다면 주눅 들지 말고 "그것까진 못해도 내가 해줄 수 있는 게 있으면 알려줘."라고 한 번 더 제안하라. 그런 말을 듣는 것만으로도 사람들은 감동한다. 제인 맥고니걸은 누군가의 기분을 즐겁게 해주는 강력한 방법으로 다음과 같은 대화를 제안했다.

오늘 기분이 어떤지 상대에게 1~10까지의 숫자 중 하나를 고르게 한 다음, 상대가 어떤 숫자를 말하면 그 숫자에 1을 더한 만큼 기분이 좋아지게 내가 할 수 있는 일이 뭐가 있을지 말해보라고 하는 것이다. 우리에게는 작은 친절로 주변 사람들을 도울 수 있는 엄청난 힘이 있다. 꼭 시도해보기 바란다.

2. 새로운 사람을 반갑게 맞이한다

살다 보면 학교, 직장, 집, 자주 가는 공원, 모임 등에서 언제나 새로운 사람들을 만난다. 어떤 곳에 새로 오는 사람들은 누군가가 먼저 아는체하고 자신들에게 관심을 보여주기를 바란다. 그런 사람들을 보게 된다면 먼저 인사하고 궁금한 게 있으면 편하게 물어보라고 말을 건네 보자.

우리는 누구나 공동체 안에서 살아가는 존재다. 우리가 속한 공동체에 새로운 사람이 왔을 때 그 사람의 존재를 알아차리는 것만으로도 친절한 행동이 될 수 있다. 어색하게 생각하지 말고 그들에게 먼저 다가가라. 어쨌든 호의를 베풀어서 나쁠 것은 없다.

내 소셜 미디어 관리자인 클라리스 조는 브루클린으로 이사한 후로 오랫동안 강아지 키우는 것이 소원이었는데, 팬데믹 시기가 적기라는 생각이 들어 한 마리를 입양하기로 했다. 이제 강아지 클라우스를 데리고 배변 훈련을 해야 했는데, 한 친절한 이웃이 그녀에게 도움의 손길을 내밀었다.

"이틀 연달아 우연히 마주친 남자가 어제도 우리 강아지를 봤다며 이름을 물어보았어요. 그러더니 강아지들이 배변 훈련하기 좋은 작은 공원이 있다고 알려주었죠. 가봤더니 진짜로 훈련이 잘 되었어요! 며칠 뒤 그 공원에서 그 남자를 다시 만났어요. 그가 저를 보더니 반갑게 웃더군요. 이제 그 공원에 가도 혼자 서먹하게 있지 않아도 되어 참 좋아요."

3. 길을 잃고 헤매는 사람이 보이면 도와준다

요즘은 휴대전화가 있어서 그런 경우가 많지 않지만 그래도 혹시 어떤 사람이 길을 잃고 헤매는 것처럼 보이면 다가가서 도움을 건네자. 대학에서 일할 때 내가 즐겨 했던 일 한 가지는 캠퍼스에서 길을 잃은 방문객들에게 도움을 주는 것이었다. 캠퍼스에서 자신의 휴대전화나 손에 든 종이와 학교 건물을 번갈아 쳐다보며 두리번거리는 사람들을 발견하면 나는 다가가 "혹시 찾으시는 곳 있으시면 제가 도와드릴까요?" 하고 물어보았다. '여기서 대체 뭐 하느냐?'는 뉘앙스를 풍기지 않도록 친절한 태도로 말하는 것이 중요하다.

4. 슈퍼마켓에서 물건을 찾는 다른 손님들을 보면 그 물건이 어디 있는지 알려준다

앞서 제시한 지침들보다 좀 더 업그레이드된 제스처라고 할 수 있다. 나는 주말에 장을 보러 갈 때는 산타 모자를 잘 쓰고 간다. 그래서 필요한 물건들을 사고 나서도 혹시 가게 안을 두리번거리는 손님들이 있는지 살펴보고 그들이 찾는 물건이 있으면 내가 아는 한도 내에서 위치를 알려준다.

우리 동네 마트 안을 둘러보면 찾고 싶은 물건을 찾지 못하고 혼자 중얼거리는 손님들이 꼭 있다. 그런 사람이 보이면 "저기, 혹시 글루텐-프리 파스타 찾으세요? 9번 진열대에 있어요!" 하고 말해준다. 만약 확실하지 않을 때는 혼자 몰래 9번 진열대로 가서 확인하고 돌아와서 알려준다.

5. 앞에 가던 사람이 물건을 떨어뜨리면 달려가 주워 준다

팬데믹 상황에서 이런 이야기를 하는 것이 어떨지 모르겠지만, 떨어진 물건을 주워주는 행동이 큰 문제가 되지는 않을 것이다. 미국에서는 특히 이런 행동을 할 때 주의를 기울일 필요가 있다. 내가 아는 한 흑인 남자는 백인 여성이 지갑을 꺼내다 무언가를 떨어뜨리는 것을 보고 달려가 주워 주었다. 백인 여성들은 흑인 남성이 다가와 무언가를 건네려 하면 깜짝 놀라는 경우가 많지만 그는 그런 것을 따지지 않고 그녀의 물건을 찾아주었다.

나는 우리 사회의 뿌리 깊은 인종주의 배경에도 불구하고 그가 그렇게 행동했다는 것이 자랑스럽다. 정체성을 따지지 않고 친절을 베푸는 행위는 우리 사회에 존재하는 오해와 편견을 해소하는 데 도움이 될 것이다.

6. 때때로 다른 사람의 계산서를 대신 지불한다

하루는 동네에 있는 작은 마트에 들러 먹을거리를 샀다. 계산대로 가서 어떤 백인 여성 뒤에 줄을 섰다. 그녀는 와인, 담배, 아스피린을 계산하려고 신용카드를 내밀었는데 결제가 거부당했다. 그것도 두 번이나. 그녀는 나보고 먼저 계산하라고 하고 내 뒤로 가서 급히 지갑을 뒤지기 시작했다.

점원이 내 물건들을 계산하고 있을 때 나는 그 여자의 물건들을 가리키며 그것들도 같이 계산해달라고 눈빛을 보냈다. 점원이 눈을 동그랗게 뜨길래 나는 한 번 더 고개를 끄덕이며 그 물건들을 가리켰다. 고개를 숙이고 지갑을 뒤지던 그 여자가 잠시 후 점원에게 "차에 현금이 좀 있을 거예요. 잠깐 다녀올게요."라고 했다. 그래서 내가 이렇게 말했다. "괜찮아요. 제가 계산했어요." "네? 아니, 그러실 필요는 없는데." "제가 그러고 싶어서요. 저도 아스피린과 담배, 와인이 필요할 때 기분이 어떤지 잘 알거든요. 기회가 되면 다음에 다른 분에게 갚으시면 돼요."

나는 사실 속으로 그녀가 도움받은 사람이 흑인이었다는 것을 알아주었으면 했다. 혹시 나중에 그녀가 다른 사람에게 선의를 베푼다면 문화적 한계를 뛰어넘었으면 좋겠다. 드라이브 스루, 커피숍, 고속도로 요금소, 어디든 괜찮다. 나의 작은 선행으로 누군가에게 특별한 하루를 선물할 수 있을 것이다.

7. 누군가 힘든 문제를 토로할 때 정말 도움이 필요한지, 들어주어야 하는 상황인지 잘 파악해서 반응한다

이제부터 제시하는 방법들은 앞서 이야기한 것들보다 좀 더 섬세함이 요구된다. 사람들이 정말 도움을 원할 때가 있고, 마음의 짐을 덜고 싶어서 들어줄 사람이 필요할 때가 있다. 그럴 때 말하는 사람의 의도를 잘 파악해야 상대의 기분을 상하게 하지 않고 그들이 필요로 하는 도움을 줄 수 있다. 나는 언제나 해결사 역할을 해야 하는 사람이라 내 딸 애버리는 종종 짜증을 낸다. 그래서 이제는 딸에게 내가 어떤 도움을 주면 좋겠는지 물어보고 행동하는 것이 좋다는 것을 알았다.

"그런 일이 생기다니 안타깝구나. 화가 날만 해. 엄마 생각을 듣고 싶니? 아니면 엄마한테 그냥 털어놓고 싶은 거야?" 때로는 옆에서 들어 주는 것만으로도 사람들은 큰 위로를 받는다.

8. 누군가에게 동지가 되어준다

나보다 약한 사람이 어려움을 겪을 때 적극적으로 힘이 되어주자. 2017년, 내가 사우스캐롤라이나 일대를 여행할 때 트랜스젠더인 친구 제이와 함께 있었다. 그때 랭키 탱키Ranky Tanky 콘서트에 초대를 받아 극장에 갔는데, 제이가 여자 화장실에 갈 때 몇몇 사람이 힐끔거리며 그녀를 쳐다보는 모습이 보였다.

나는 '괜찮겠지' 생각했다가 그래도 내가 옆에 있다는 걸 알려주어야겠다는 생각이 들었다. 그래서 화장실로 뒤따라 들어가서 "제이, 나 여기 있어."라고 크게 외쳤다. 잠시 후 제이도 칸막이 안에서 "어, 고마워."라고 큰 소리로 답했다.

이런 일은 어디에서나 일어날 수 있다. 공원에서 누군가가 괴롭힘을 당할 수도, 지하철에서 내가 아는 어떤 사람이 부당하게 경찰의 조사를 받을 수도 있다. 누군가의 편이 되어주는 것은 용기가 필요하다. 하지만 많은 힘과 특권을 누리는 사람일수록 그렇게 해야 한다.

9. 10대 아이들과 대화를 나눈다

청소년기 아이들은 변덕스럽고 쌀쌀맞고 판단력이 부족하다는 말을 많이 듣는다. 그렇게 생각되는 데는 호르몬 탓도 있고, 그 아이들이 헤쳐나가야 하는 사회 탓도 있고, 우리의 편견도 한몫할 것이다. 청소년기 아이들은 가장 감시를 많이 받는 집단이자 가장 홀대받는 집단이기도 하다. 그러므로 주변에 청소년기의 아이들이 있다면 그들을 만났을 때 따뜻한 눈으로 바라보고 안부를 물어보면 좋겠다.

그들의 관심사를 알고 있다면 그 이야기를 꺼내 보는 것도 좋다. "그때 기타 수업받는다더니, 어때? 잘 되고 있어?" 사생활도 물어볼 수 있는 가까운 관계면 특별한 사이로 만나는 사람이 없는지 물어보는 것도 괜찮다. 이때는 대학, 성적, 시험 이야기는 언급하지 말고, 10대라는 것도 특별히 부각하지 말고, 그냥 한 인간으로 다가가 그들을 있는 그대로 존중하고 사랑한다는 것을 보여주자.

10. 나이 많은 사람들의 이야기를 경청한다

사랑하는 가족에게 친절한 모습을 보여주기는 더 힘들게 느껴진다. 특히 내가 성인이 되고도 20년 동안 한집에서 사는 우리 엄마에게 그렇다. 엄마는 이제 나이가 여든둘이다. 그 연세 어른들이 대개 그렇듯이 했던 이야기를 하고 또 한다. 그럴 때 나처럼 "알아요. 그 얘기 전에도 하셨잖아요." 하고 냉정하게 말하는 사람이 되지 말자.

친할머니, 할아버지가 있다면 자주 전화하고 찾아가는 것도 좋고, 가서 재밌는 이야기를 들려달라고 하는 것도 좋다. 전에 여러 번 들은 이야기라도 열심히 들어주자. 중요한 것은 내가 아니라 그들이다. 그들의 이야기를 들어주는 것만으로도 그들은 행복해할 것이다.

그들에게 먼저 다가가 그들이 하는 말에 귀 기울이는 것은 친절함을 넘어서 존경심을 보이는 태도다. 그들의 이야기에서 무언가를 배울 수도 있을 것이다. 친할머니, 할아버지가 없다면 주변에 나이 많은 어르신을 찾아보는 것은 어떨까? 혹은 노인 요양 시설에서 봉사활동을 해보는 것도 좋을 것이다. 나보다 수십 년 더 산 인생 선배의 이야기는 분명히 들을 만한 가치가 있을 것이고, 그들에게는 행복한 시간을 선물할 수 있다.

11. 주변 사람에게 작은 호의를 베푼다

상점에 가는 길이나 시내에 볼일을 보러 나갈 때 주변 사람이나 이웃에게 어디에 가는 길인데 필요한 게 있으면 사다주겠다고 말해보자. 지난주 우리 동네에 한 부부가 새로 이사를 왔다. 나는 마트에 가려고 차를 빼던 중 그들이 주차하는 모습을 보고 가까이 가서 인사를 건네고 가볍게 수다를 떨었다. 그리고 지금 마트에 가는 길인데 필요한 게 있으면 사주겠다고 했다. 그들은 환하게 웃으며 "우리 옆집에 좋은 분이 살고 계셨네요" 했다. 그들이 좋아하는 모습을 보니 나도 기뻤다. 그들이 내게 부탁한 것은 없었다. 하지만 내가 호의를 제안한 것만으로도 우리 세 사람은 충분히 기분 좋은 순간을 경험했다고 생각한다.

12. 남몰래 선행을 베푼다

나는 내 얼굴도 본 적 없는 사람이 나로 인해 '와, 누군가가 나를 이렇게 생각해주는 사람이 있다니' 하고 행복해하는 모습을 상상하는 것이 좋다. 우리 가족은 어느 해 크리스마스 때 아이들에게 선물을 나눠주는 행사에 돈을 기부한 적이 있다. 경제적으로 여유가 있다면 돈을 기부하는 것은 좋은 선행이 될 수 있고, 그럴 여유가 없다면 행동으로 선행을 베풀 방법도 많다. 아침 일찍 이웃집에 쌓인 눈을 치우거나 그 집 문 앞에 신문을 가져다주거나 쓰레기를 치워줄 수도 있다. 누군지는 몰라도 자신을 생각해주는 이웃이 주변에 있다고 생각하면 누구라도 마음이 따뜻해질 것이다.

마지막으로 어떤 선행을 하고 나면 오늘 어떤 선행을 했는지, 그때 기분이 어땠는지 기록해보라. 그렇게 기록을 남기다 보면 내가 어떤 선행을 베풀고 있는지, 어떤 영향을 받았는지를 더 생각해볼 수 있고, 시간이 지날수록 점점 그런 행동을 하는 것이 자연스러워질 것이다. 그래서 언젠가는 '친절'이 나를 묘사하는 말이 될 수 있을 것이다.

나에게 주어진 모든 것에 감사하라

마음챙김이 자신의 몸과 마음을 충분히 '인식'하는 행위이고, 친절한 행동이 '내'가 남을 위해 무언가를 하는 것이라면, 세 번째 능력인 감사하는 마음은 그 두 가지를 섞어놓은 것이다. 즉, '나'에게 일어나는 좋은 일들을 '인식'하는 것이다. 방법은 아주 쉽다. 감사한 것들을 발견해서 표현할 수 있도록 계속 연습하는 것이다.

늘 감사하는 마음을 지닌 사람이 더 성공한다는 연구 결과도 있다. 어떤 새로운 단어를 배우고 나면 갑자기 그 단어만 보이는 것과 같은 이치. 이솝은 "감사하는 마음으로 살면 가진 것으로도 충분해진다."라고 했다. 현대 사회의 불평등 문제가 계속 심각해지고 있지만 이런 상황 속에서도 많은 연구 결과에서 행복은 얼마나 많이 가졌는가보다 가진 것을 얼마나 감사하느냐가 기준이 된다고 말한다. 21세기를 살아가는 우리에게 자본주의는 살아 숨 쉬는 존재로서 우리의 가치를 보지 못하게 한다.

이제는 우리의 목소리와 가치를 되찾을 필요가 있다. 『Raising Humans with Heart(마음으로 양육하기)』를 쓴 사라 맥러플린Sarah MacLaughlin은 "감사한다는 것은 있는 그대로를 받아들이는 것이다."라고 말한다. 감사함을 표현하는 것은 경외심을 더 많이 경험한다는 의미다. 감사한 마음을 가진다는 것은 겸손함을 가진다는 의미도 될 수 있다. 우리는 하늘에서 갑자기 뚝 떨어진 존재가 아니다. 우리가 누리는 기회들은 노력으로 얻을 때도 있지만 주어질 때도 많다. 우리보다 앞서 살았던 수많은 사람의 땀과 노력이 있었기에 존재하는 것이다.

감사한 마음을 가진다는 것은 우리가 서로 영향을 주고받는 복잡한 사회 공동체 안에서 살아가는 존재임을 인정하는 것이다. 나는 내 강연을 찾아오는 사람들을 보면 늘 마음이 겸허해져서 청중들에게 그런 마음을 전달하려고 노력한다. "오늘 이 자리에 함께 해주셔서 정말 영광입니다. 여러분의 시간이 헛되지 않도록 최선을 다해보겠습니다."

어떤 것들에 감사할 수 있을까?

크고 추상적인 것들보다 좀 더 작고 구체적인 것들에 감사함을 표현하면 만족감을 훨씬 더 크게 느낄 수 있다. 그러므로 일기를 쓸 때 그날 했던 마음챙김 명상과 선행을 기록하고 그날 하루 감사한 것들에 대해서도 기록해보면 개인적으로 많은 도움이 될 것이다. 그러면 우리는 어떤 것들에 감사할 수 있을까?

1. 나의 존재에 감사한다

나이가 들수록 오늘 하루 건강한 몸으로 눈 뜰 수 있음에 감사하다는 것을 깨닫는다. 특히 몸이 많이 안 좋았거나 주변에 그런 사람이 있으면 더욱 그렇다. 육체적, 정신적으로 건강하게 살 수 있는 하루하루가 선물이다.

2. 주변 사람들의 존재에 감사한다

같은 공간에 사는 사람들이 있다면 그들의 존재를 소홀히 여기지 않길 바란다. 연인, 룸메이트, 가족, 누구라도 좋다. 바쁜 하루를 보낼지라도 아주 잠시만 시간을 내어 그들의 어깨에 손을 얹고 눈을 바라보며 살며시 웃어보자. 사람들과의 관계는 식물과 같아서 시들어 죽기도 하고 무럭무럭 자라기도 한다.

3. 사랑하는 가족, 친구, 연인, 배우자가 나를 위해 해준 것들에 감사한다

사랑하는 사람에게 그냥 "사랑해"라는 말 대신 "당신이 … 할 때 정말 좋아." "당신이 … 해서 정말 사랑해."라고 구체적으로 말해보라. 직장 동료들에게도 그냥 좋은 동료라고만 하지 말고, 구체적으로 왜 좋은지, 어떨 때 고마운지 말해보자. 이렇게 하면 상대의 기분도 좋아지고 앞으로도 고마운 점을 더 쉽게 찾을 수 있다.

4. 배달원이나 서비스 업체 직원에 감사한다

배달원, 수리 기사, 택배 기사 같이 우리에게 어떤 서비스를 제공해주는 사람들에게도 진심 어린 감사 인사를 건네 보자. 인사를 건넬 때는 눈을 바라보고 활짝 웃어주면 더욱 좋다.

5. 전문지식과 기술로 우리에게 도움을 주는 사람들에게 감사한다

의사, 교사, 목수, 배관공 같은 직업을 가진 사람들은 대체할 수 없는 전문 인력에 속한다. 병원에서 진료를 받았을 때, 어떤 강좌가 마무리될 때, 물이 새는 곳을 수리받았을 때, 그들에게 감사를 표하자. 그들이 더 기분 좋은 상태로 다음 환자와 학생과 손님을 만날 수 있다. 모든 사람에게 더 좋은 경험을 선물할 수 있다.

6. 나와 반대편에 있는 사람에게도 감사한다

이 부분은 나도 힘들다. 변호사로 일한 경험과 우리 집안의 특성상 나는 내 주장을 관찰시키는 훈련은 많이 받았지만, 화합하는 법은 많이 배우지 못했다. 어떤 주장을 펼치고 싶을 때는 상대방이 한 말이나 말한 방식, 혹은 단순히 그들의 존재에 감사하는 마음을 가질 때 내 말이 잘 통할 가능성이 훨씬 크다는 점을 기억하자.

7. 다른 사람이 베푸는 친절과 배려에 감사한다

다른 사람이 베푸는 작은 친절이나 배려를 무심코 받을 때가 있다. 길을 지날 때 누군가 내가 먼저 지나가도록 비켜주는 사람이 있거나 문을 잡아주는 사람이 있으면 감사 인사를 건네자. 직업상 건넨 친절이나 배려라도 당연하게 받아들이지 말고 곧바로 감사의 마음을 표현하라.

8. 내가 소유한 물질적인 것들에 감사한다

다리를 누일 수 있는 집이 있음에 감사하고, 먹을 음식이 있고 일상을 영위할 수 있음에 감사하자. 나는 팬데믹 상황이 닥쳤을 때 해변에 근사한 별장이 있으면 좋겠다는 생각을 했지만, 아이들과 남편, 그리고 엄마와 함께 안전하게 지낼 수 있는 현재의 집이 있음에 감사했다.

9. 일상에서 얻는 소소한 행복에 감사한다

요즘에는 우편으로 오는 카드나 편지가 특별한 선물처럼 느껴진다. 그러니 누군가에게 엽서를 보내보는 건 어떨까? 동네일에 발 벗고 나서는 이웃이나 지역 센터에서 열심히 일하는 공무원, 혹은 내가 힘든 시간을 보내고 있을 때 나에게 따뜻한 말을 건넨 사람들에게 작은 감사 카드를 써서 보내보자. 오랫동안 소식을 주고받지 못한 지인이 있다면 늦었다고 생각하지 말고 지금 바로 연락해서 안부를 물어보자. 우리의 작은 감사 인사가 누군가에게 특별한 하루를 선물할 수 있을 것이다.

10. 자연에 감사한다

나는 야외활동을 좋아하는 사람은 아니다. 하지만 코로나로 두 달간 꼼짝없이 집에만 갇혀있던 어느 날 애버리가 어머니의 날을 맞아 경치 좋은 곳으로 드라이브를 시켜주었을 때 삼나무 숲 사이로 해가 떠오르며 눈부신 장관을 연출하던 모습을 지금도 잊을 수 없다. 아름다운 자연, 깨끗한 공기, 집 근처 공원, 하늘에 날아다니는 새, 그 모든 것에 감사한 마음을 가져보자. 심지어 마당에 자라는 풀 한 포기도 자신의 생명을 지키기 위해 애쓴다. 우리에게 주어진 자연을 소중하게 여기고 감사하자.

내 안에 잠재된 강력한 세 가지 힘을 동시에 발휘했던 순간

나는 우리 집에서 지금껏 엄마이자 딸의 역할을 동시에 해왔다. 이렇게 삼대가 한집에 살다 보면 유익한 점이 많다. 때로는 마음챙김과 친절, 감사함을 한 번에 연습할 수도 있다.

예를 들면 이런 일이다. 어느 날 밤, 애버리가 팬데믹 상황 속에서 대학 2학년 생활을 시작한 지 얼마 되지 않았을 때 나에게 전화를 걸어 할 일이 너무 많다고 괴로워했다. 여느 부모처럼 나는 딸을 도와주고 싶었다. 게다가 나는 들어주는 쪽 보다 나서서 일을 해결해야 하는 타입이지 않은가? 그래서 이런저런 조언을 늘어놓기 시작했다.

그러자 딸이 한숨을 내쉬며 이렇게 말했다. "엄마, 저도 다 알아요. 그냥 힘들어서 엄마한테 해본 말이에요." 딸이 그렇게 말할 때마다 미안한 마음이 든다. 애버리는 고맙게도 내가 이런 실수를 저지를 때마다 늘 따뜻하게 피드백을 준다.

그런데 바로 다음 날 엄마와 모닝커피를 마시는 시간에 이번에는 내가 엄마에게 하소연을 늘어놓기 시작했다. 책도 써야 하고, 강연도 해야 하고, 마무리해야 하는 다른 일들이 많아서 너무 스트레스를 받는다고 말이다. 그러자 엄마는 일에 우선순위를 정해서 하나씩 해 보라고 했다. 몰라서 그런 게 아닌 데 엄마가 그런 말을 하니 짜증이 났다.

　나는 마음챙김 명상을 시작했다. 엄마가 내게 계속 조언을 건네는 동안 나는 내 기분이 어떤지, 왜 그런 기분이 드는지 내 의식을 들여다보았다. 내 이야기를 들어줄 사람이 필요했는데, 오히려 문제를 지적당해서 비난받는 기분이었다. 나는 엄마에게 그냥 기댈 사람이 필요했다고 다정하게 말했다. 단지 나를 도와주고 싶은 마음이라는 것을 알기에 감사 인사도 잊지 않았다. 그러고 보니 전날 밤에 애버리가 이런 기분이었겠구나 싶어서 나중에 딸에게도 문자를 보냈다.

　"어젯밤에 엄마가 자꾸 조언하려 해서 미안해. 네가 힘들어하니 엄마도 속상해서 그랬어. 엄마는 언제나 너를 응원해. 넌 분명히 잘해낼 거야." 애버리는 이모티콘과 함께 "아, 엄마 정말 고마워요."라는 답장을 보냈다. 그러고 나서 가만히 생각해보니 내가 이렇게 엄마이자 딸의 역할을 동시에 하는 것도 참 감사하다는 생각이 들었다. 덕분에 그날 아침 마음챙김과 감사하기, 친절하기를 모두 실천할 수 있지 않았는가?

　세 가지 훈련 덕분에 엄마와 다정한 관계를 유지할 수 있었고, 딸에게도 좋은 모습을 보여줄 수 있었다고 생각하니 마음이 고요해지는 기분이 들었다. 사람들과 어울려 살아가는 것은 힘든 일이다. 하지만 이 세 가지 능력만 갖추어도 가장 멋진 모습의 내가 될 수 있을 것이다.

\\/\/\/\/\/\/\/\

우리에게 필요한 것은
모두 우리 안에 있다

\\/\/\/\/\/\/\/\

'마음챙김', '감사하기', '친절하기'라는 이 세 가지 실천 과제는 우리의 창과 방패, 마법 망토가 될 수 있다. 우리 안에 잠재된 힘을 일깨워야 한다. 그 힘이 우리를 실망시키는 일은 없을 것이다. 친절의 힘을 세상에 보여준 올리 와바Orly Wahba의 이야기가 그 증거다.

올리는 겨우 네 살 때부터 막연하게 좋은 일을 하는 사람이 되고 싶다고 생각했다. "본능적으로 그렇게 생각했던 것 같아요. 아버지는 긍정적인 의미에서 꿈을 좇는 몽상가였어요. 제가 어렸을 때부터 아버지는 '신은 위대하다. 그러므로 네가 무엇이든 이루고자 한다면 뭐든 다 해낼 것이다.'라고 말씀해주셨죠." 현재 올리는 친절함의 가치를 설파하는 '라이프 베스트 인사이드Life Vest Inside'라는 비영리단체를 이끌고 있다. 댄이 그 단체의 위원회로 활동한 적이 있어서 나도 그녀를 알게 되었다. 세상의 모든 훌륭한 일이 그렇듯 그녀가 한 일도 처음부터 순조롭지는 않았다.

올리는 38세의 유대인 여성으로 뉴욕시 브루클린에서 태어나고 자랐다. 그녀의 어머니는 세파르디 유대인*으로 이집트에서 태어나 여섯 살 때 미국으로 건너왔고, 아버지 역시 세파르디 유대인으로 이스라엘에서 자라 군대에서 4년간 복무한 뒤 미국으로 왔다.

---

* 스페인 및 포르투갈에 정착한 유대인들의 후손.

어머니와 아버지는 5명의 아이를 낳았는데, 올리는 그중 셋째다. 올리의 가족은 현대 정교회 유대교를 신봉하며 안식일을 지키고 유대교 율법을 따랐다. "우리 가족은 철저히 영적인 삶을 살았어요. 하나님을 아주 가까이하는 삶을 살았죠." 올리는 자랄 때 영어와 히브리어를 같이 배우는 예시바 오브 플랫부시Yeshiva of Flatbush라는 유대인 학교에 다녔다.

그러다 올리가 15세가 되던 해 집에 불이 났다. 아버지의 사업과 관련된 물건들이 모두 집 안에 있었다. 부모님은 불길 속에서 아무것도 건지지 못하고 몸만 겨우 빠져나왔다. 그 후 6년 동안 알리의 가족은 친척 집을 전전하며 뉴욕 일대에 뿔뿔이 흩어져 살았다. 올리의 인생은 그 화재 전과 후로 나뉘었다.

"전 아주 어릴 때부터 하나님을 가까이하는 삶을 살았어요." 그녀는 나에게 이렇게 말했다. "왜 그랬는지는 모르겠는데, 제 마음에는 다르다는 것이 왜 그렇게 문제가 되는지 이해할 수 없었어요. 그래서 사람들이 모두 평화롭게 살아가는 일을 해보고 싶었어요. 그 일이 제 숙명처럼 느껴졌죠. 언제, 어떻게 그 일을 하게 될지는 몰랐지만 그래야 한다는 건 알았어요. 조그만 아이가 세상을 바꾸네, 어쩌네 하면 사람들은 이상한 눈으로 쳐다봐요. 하지만 어른이 그렇게 말하면 더 심각하게 바라보죠. '세상을 바꾸겠다고? 참, 순진하군. 그래, 잘해보라고.' 다들 이렇게 생각해요."

올리는 부끄러움은 많아도 밝은 아이였다. 하지만 자라면서 점점 자존감이 낮아졌다. "못할 거라는 얘기를 계속 들으면 정말 그렇게 되는 거 같아요. 그래서 학교 가는 게 너무 싫었어요. 어렸을 땐 공부가 너무 어려웠거든요." 3학년 때부터 정규 수업을 따라가지 못해 학습 부진아를 위한 반에 들어갔다. 여기서 만난 새로운 선생님이 〈생각하라Thinking〉는 시를 가르쳐주었다. 할 수 없다고 생각하면 정말로 할 수 없고, 할 수 있다고 생각하면 해낼 수 있다는 자기 믿음에 관한 시였다.

올리는 그 시가 자기를 위해 쓴 시 같았다. 틈만 나면 그 시를 읽었다. "그 선생님이 저를 포기하지 않고 끝까지 믿어주신 덕분에 갑자기 공부가 쉬워졌어요. 성적이 거의 바닥이었는데 짧은 기간에 다른 학생들을 앞서 나가기 시작했죠." 하지만 중학교에 들어가자 또 다른 시련이 다가왔다.

"중학교 1학년 때부터 친구들이 절 따돌렸어요. 옆에 앉지도 못하게 하고 제 뒤에서 이상한 짓을 했죠. 학교에 가기가 점점 싫어졌어요. 그래서 매일 보건실만 찾아갔죠." 올리는 사람들에게 친절한 아이였다. "결석하는 친구가 있으면 제 필기를 복사해서 나눠줬어요. 그러고 나면 마음이 뿌듯했거든요." 하지만 그녀의 친절은 일방통행일 때가 많았다.

그러다 그녀의 집에 불이 났다. "다친 사람은 없었어요. 하지만 하루아침에 모든 걸 잃었죠. 나를 지켜주는 안전한 공간이 갑자기 연기와 함께 사라지면 어떤 기분이 드는지 아세요? 전 부모님께 짐이 되어선 안 된다고 생각했어요. 저 말고도 이미 아주 힘들어하셨으니까요. 그래서 제 감정을 숨겼어요. 부모님께도, 친구들에게도. 친구들도 이제 15살밖에 안 된 아이들이고 다들 자기 일만으로도 머리가 복잡했거든요. 그래서 전 아무렇지 않은 척 행동했어요. '그래, 우리 집에 불났어'라는 말을 농담처럼 했죠.

하지만 상황은 점점 나빠졌어요. 아버지가 하시던 사업이 완전히 망했어요. 전 모든 게 괜찮은 척했지만 사실은 아무것도 괜찮지 않았어요. 심한 우울증에 빠졌죠. 자살 충동을 느낄 만큼. 그러고는 몇 달 동안 학교에 나가지 않았어요. 매일 울다 잠들기를 반복했어요. 그런데 제일 마음 아팠던 건 아무도 찾아오는 사람이 없었다는 거예요. 전화 한 통도 걸려오지 않았죠. 전 모두에게 화가 났어요. 아무와도 말하지 않고 마음속으로 하나님에게 소리를 질렀어요. 내일 내가 사라진다고 누가 하나 신경 쓸 것 같지 않았어요."

몇 달 뒤 부모님은 올리를 다시 학교에 다니게 했다. "친구들도 제게 말을 걸지 않고, 저도 아무 말 하지 않았어요. 성적은 바닥을 헤맸죠. 어느 날 학교 가기 전 얼굴을 씻다가 거울을 보는데 어릴 때 제 모습이 떠올랐어요. 세상을 바꾸겠다고 외치던 아이의 모습은 온데간데없더군요. 갑자기 무서운 생각이 들었어요.

하지만 이렇게 내 인생을 끝낼 순 없었어요. 사람들을 위해 할 수 있는 일을 하겠다고 나 자신과 했던 약속이 떠올랐어요. 그 약속이 저를 앞으로 나아갈 수 있게 해주었죠. 그 후 몇 년 동안 전 늘 혼자 다녔어요. 그게 저에게 아주 좋은 선물이었어요. 자신에게 집중할 시간이 되었거든요."

그렇게 시간이 흘러갔다. 이후 고등학교 시절은 소심하고 조용한 아이로 지냈다. 하지만 3학년 때 어떤 토론식 수업에서 용기를 냈다. "어려움을 이겨내는 방법에 관해 이야기를 나눌 때였어요. 뭔가 하고 싶은 말이 떠올라 저도 손을 들었죠. 이젠 다른 사람이 나를 어떻게 생각할지를 너무 고민하지 않았어요. 그래서 우리 집에 불이 났던 시기를 얼마나 힘들게 보냈는지를 차분하게 말했죠. 그런 얘기를 꺼 낸 건 그때가 처음이었어요. 저를 겁먹게 했던 친구들이 제 말에 귀 를 기울였어요. 그 후로는 저에게 조언을 구하러 오는 친구들도 생겼 어요. 도움을 줄수록 저도 치유되는 것 같았어요. 그때부터 뭔가를 나눈다는 생각에 더 빠지게 되었죠."

올리는 전에도 늘 친절을 베푸는 쪽이었기 때문에 전과 어떤 차이 가 있는지 물어보았다. 그녀는 동기가 달라졌다고 설명했다. "전에 는 나눔에 두 가지 형태가 있다는 걸 몰랐어요. 나약함에서 나오는 나눔은 희생처럼 느껴져요. 스스로 자신감이 없어서, 혹은 다른 사람 에게 잘 보이기 위해, 사람들이 나를 좋아하게 하려고 나누는 거죠. 그게 바로 예전의 제 모습이었어요. 그런 나눔은 자신을 고갈시키고 다른 사람을 원망하게 될 수 있거든요. 하지만 강인함에서 나오는 나 눔은 긍정적이에요. 자신에 대한 사랑이 충만한 사람은 자신을 고갈 시키지 않고도 마음껏 나눌 수 있죠."

4살 때부터 좋은 일을 하는 사람이 되고 싶다고 생각한 그녀는 고 등학교 마지막 학년에 이르러 마침내 방법을 깨닫기 시작했다. 그녀 는 진정한 의미의 나눔이 무엇인지, 누구를 위한 나눔인지를 다시 깨 달았다.

"우리는 각자가 하나의 퍼즐이라는 것을 알게 되었어요. 먼저 자 기 내면을 들여다보고 자신의 모습을 있는 그대로 사랑해야 해요. 자 신의 단점과 부족함도 사랑할 줄 아는 사람은 다른 사람을 사랑할 때 도 그 사람을 있는 그대로를 사랑할 수 있어요. 성경은 '네 이웃을 네

몸처럼 사랑하라'고 말해요. 이웃을 사랑하기는 쉬워요. 사실 어려운
건 '자신을 사랑하라'는 부분이죠."

올리는 자신을 사랑하지 못하는 사람이 왜 다른 사람을 사랑하기
힘든지 종교적 편협함을 예를 들어 설명했다. "사람들은 자신과 다
른 종교를 믿는 사람에게 왜 적대감을 품을까요? 그건 바로 자신의
믿음이 강하지 않기 때문이에요. 자신에게 어떤 영향을 줄지도 모르
니 무서운 거죠.

하지만 자기 믿음에 충분히 신념이 있는 사람은 다른 이들에게도
그들만의 생각이 있을 수 있다는 사실을 자연스럽게 받아들일 수 있
어요. 전 유대교 전통을 따르는 집에서 자랐고 제 삶은 종교와 깊숙
이 관련되어 있어요. 하지만 제 친구들은 이슬람교, 힌두교, 기독교,
무신론자까지 아주 다양하답니다. 그 친구들을 모두 사랑할 마음의
여유가 있어요. 세상에 불필요한 사람은 없어요. 그래서 존중이 중요
한 거죠."

고등학교를 졸업한 올리는 브루클린대학교에 입학해서 영화 제
작과 영어학을 전공했다. 남는 시간에는 연극 무대를 제작하고 아이
들을 가르치고 봉사 활동을 했다. 대학을 졸업한 후에는 학교에서 뮤
지컬도 제작했다. 이때가 2004년~2005년이다.

"가르치는 일은 학생들에게 자기 내면의 아름다움을 볼 수 있게
하고, 다른 사람의 아름다움도 볼 수 있게 도와주는 일이라 생각해
요. 우리가 아이들에게 자신을 사랑하는 마음을 심어줄 수 있다면,
그 아이들은 다른 사람들을 사랑하고 품어줄 마음의 여유가 훨씬 많
아질 거예요."

몇 년간 아이들을 가르쳤던 그녀는 학교 일을 잠시 쉬고 친절의 힘에 관한 영상 자료를 제작했다. 누구나 자기 안에 구명조끼를 가지고 있고, 그 구명조끼로 다른 사람을 도와 서로에게 작은 기쁨을 선물할 수 있다는 메시지가 담긴 영상이다. 누군가의 친절을 받은 사람이 다른 누군가에게 친절을 건네는 모습이 십수 회 이어지다가 처음 등장했던 건설 현장의 인부가 웨이트리스에게서 물 한잔을 건네받는 장면으로 끝난다.

"2010년 9월, 레드 뱅크 거리에서 마침내 그 영상을 제작하게 되었죠. 묘한 기분이 들더군요. 신께서 나를 어디로 인도하실지는 모르지만 그날 거기서 만들게 되는 무언가로 앞으로 제 삶이 영원히 달라질 것 같은 기분이 들었어요."

4살 때부터 막연하게 세상에 도움을 주는 사람이 되고 싶었던 그녀는 마침내 자신의 말을 증명할 순간을 맞이했다. "온 힘을 쏟아 그 영상을 제작했고, 제가 가진 돈을 모두 쏟아서 라이프 베스트 인사이드라는 비영리단체를 세웠어요. 모두가 저를 미쳤다고 했어요. 그런다고 뭐가 달라질 것 같으냐고 저를 말렸죠. 하지만 그 일은 제 마음의 소명이었고, 선택의 여지가 없었어요."

2011년 8월, '친절함의 부메랑Kindness Boomerang'이라는 영상이 유튜브에 올랐다. 몇 달 만에 세계적으로 큰 인기를 얻었다. 2017년에는 같은 제목으로 책도 나왔다. 올리의 노력은 사람들에게 큰 변화를 불러일으켰다. "별로 한 일도 없는데 정말 감사한 일이었어요. 전 단지 선함을 실어나르는 전달자 역할을 했을 뿐이라고 생각해요. 마음만 먹으면 모두 그런 전달자가 될 수 있어요."

올리는 친절함을 알린 전달자이자 감시자 역할도 하고 있다. "친절함의 의미를 제대로 이해하지 못하고 마케팅이나 캐치프레이즈용으로 사용하는 사람들이 있어요. 그런 모습을 보면 유감스러워요. 그럴 자격이 있다고 생각되는 사람에게만 친절한 건 진정한 친절이 아니에요. 친절함은 인종이나 종교를 가리지 않아야 해요."

라이프 베스트 인사이드와 '친절함의 부메랑' 홍보영상은 만들어진 지 이제 10년째 접어들었다. 영상들은 거의 1억 뷰 이상 조회 수를 기록하고 있다. 올리는 이 단체의 전임 봉사자로 활동하며 사람들에게 친절한 삶을 살도록 격려하고 있다. 라이프 베스트 인사이드는 매년 같은 날 전 세계 사람들이 같은 춤을 추는 '친절을 위한 댄스' 행사도 개최한다. 이 행사의 목표는 우리의 가장 큰 힘은 내면에 있다는 것을 많은 사람에게 알리는 것이다.

계속 전진하라

지금은 어른이 되기가 매우 힘든 시기라고들 한다. 세계적인 팬데믹 상황과 정치적 불안으로 전 세계 사람들의 삶의 질과 기회에 엄청난 구조적 불평등이 초래되고 있다. 그동안 세운 계획이 완전히 틀어진 사람도 있을 것이고, 의미 있는 일은 고사하고 일자리를 구하는 것조차 힘든 사람도 있을 것이다.

하지만 우리의 조상들은 전쟁, 식량난, 주거난, 폭력, 제도적 차별을 포함한 수많은 일을 견뎌내고 살아남았다. 우리는 그 수많은 시련을 견뎌내고 살아남은 사람들이 있었기에 존재하는 것이다.

이제 여러분의 차례다.

어른이 되고 나면 행복하고 경이로운 순간들을 만날 것이다. 실패의 쓴맛을 보는 순간들도 만날 것이다. 대부분은 우리가 통제할 수 없는 일이다. 우리가 통제할 수 있는 것은 우리 자신밖에 없다.

생각해볼 문제들

　이 책에서 자신에게 의미가 있다고 생각되는 부분이 있으면 따로 기록해 두거나 일기에 메모를 남겨보자. 목차를 다시 살펴보고 관심 가는 주제들은 더 자세히 읽어보자. 어떤 이야기는 여러분의 삶과 깊이 관련되어 있을 것이고, 어떤 이야기는 그렇지 않을 것이다.

　다음은 지금까지 알아본 주제들을 좀 더 깊이 생각해볼 때 도움이 될 만한 질문들이다. 혼자 답을 고민해도 좋고, 친구나 가족, 멘토, 심리치료사와 함께 고민해도 좋다. 자신이 어떤 사람인지 좀 더 잘 이해하는 데 도움이 될 것이다. 정답은 없다.

조금씩 더 나아질 때 우리는 어른이 된다

- 어른이 된다는 것은 나에게 어떤 의미인가?
- 자라면서 좋은 어른으로 본받고 싶은 롤 모델이 있었는가? 지금도 같은 생각인가? 본받고 싶다면 어떤 모습을 본받고 싶은가?
- 어른이 되어야 하고, 되기를 원해야 하고, 방법을 알아야 한다는 측면에서 볼 때 나는 어느 정도의 단계에 있는가? 왜 그렇게 생각하는가? 어느 부분에서 좀 더 자극이 필요하다고 생각하는가? 나를 방해하는 요인이 있다면 그 문제를 해결하기 위해 무엇을 하면 좋겠는가? 도움이 필요하다면 어디서 도움을 받을 수 있겠는가?

이제 네 차례야!

- 나에게 자립은 무엇을 의미하는가?
- 자신을 스스로 책임져야 한다고 생각하면 어떤 기분이 드는가?

- 자립과 관련하여 나는 어떤 면에서 더 성장하고 싶은가? 어떤 도움이 필요한가?

완벽이라는 환상은 빨리 깰수록 좋다

- 나는 어느 정도 완벽주의인가? 다른 사람에게 나를 증명하기 위해 무엇이 필요하다고 생각하는가? 내가 두려워하는 것은 무엇인가? 나에게 통제가 필요하다고 생각되는 부분은 무엇인가?
- 실수했을 때 어떤 기분이 드는가?
- 배우는 사람의 자세로 성장에 집중했을 때가 언제인가? 그럴 때 어떤 기분이 들었는가? 어떤 일에 실패하고 나서 얻은 교훈이나 새로운 능력이 있는가?

좋은 사람이 되기를 포기하지 마라

- 내가 생각하는 좋은 인성은 어떤 의미인가? 내 주변에서 좋은 인성을 가장 잘 보여주는 사람은 누구인가? 왜 그렇다고 생각하는가?
- 언젠가 내 장례식에서 누군가가 추도사를 전한다면 나에 관해 어떤 말이 듣고 싶은가?
- 좋은 인성은 내가 생각하는 성공의 정의와 양립할 수 있는가?

다른 사람을 기쁘게 하려고 애쓰지 마라

- 내가 인생에서 어떤 중대한 선택을 내릴 때 그 선택에 영향을 주는 사람이 있는가?
- 내가 좋아하면서도 잘하는 일은 무엇인가? 취미로 하는 일, 돈을

받고 하는 일, 자원해서 하는 일 중, 그런 일이 있는가?

- 나를 이루는 여러 정체성 중 나에게 가장 중요한 것은 무엇인가? 그 정체성을 자유롭게 드러낼 수 있는 곳에 살고 있는가?

방해꾼들로부터 벗어나라

- 이러지도 저러지도 못하는 상황에 놓여있다면 무엇 때문에 그렇다고 생각하는가? 계속 열어두고 있는 옵션이 있는가? 있다면 왜인가? 그중 하나를 선택한다면 무엇을 잃고 무엇을 얻는가? 왜 결정을 내리지 못하고 망설이는가?
- 어린 시절 자라면서 형성된 모습이 현재의 내 삶에 영향을 줄 때가 있는가?
- '일과 사랑을 앞으로 나아가게 하는 14가지 노력' 중 내가 가장 노력하고 싶은 점은 무엇인가?
- 어디에 있을 때, 누구와 함께 있을 때 가장 마음이 편하고 자연스러운가? 혹은 어디에서, 누구와 함께 있을 때 자신의 모습을 드러내기 불편한가?

낯선 사람과 이야기를 시작하라

- 누구와 함께 있을 때 '나를 알아주는 좋은 느낌'을 느끼는가?
- 다른 사람과 관계를 맺을 때 가장 힘든 점은 무엇인가?
- 약한 유대 관계를 포함해서 직장 동료, 이웃, 멘토, 친구, 가족 중 나에게 가장 중요한 관계에 있는 사람들은 누구인가? 더 단단한 관계를 만들려면 무엇을 할 수 있을까?

- 어떤 사람과 협력 관계에 있다면 그 관계를 더 돈독히 하기 위해 무엇을 하고 있는가? 혹은 무엇을 시작하면 좋을까?

돈이 나를 위해 일하게 하라

- 나는 돈을 어떻게 생각하는가? 돈에 관해 생각하거나 말하는 것이 힘든가? 그렇다면 왜 그렇게 생각하는가?
- 돈에 대해 좀 더 알고 싶은 점이 있는가?
- 내 돈 문제에 관여하는 사람이 있는가? 그들이 관여해도 괜찮은가, 그렇지 않은가?
- 내가 생각하는 재정적 목표와 관심사는 무엇인가? 지금부터 매달 얼마를 더 저축할 수 있겠는가? 돈이 나를 위해 일하게 하려면 지금 단계에서 무엇을 할 수 있을까?

내가 아니면 누가 나를 돌봐주겠어

- 육체적, 정신적으로 나의 건강 상태를 잘 안다고 생각하는가? 내 뇌가 어떻게 작동하는지, 어떤 환경이 나에게 부담을 주는지 잘 알고 있는가?
- '몸과 마음을 돌보기 위한 체크리스트' 중 잘되고 있는 것들은 무엇인가? 좀 더 노력이 필요한 것들은 무엇인가?
- 이 문제와 관련해 이야기할 수 있는 사람이 있는가? 도움을 요청할 수 있는가? 그렇지 못하다면 왜 그런가?
- 나의 회복력은 어느 정도 수준인가? 회복력을 보였던 적이 있는가?

이제 다시 일어날 시간이야

- 시련을 극복한 인물로 존경하는 사람이 있는가?
- 개인적으로 경험한 가장 힘든 일은 무엇인가?
- 그 일로 어떤 교훈을 얻었는가? 그 일로 나는 어떻게 달라졌는가?
- 힘든 일을 겪을 때 의지할 사람이 있는가? 나는 누구에게 그런 사람이 되어주는가?

세상을 더 나은 곳으로 만드는 데 기여하라

- 더 좋은 세상을 만들기 위해 노력한 사람 중 내가 존경하는 사람이 있는가?
- 나는 어떤 일들을 부당하다고 생각하는가? 그 이유는 무엇인가?
- 내가 관심 있게 생각하는 문제를 해결하기 위해 나는 어떤 노력을 기울일 수 있는가?

마음속 친절함을 끌어올려라

- 이 세 가지 강력한 힘을 잘 보여주는 사람들을 알고 있는가? 그들에게서 배울 점이 있는가?
- 나에 대해 떠오르는 생각들을 정리해보자. 내가 자주 느끼는 감정들을 떠올리면 어떤 생각이 드는가?
- 내가 잘하는 친절한 행동은 어떤 것들이 있는가?
- 구체적으로 나는 어떤 것들에 감사함을 느끼는가?

계속 전진하라

- 이 책을 읽으며 자신에 대해 많은 것을 알게 되었을 것이다. 이런 이야기를 편하게 나눌 만한 사람이 있는가? 자신에 관한 이야기를 하기가 불편한 사람이 있다면 왜 그런가?

- 앞으로 계속 배우고 성장하기 위해 노력하고 싶은 것 세 가지를 꼽자면? 그때 도움과 조언을 구하고 싶은 사람이 있는가?

- 하나뿐인 나의 삶에서 나는 무엇을 원하는가? 그것을 이루기 위해 무엇을 할 계획인가?

도움 될 만한 자료

자립하기

- 유튜브 채널 〈Dad, How Do I?〉. 약 4백만 명의 구독자를 보유한 채널로 삶의 소소한 지혜가 있다.

직업 찾기

- You Can Do Anything: The Surprising Power of a "Useless" Liberal Arts Education, by George Anders. 국내 출간: 『왜 인문학적 감각인가』, 사이.
- When to Jump: If the Job You Have Isn't the Life You Want, by Mike Lewis. 국내 출간: 『나는 지금 점프한다』, 움직이는서재.
- 다음을 구글에서 검색해볼 것. "best cities for young people". 구직 기회, 생활비, 생활 방식 등 삶의 질 관점에서 살기 좋은 도시에 관한 최근 정보를 알 수 있다.
- https://www.forbes.com/best-employers. 《포브스》가 조사한 '최고의 고용주' 리스트를 확인할 수 있다.

인간관계

- Friendship: The Evolution, Biology, and Extraordinary Power of Life's Fundamental Bond, by Lydia Denworth. 국내 출간: 『우정의 과학』, 흐름출판.
- Social: Why Our Brains Are Wired to Connect, by Matt Lieberman. 국내 출간: 『사회적 뇌: 인류 성공의 비밀』, 시공사.

어중간한 상태에서 벗어나기

- Maybe You Should Talk to Someone: A Therapist, HER Therapist, and Our Lives Revealed, by Lori Gottlieb. 국내 출간: 『마음을 치료하는 법』, 코쿤북스.
- https://www.adinaglickman.com. 아디나 글릭먼의 홈페이지다. 학습, 생활, 직업 등 다양한 방면의 코칭을 지원한다.

금융 관리

- https://www.wealthydenae.com. 데네 해나의 웹사이트다. 그녀는 대학원을 졸업할 때까지 진 학자금 대출과 카드빚을 모두 갚고 금융 전문가가 되었다. 도움이 필요하다면 방문해보길 바란다. 그 외 그녀가 추천하는 사이트는 다음과 같다.

- https://mindovermoney.stanford.edu. 대학생들을 위한 경제 금융 지식을 확인할 수 있다.
- https://mytrustplus.org. 금융 상담 지원을 진행한다.
- https://fecpublic.org. 금융 지원을 진행한다.
- https://www.councilforeconed.org. 초중고 학생들을 위한 금융 지식을 제공한다.
- https://www.afcpe.org/find-an-afcpe-certified-professional. 재무상담사를 검색할 수 있다.
- https://www.plannersearch.org. 공인 재무설계사를 검색할 수 있으며 무료 상담도 제공된다.
- Read Rich Dad, Poor Dad: What the Rich Teach Their Kids About Money That the Poor and Middle Class Do Not!, by Robert T. Kiyosaki. 국내 출간: 『부자 아빠, 가난한 아빠』, 민음인.
- The Barefoot Investor: The Only Money Guide You'll Ever Need, by Scott Pape. 국내 출간: 『26살 경제독립선언』, 다산북스.
- I Will Teach You to Be Rich: No Guilt. No Excuses. No BS. Just a 6-Week Program That Works, by Ramit Sethi. 국내 출간: 『부자 되는 법을 가르쳐 드립니다』, 안드로메디안.
- You Are a Badass at Making Money: Master the Mindset of Wealth, by Jen Sincero. 국내 출간: 『나는 돈에 미쳤다』, 위너스북.

자신의 상황 인식하기

- Normal Sucks: How to Live, Learn, and Thrive Outside the Lines, by Jonathan Mooney.

불안장애 치유

- https://www.verywellmind.com. 베리웰 마인드는 미국 최우수 종합병원인 클리블랜드 클리닉과 제휴되어 있는 건강 매체다. 매년 '최고의 불안장애 지원 단체' 리스트를 제공한다.

마음챙김

- Wherever You Go, There You Are: Mindfulness Meditation in Everyday Life, by Jon Kabat-Zinn. 국내 출간: 『존 카밧진의 왜 마음챙김 명상인가?』, 불광출판사.

- Full Catastrophe Living: Using the Wisdom of Your Body and Mind to Face Stress, Pain, and Illness, by Jon Kabat-Zinn. 국내 출간:『마음챙김 명상과 자기치유』, 학지사.
- Peace Is Every Step: The Path of Mindfulness in Everyday Life, by Thich Nhat Hanh. 국내 출간:『별을 기다릴 땐 등불을 켜지 않는 법이다』, 홍익.
- Mindfulness: Finding Peace in a Frantic World, by Mark Williams and Danny Penman. 국내 출간:『8주, 나를 비우는 시간』, 불광출판사.

옮긴이 박선영

외국계 기업에서 직장인으로 살다가 영어 강사, 기술 번역가의 길을 거쳐 출판 번역가
의 길로 들어섰다. 현재 바른번역 소속 번역가로 활동하고 있다. 옮긴 책으로『깃털 도
둑』『다윈의 실험실』『니체의 삶』『오래도록 젊음을 유지하고 건강하게 죽는 법』『혼
자 살아도 괜찮아』『결혼학개론』『노을빛 창조』외 다수가 있다. 영어 원서의 진가를
최대한 살려 한국 독자의 입맛에 맞게 전달하고자 한다.

어른의 시간

초판 1쇄 발행 2022년 5월 31일
초판 4쇄 발행 2022년 10월 18일

지은이 줄리 리스콧-헤임스
옮긴이 박선영

발행인 이정훈 **본부장** 황종운
콘텐츠개발총괄 김남연 **편집** 김남혁
마케팅 최준혁 **교정교열** 이승민
디자인 this-cover

브랜드 온워드
주소 서울 마포구 월드컵로13길 19-14, 101호

발행처 (주)웅진북센
출판신고 2019년 9월 4일 제406-2019-000097호
문의전화 02-332-3391
팩스 02-332-3392

한국어판 출판권 ⓒ웅진북센, 2022
ISBN 979-11-6898-252-9 (03190)